《管子》版本研究

巩曰国◎著

齊魯書社

教育部人文社会科学一般项目资助（《管子》版本研究 10YJC870009）
国家社科基金项目“管子学史”（12BZX037）阶段性成果

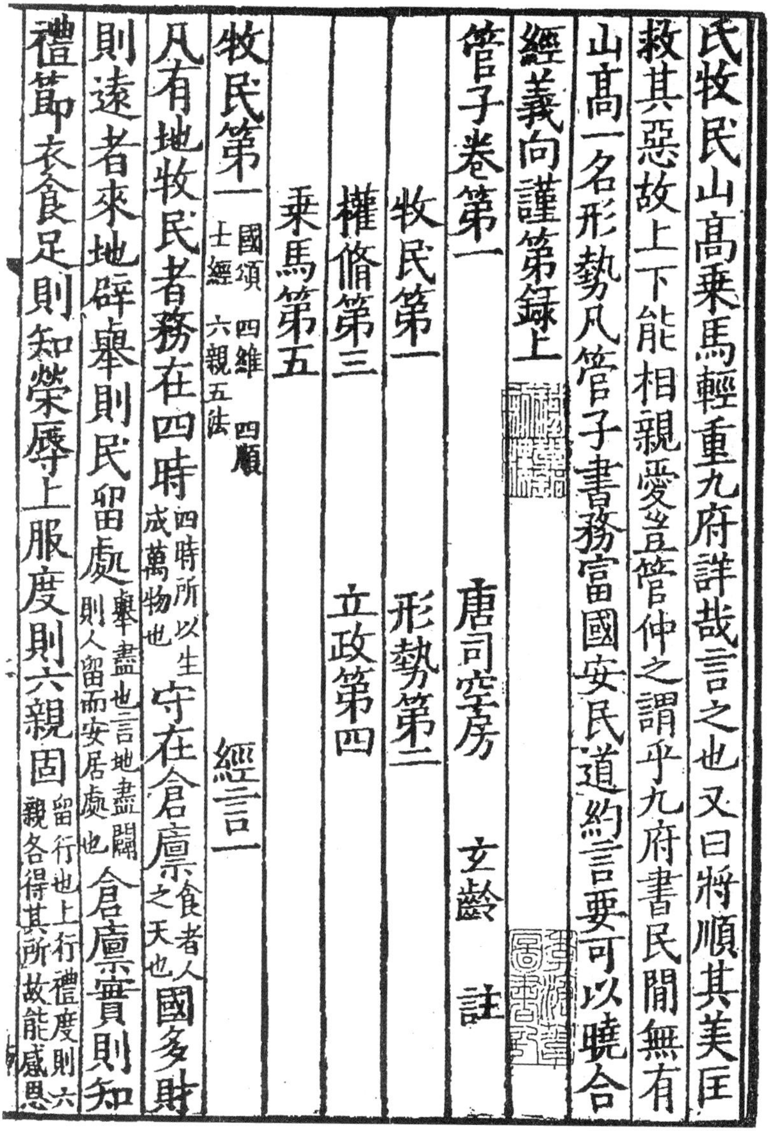

民牧民山高乘馬輕重九府詳哉言之也又曰將順其美匡
救其惡故上下能相親愛豈管仲之謂乎九府書民間無有
山高一名形勢凡管子書務富國安民道約言要可以曉合
經義向謹第録上

管子卷第一　唐司空房玄齡註

牧民第一　形勢第二

權脩第三　立政第四

乘馬第五

牧民第一（國頌　四維　四順　士經　六親五法）　經言一

凡有地牧民者務在四時（四時所以生成萬物也）守在倉廩（食者人之天也）國多財則遠者來地辟舉則民留處（舉盡也言地盡闢則人留而安居處也）倉廩實則知禮節衣食足則知榮辱上服度則六親固（留行也上行禮度則六親各得其所故能感恩）

图版一　宋浙刻本（国家图书馆藏）

管子卷第一

唐司空房　注

盧泉劉　注

牧民第一（國頌　士經　維親　四順　五法）

凡有地牧民者務在四時（四時所以生成萬物也）守在倉廩（食者人之天也）國多財則遠者來地擧辟則可畱處（擧盡之言地盡闢則人晋而安居處也）倉廩實則知禮節衣食足則知榮辱上服度則六親固（服行也上行禮度則六親各得其所故能感恩而結固也）四維張則君令行故省刑之要在禁文巧（文巧者刑罰所由生）守國之度

图版二　明刘绩《管子补注》本（国家图书馆藏）

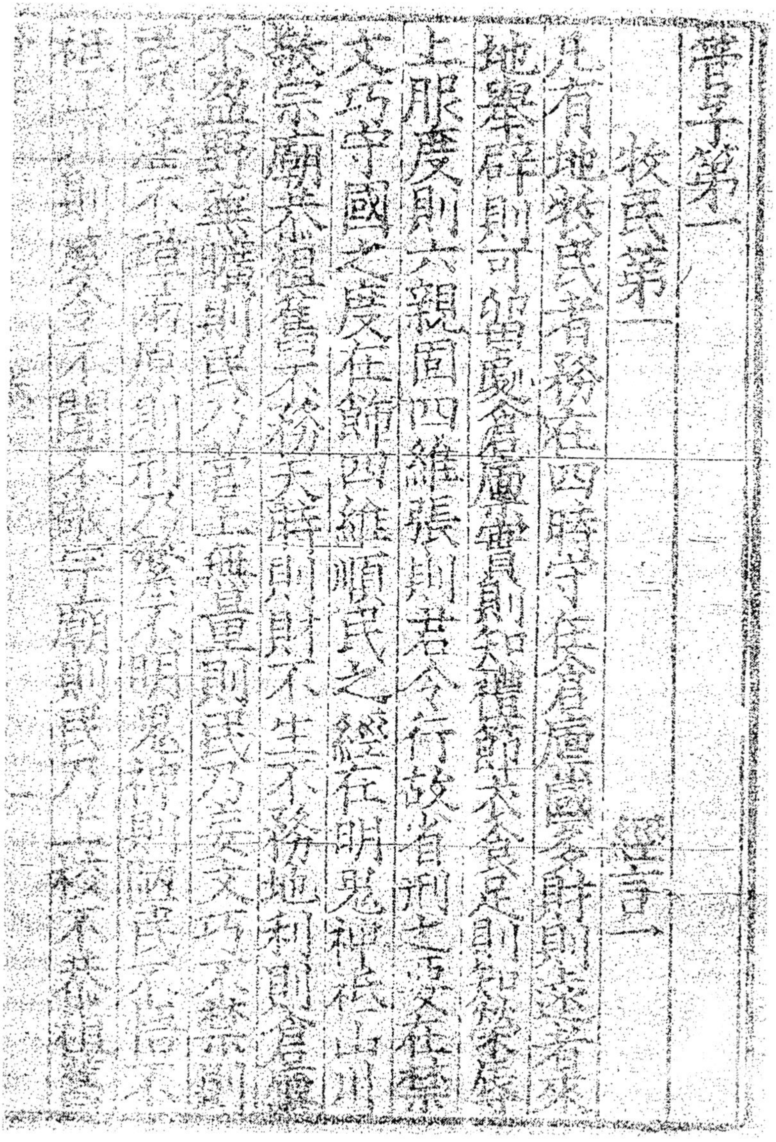

管子第一

牧民第一　　　　　　　　　　經言一

凡有地牧民者務在四時守在倉廩國多財則遠者來
地辟舉則民留處倉廩實則知禮節衣食足則知榮辱
上服度則六親固四維張則君令行故省刑之要在禁
文巧守國之度在飾四維順民之經在明鬼神祇山川
敬宗廟恭祖舊不務天時則財不生不務地利則倉廩
不盈野蕪曠則民乃菅上無量則民乃妄文巧不禁則
民乃淫不璋兩原則刑乃繁不明鬼神則陋民不悟不
祗山川則威令不聞不敬宗廟則民乃上校不恭祖舊

图版三　明10行无注古本（国家图书馆藏）

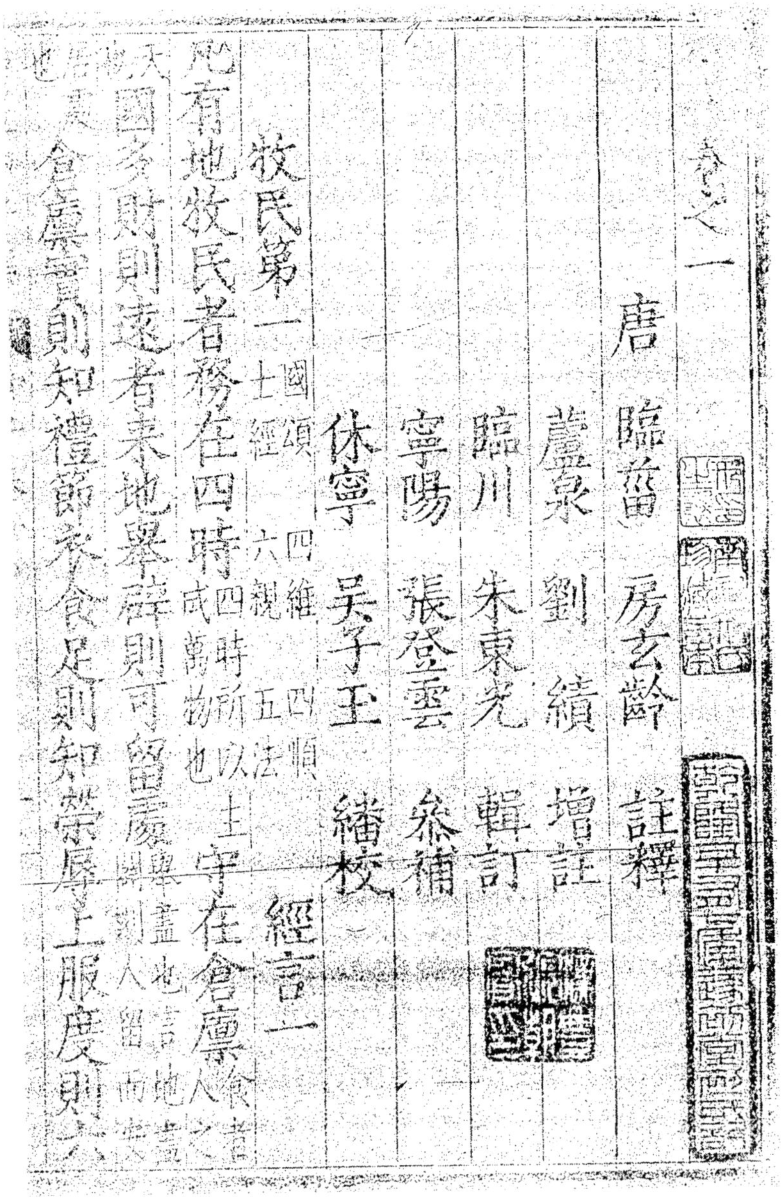

卷之一

唐　臨淄　房玄齡　註釋

廬泉　劉績　增註

臨川　朱東光　輯訂

寧陽　張登雲　參補

休寧　吳子玉　繙校

牧民第一（國頌　四維　四順　士經　六親　五法）　經言一

凡有地牧民者務在四時（四時所以成萬物也）守在倉廩（人之食者）

國多財則遠者來地舉辟則可留處（舉盡也言地盡開闢則人留而安處）

倉廩實則知禮節衣食足則知榮辱上服度則六

图版四　明万历七年朱东光《中都四子集》本（国家图书馆藏）

管子卷第一

唐司空房　玄齡　註

牧民第一　形勢第二　權修第三

立政第四　乘馬第五

牧民第一（國頌　四維　四順　士經　六親五法）

經言一

凡有地牧民者，務在四時，（四時所以生成萬物也）守在倉廩。（食者人之天也）國多財，則遠者來；地辟舉，則民留處。（舉盡也，言地盡闢，則人留而安居處也）倉廩實，則知禮節；衣食足，則知榮

图版五　明万历十年赵用贤《管韩合刻》本（天津图书馆藏）

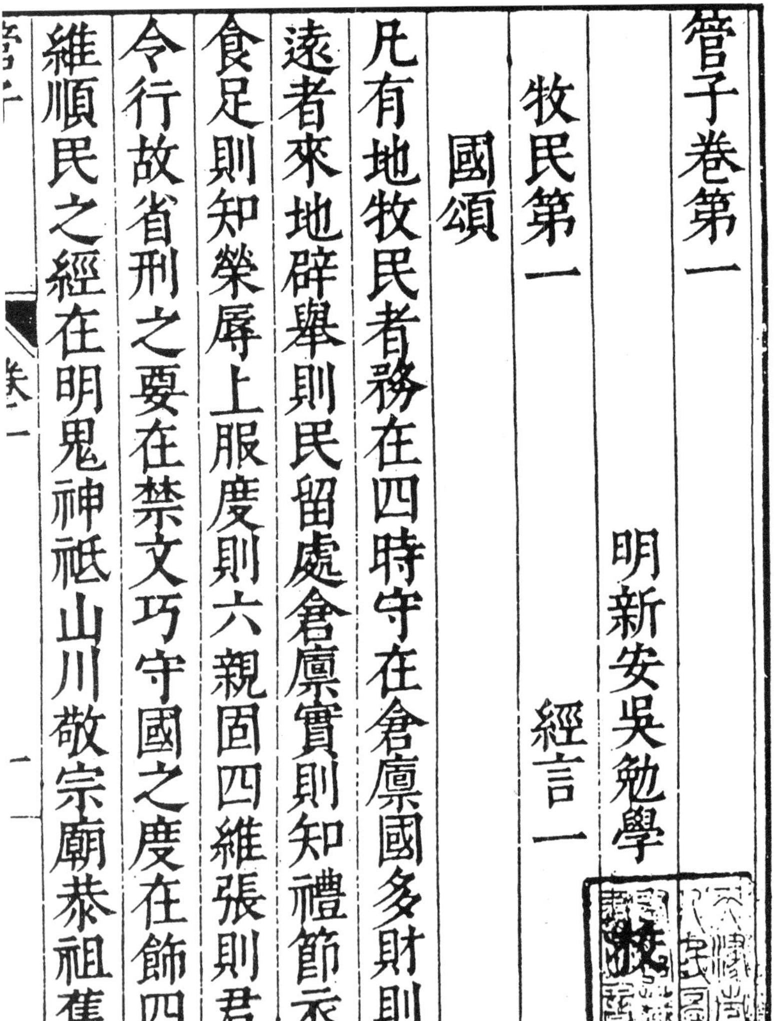

管子卷第一

明新安吳勉學

牧民第一　經言一

國頌

凡有地牧民者務在四時守在倉廩國多財則遠者來地辟舉則民留處倉廩實則知禮節衣食足則知榮辱上服度則六親固四維張則君令行故省刑之要在禁文巧守國之度在飾四維順民之經在明鬼神祗山川敬宗廟恭祖舊

图版六　明吴勉学《二十子》本（天津图书馆藏）

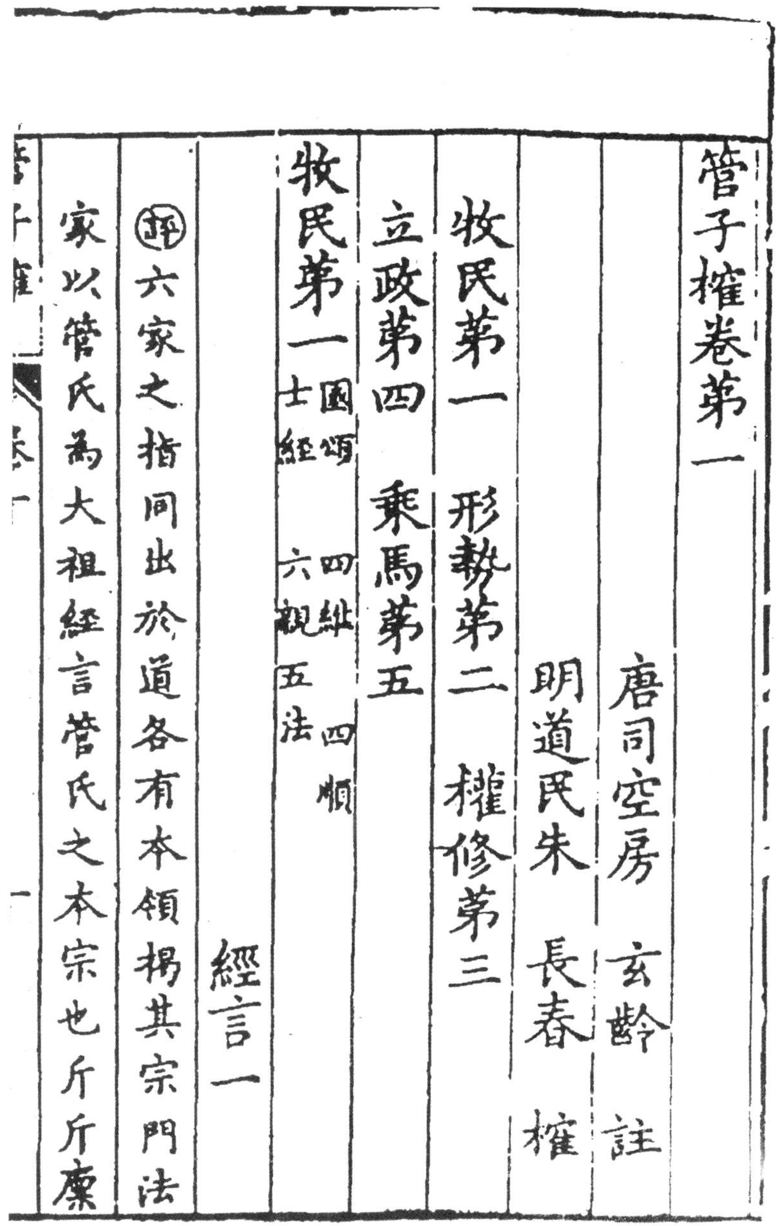

管子榷卷第一

唐司空房　玄齡　註

明道民朱　長春　榷

牧民第一　形勢第二　權修第三

立政第四　乘馬第五

牧民第一　國頌　四維　四順　士經　六親　五法

經言一

評　六家之指同出於道各有本領揭其宗門法

家以管氏為大祖經言管氏之本宗也斤斤糜

图版七　明万历四十年朱长春《管子榷》本（中国科学院图书馆藏）

異禮以自見于國莫敢超等踰官漁利蘇功以少構多為蘇以取順其君

重令

虧令者死益令者死留令者死

菽粟不足末生不禁民必有饑餓之色而工以雕文刻鏤相稺驕也謂之逆布帛不足衣服毋度民必有凍寒之傷而女以美衣錦繡綦組相稺也謂之逆萬乘藏兵之國卒不能野戰應敵社

图版八　明万历魏时应编次本（中国科学院图书馆藏）

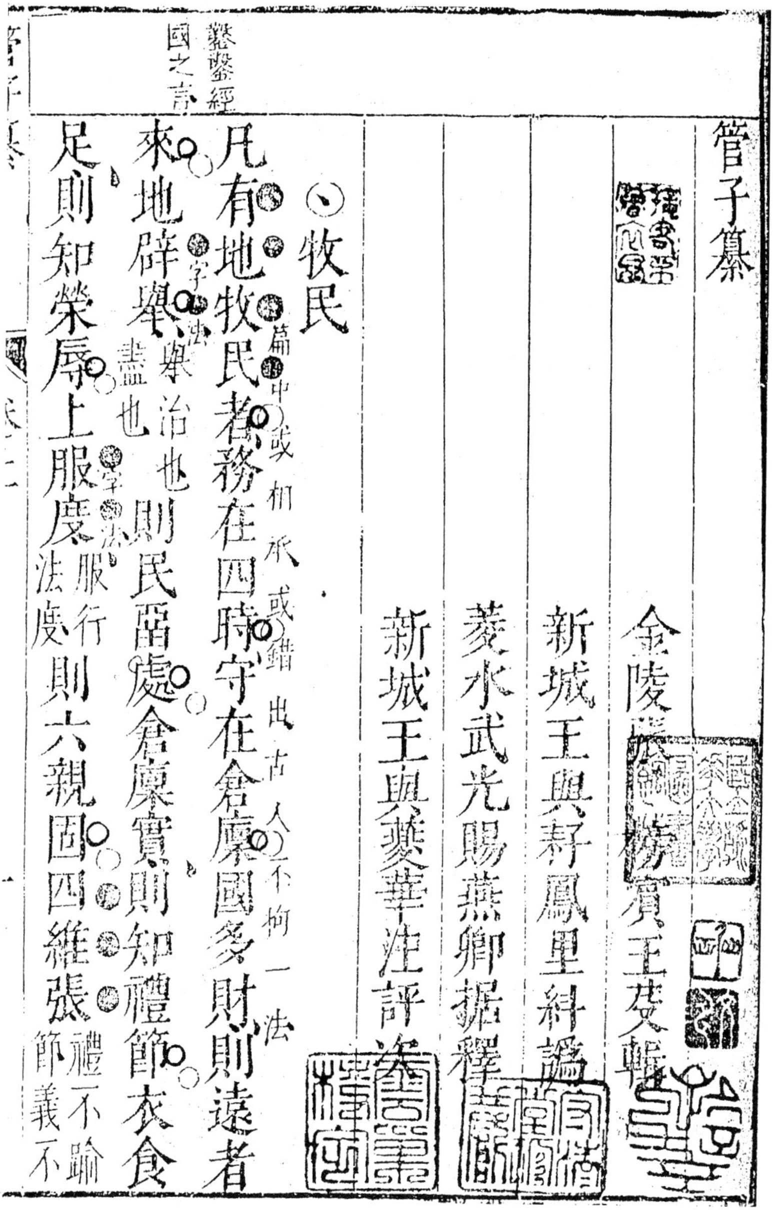

鑿鑿經國之言

管子纂

金陵張榜賓王父輯

新城王與籽鳳里糾謬

菱水武光賜燕卿據釋

新城王與夔華注評

一、牧民 篇中或相承或錯出古人之不拘一法

凡有地牧民者，務在四時，守在倉廩。國多財則遠者來，地辟舉（字法。舉，治也。辟舉，盡也。）則民留處。倉廩實則知禮節，衣食足則知榮辱。上服度（字法。服，行。法度。）則六親固，四維張。禮不踰節，義不

图版九　明张榜《管子纂》本（清华大学图书馆藏）

朱大復曰六家之指同出于道各有本領揭其宗門法家以管氏為太祖經言管氏之本宗也斤斤凜凜要于持國富民多於政而濟于道術于權而調于仁于王遠矣然於強猶絕屬之系太宗也

張賓王曰篇中或相承或錯出古人不拘一法

管子卷一

牧民第一　　經言一

國頌

凡有地牧民者務在四時守在倉廩國多財則遠者來地辟舉則民留處倉廩實則知禮節衣食足則知榮辱上服度則六親固四維張則君令行故省刑之要在禁文巧守國之度在飾四維順民之經在明鬼神祇山川敬宗廟恭祖舊不務天時則財不生不務地利則倉廩不盈野蕪曠則民乃菅

图版十　明万历四十八年凌汝亨朱墨套印本（天津图书馆藏）

張榜曰篇中或相承或錯出古人不拘一法

管子卷一

唐司空房玄齡註

劉績　朱長春參補

牧民第一　　經言一

凡有地牧民者，務在四時，守在倉廩。國多財，則遠者來；地辟舉，則民留處。舉盡也 倉廩實則知禮節，衣食足則知榮辱；上服度則六親固。服行也上行禮度則六親各得其所故能感恩而結固之 四維張則君令行。故省刑之要在禁文巧，文巧者刑罰所由生 守國之度在飾四維，順民之經在明鬼神、祇山川、敬宗廟、恭祖舊。謂恭承先祖之舊法 不務天時，則財不生；不

图版十一　明黄汝亨《先秦十五种》本（山东省图书馆藏）

詮敘管子成書卷第一

唐　齊州房玄齡

明　宣城梅士享　詮敘

牧民第一　牧民解第二

形勢第三　形勢解第四

牧民第一　國頌　四維　四順　士經　六親五法

牧民解第二　篇逸名附

經言一

凡有地牧民者。務在四時。四時所以生成萬物也　守在倉廩。

图版十二　明天启五年梅士享《诠叙管子成书》本（清华大学图书馆藏）

張榜評篇中或相承或錯出古人不拘一法

管子卷第一

唐　臨淄房玄齡　註釋

蘆泉劉績　增註

明西湖　沈冉新月玉　朱養純元一　參評

明西吳朱長春　通演　朱養和元冲　輯訂

牧民第一　經言一

國頌　四維　四順　士經　六親　五法

凡有地牧民者務在四時四時所以生成萬物也守在倉廩食者人之天也國多財則遠者來地辟舉則民留處舉盡也言地盡闢則人留而安居處也倉廩實則知禮節衣食足則知榮辱上服度則六親固服行也上行禮度則六親各得其所故能感恩而結固之六親謂父母兄弟妻

图版十三　明天启五年朱养纯花斋本（山东省图书馆藏）

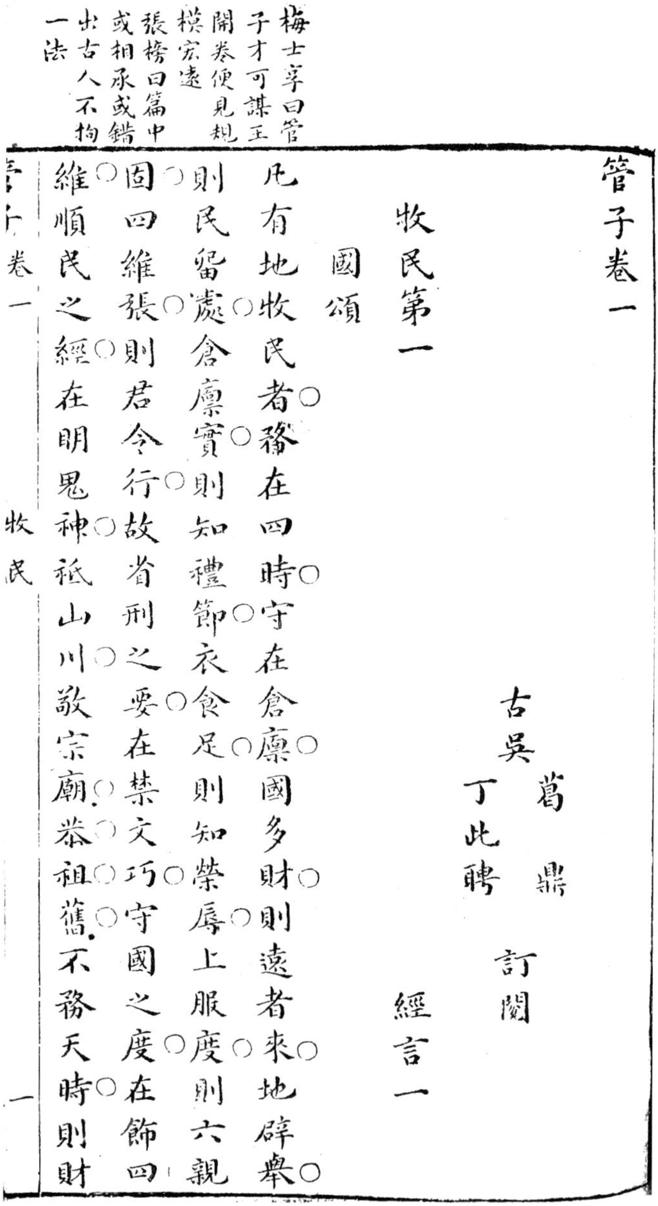

梅士享曰管子才可謀王闔卷便見規模宏遠
張榜曰篇中或相承或錯出古人不拘一法

管子卷一

經言一

古吳　葛鼎
丁此聘　訂閱

牧民第一

國頌

凡有地牧民者。務在四時。守在倉廩。國多財。則遠者來。地辟舉。則民留處。倉廩實。則知禮節。衣食足。則知榮辱。上服度。則六親固。四維張。則君令行。故省刑之要。在禁文巧。守國之度。在飾四維。順民之經。在明鬼神。祇山川。敬宗廟。恭祖舊。不務天時則財

管子　卷一　牧民　一

图版十四　明崇祯十一年葛鼎《合刻管韩二子》本（山东省图书馆藏）

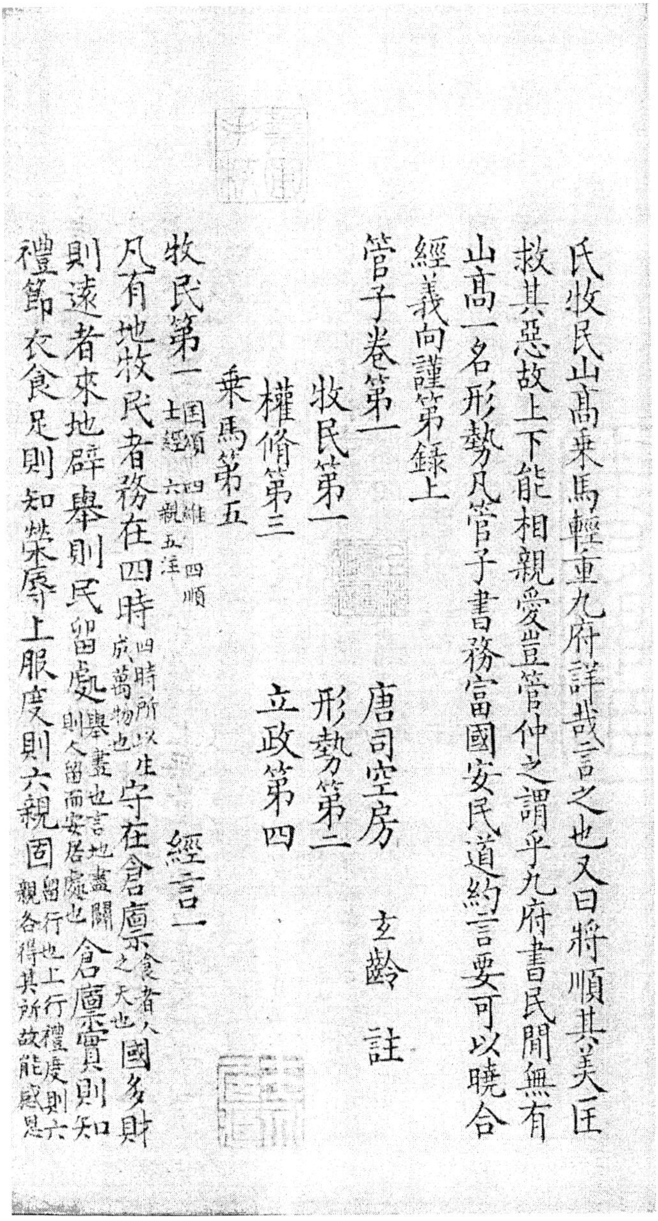
氏牧民山高乘馬輕重九府詳哉言之也又曰將順其美匡救其惡故上下能相親愛豈管仲之謂乎九府書民間無有山高一名形勢凡管子書務富國安民道約言要可以曉合經義向謹第錄上

管子卷第一　　唐司空房　玄齡　註

牧民第一　形勢第二

權脩第三　立政第四

乘馬第五

牧民第一　國頌　四維　四順　士經　六親五法　　經言一

凡有地牧民者務在四時四時所以生成萬物也守在倉廩食者人之天也國多財則遠者來地辟舉則民留處辟舉盡也言地盡闢則人留而安居處也倉廩實則知禮節衣食足則知榮辱上服度則六親固服行也上行禮度則六親各得其所故能感恩

图版十五　宋浙刻本之清初影抄本（上海图书馆藏）

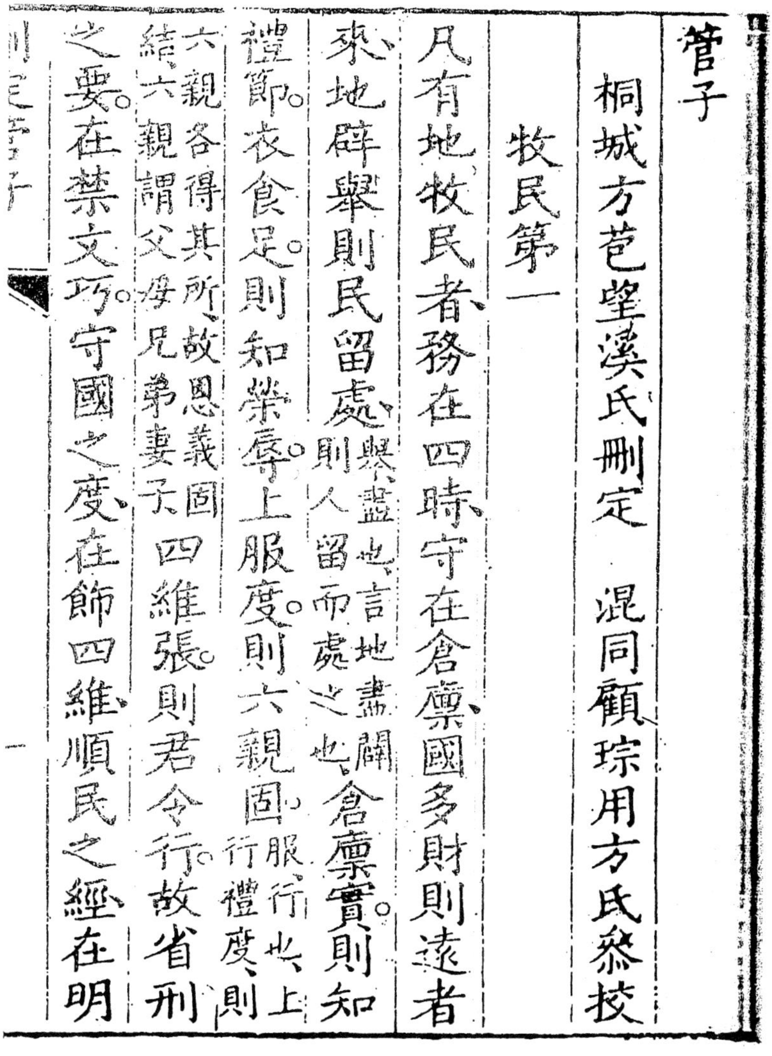

管子

桐城方苞望溪氏刪定　混同顧琮用方氏叅校

牧民第一

凡有地牧民者、務在四時、守在倉廩、國多財則遠者來、地辟舉則民留處、辟盡也、言地盡闢則人留而處之也、倉廩實則知禮節。衣食足。則知榮辱。上服度。則六親固。服行也、上行禮度、則六親各得其所、故恩義固結、六親謂父母兄弟妻子、四維張。則君令行。故省刑之要。在禁文巧。守國之度、在飾四維、順民之經在明

刪定管子　一

图版十六　清方苞《删定管子》本

张榜評：篇中或相承或錯出，古人不拘一法。

管子卷第一

唐　臨淄房玄齡　註釋　　明西湖　沈鼎新自玉　參評

蘆泉劉績　增註　　朱養純元一

明西吳朱長春　通演　　朱養和元冲　輯訂

牧民第一　國頌　四維　四順　士經　六親　五法　經言一

凡有地牧民者，務在四時，（四時所以生成萬物也。）守在倉廩。（食者人之天也。）國多財則遠者來，地辟舉則民留處；（舉，盡也。言地盡闢則人留而安居處也。）倉廩實則知禮節，衣食足則知榮辱；上服度則六親固。（服，行也。上行禮度則六親各得其所，故能感恩而結固之。六親謂父母兄弟妻

图版十七　和刻《管子全书》本

管子卷第一

安井衡　纂詁

牧民第一牧養也　經言一

凡有地牧民者務在四時令不違時則百穀殖守在倉廩藏穀曰倉廩國多財則遠者來遠方之民來耕於野地辟舉則民留處辟闢通舉猶起也地辟舉無荒廢之地也倉廩實則知禮節衣食足則知榮辱上服度則六親固服猶行也度法也賈誼云人有六親父有二子二子爲昆弟昆弟又有子爲從父昆弟從父昆弟又有子爲從祖昆弟從祖昆弟又有子爲族祖昆弟四維張則君令行故省刑之要在禁文巧禁文巧則民反樸故刑罰省守國之度在飾四維飾修也順民之經在明鬼神祗山川敬

图版十八　和刻《管子纂诂》本

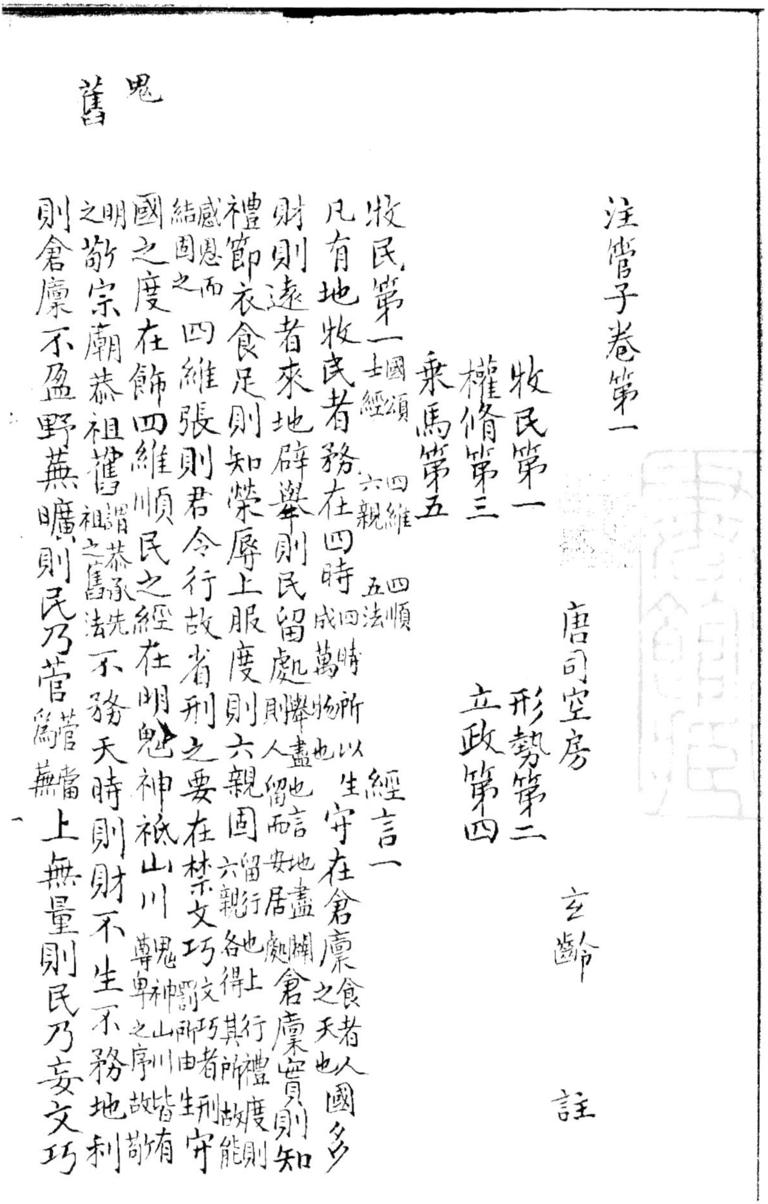
鬼
舊

注管子卷第一

唐司空房玄齡註

牧民第一　形勢第二
權脩第三　立政第四
乘馬第五

經言一

牧民第一（國頌　士經　四維　六親　四順　五法）

凡有地牧民者務在四時（四時所以生成萬物也）守在倉廩（食者人之天也）國多財則遠者來地辟舉則民留處（舉盡也地盡闢則人留而安居）倉廩實則知禮節衣食足則知榮辱上服度則六親固（上行禮度則六親各得其所故能感恩而結固之）四維張則君令行故省刑之要在禁文巧（文巧者刑罰所由生）守國之度在飾四維順民之經在明鬼神祇山川（鬼神山川皆有尊卑之序故敬）敬宗廟恭祖舊（謂恭承先祖之舊法）不務天時則財不生不務地利則倉廩不盈野蕪曠則民乃菅（菅當爲蕪）上無量則民乃妄文巧

图版十九　宋墨宝堂本之清陈奂家抄本（上海图书馆藏）

民牧民山高乘馬輕重九府詳哉言之也又曰將順其美匡
救其惡故上下能相親愛豈管仲之謂乎九府書民閒無有
山高一名形勢凡管子書務富國安民道約言要可以曉合
經義向謹第錄上

管子卷第一　　　　唐司空房　玄齡　註

牧民第一　　　　形勢第二
權脩第三　　　　立政第四
乘馬第五

牧民第一　國頌　四維　四順　士經　六親五法　　經言一

凡有地牧民者務在四時四時所以生成萬物也守在倉廩食者人之天也國多財則遠者來地辟舉則民留處舉盡也言地盡闢則人留而安居處也倉廩實則知禮節衣食足則知榮辱上服度則六親固留行也上行禮度則六親各得其所故能感恩

图版二十　清光绪五年张瑛影刻本

目 录

引 言

西汉刘向定著《管子》为86篇。此后《管子》代有流传，产生了众多的版本。历代公私目录对《管子》多有著录，提供了《管子》版本的诸多信息。其中尤以晁公武《郡斋读书志》、陈振孙《直斋书录解题》为要。明清以来的私人藏书家多精于版本，黄丕烈、杨绍和、瞿镛、莫友芝、傅增湘等对《管子》版本多有研究。民国时期，冒广生致力于《管子》研究，对《管子》诸重要版本撰有版本提要多种。后来冒怀辛整理为《〈管子〉跋十七则》，发表于《管子学刊》。20世纪50年代，郭沫若等撰《管子集校》，于书前对《管子》重要版本进行介绍，考证版本年代，探究各版本之间的关系，具有重要的学术价值，影响深远。美国学者李克对《管子》版本的认识，很大程度上受了郭沫若的影响。郭沫若的一些观点也引起了学术界的争论，王欣夫、罗继祖有专文论及。

近些年来，随着传统文化研究的兴起，《管子》研究进一步展开，《管子》版本研究取得了一些新的成果。徐汉昌《管子思想研究》、胡家聪《管子新探》、池万兴《〈管子〉研究》、张固也《〈管子〉研究》、郭丽《〈管子〉文献学研究》等著作以及一些研究《管子》的学位论文，都涉及《管子》版本方面的内容。刊物上也发表了一些相关的研究论文，有对《管子》版本的宏观介绍，也有对《管子》版本的某个问题的具体探讨。《管子》版本研究不断深入。

古籍版本学是文献学研究的重要组成部分,专书版本研究是其中的重要方面。专书版本研究以前多以论文的形式出现,近些年来出现了一些相关著作,如高正《荀子版本源流考》、傅刚《〈文选〉版本研究》、张玉春《〈史记〉版本研究》、张国风《〈太平广记〉版本考述》、张兴吉《元刻〈史记〉彭寅翁本研究》等。这些著作丰富了古籍版本学的研究,也为本书提供了很好的借鉴。

本书在前人研究的基础上,充分发掘各种资料,全面考察历史上不同时期《管子》各种版本的面貌,总结各版本的特点,探究《管子》各版本之间的关系,梳理《管子》版本源流演变的发展线索,为《管子》的整理研究以及利用《管子》进行古代学术及传统文化研究做一基础性工作。

今本《管子》86 篇,最早由西汉刘向编定。东汉至隋唐间,《管子》有 18 卷(19 卷)本、30 卷注本以及一些节选本流传。传世《管子》版本,均在此基础上演变而来。本书第一章追本溯源,对《管子》86 篇的编定及汉唐间早期传本的状况进行考察。学界曾一度出现"《管子》原本 18 篇"之说,影响了人们对《管子》早期传本的正确认识,本书对此予以澄清。《管子》部分篇章的亡佚以及从 30 卷本到 24 卷本的过程,为《管子》流传中的重要问题,本书亦予以专门探讨。

古籍版本研究,需明源流,别系统。存世《管子》版本,分属于宋本系统、明刘绩《管子补注》本系统及赵用贤《管韩合刻》本系统。本书第二、三、四章,按照系统归属对《管子》众多版本进行考察。一系统内又往往有子系统。如花斋本《管子》出自赵用贤《管韩合刻》本,而和刻《管子全书》本又据花斋本翻刻,《管子纂诂》本又以《管子全书》本为底本。再如浙江书局《二十二子》本系据赵用贤《管韩合刻》本校刻,而晚清民国的诸多石印本以及中华书局《四部备要》本、世界书局《诸子集成》本又出自《二十二子》本。本书对各版本之关系详加考证,以明《管子》版本演变线索。

古籍版本研究,需抓住重点。各系统之祖本,地位重要。本书对《管子》三大系统的祖本即国图藏宋浙刻本及明刘绩本、赵用贤本均专节论述,对这三种版本的刊刻年代、贡献与不足、收藏与流传情况,均予以深入探究,并对学界有争议的相关问题进行仔细考辨。古籍宋本较多保存古本面貌,向为人所关注。宋蔡潜道墨宝堂本《管子》,自入藏聊城杨氏海源阁后,学界既难以睹其面貌,后来更流出海外。本书结合上海图书馆陈奂抄本及相关传录资料,揭示其版本价值,考证其版本来源,以弥补相关研究之不足。

古籍版本研究,需尽可能全面。《管子》一书版本众多,其中有些版本,前人较少论及,如沈津《管子类纂》节选本、魏时应编次本、黄汝亨《先秦十五种》本、和刻《管子全书》本、士礼居旧藏宋本《管子》清抄本等。本书对这些版本予以介绍,以期更全面呈现《管子》版本面貌。《管子》的有些版本,如赵用贤本与花斋本,均有翻刻本。这类翻刻本,很少有人关注。本书详加比对,指出翻刻本与原刻本之不同之处,以便区别。

《管子》版本,各家目录多有著录,其中有的存在错误。如郭沫若《〈管子集校〉所据〈管子〉宋明板本》著录有“吴勉学《管子》”,又有“明新安黄之寀校刻《管子》”。实际上,二者为同一版本。明吴勉学刻《二十子》,其中包括《管子》。《二十子》的书版,后来归黄之寀。黄之寀将每卷卷首之“明新安吴勉学校”改题“明新安黄之寀校”,于是有了所谓黄之寀《二十子》本。再如王重民《中国善本书提要》及屈万里《普林斯顿大学葛思德东方图书馆中文善本书志》均著录有葛鼎本,每半页 9 行,行 19 字,版心及书后所记刻工与赵用贤本相同。而实际上,葛鼎本行款为 9 行 24 字,小楷写刻,书写者为王廷。此类问题,书中均予以揭示。

清代以来,受学术风气的影响,许多学者对《管子》进行批校题跋,形成了一些批校题跋本。这些批校题跋本集不同版本之异同于一体,是整理《管子》异文、探究各版本之间关系的重要资料,对于《管子》版本流传、文本训诂及主旨理解,有重要参考价值。如海源阁旧藏校宋本《管子》,其底本为明刘绩《管子补注》本,陆贻典以南宋浙刻本通校两遍,黄丕烈又以墨宝堂本覆校前四卷。该校本集宋浙刻本、明刘绩本两种重要版本异同于一体,又保存了墨宝堂本的部分内容,含有丰富的学术信息,为不可多得之善本。长期以来,这类批校题跋本,深藏于各藏书机构,鲜有人关注。本书第五章专门对各图书馆所藏《管子》名家批校题跋本进行考察,并对其中15种重点予以介绍,考察其形成过程,论述其学术价值。

《管子》一书,在先秦诸子中号为巨帙,是"战国、秦、汉文字总汇,秦、汉之际诸家学说尤多汇集于此"①。但其讹误甚多,影响了人们的研究与利用。虽然前代学者做了大量工作,但《管子》的校释整理,尚有进一步完善的必要。版本研究,是《管子》校释整理的前提基础。有了细致全面的版本研究,《管子》的校释整理才可以确定好的底本,选择恰当合适的校本。不至于罗列众本,让人目眩神迷;也可以避免顾此失彼,而有遗珠之憾。本书系统研究历代《管子》版本,为考证《管子》文本的讹脱衍误提供依据,为校释整理《管子》提供支撑,以推动《管子》研究乃至中国古代思想文化的研究,这是本书的最终目的所在。

---

① 郭沫若:《管子集校·校毕书后》,《郭沫若全集·历史编》(第八卷),人民出版社1985年版,第467页。

第一章 《管子》的编定与早期传本

今本《管子》86 篇①,最早由西汉刘向编定。东汉至隋唐间,有 18 卷(19 卷)本、30 卷注本流传,还有几种节选本。今天能见到的《管子》版本,均在此基础上演变而来。在探究《管子》各传世版本之前,需首先对其编定及早期传本的状况进行考察。

第一节 《管子》86 篇的编定

至迟在战国末年,《管子》就已广泛流传。《韩非子·五蠹》称"今境内之民皆言治,藏商、管之法者家有之"②,司马迁在《史记·管晏列传》中说"至其书(《管子》),世多有之"③,可见当时《管子》传本众多。西汉末年,刘向奉命校理群书,根据他所见到的不同传本,校除重复,编定《管子》86 篇。

一、刘向编定《管子》86 篇

刘向(前 77—前 6),字子政,本名更生,后改名向,汉高祖刘邦

① 其中《王言》《谋失》《正言》《言昭》《修身》《问霸》《牧民解》《问乘马》《轻重丙》《轻重庚》10 篇有目无文,《封禅》篇是取《史记·封禅书》中管仲的言论补上的,共亡佚 11 篇。

② 〔清〕王先慎:《韩非子集解》,中华书局 2013 年版,第 493 页。

③ 〔汉〕司马迁:《史记》,中华书局 1982 年版,第 2136 页。

的弟弟楚元王刘交的四世孙，曾任光禄大夫、中垒校尉，著有《五经通义》《洪范五行传》等。汉成帝时，刘向接受诏令，负责对当时的国家图书进行系统、全面的整理。每一书整理完成后，他都撰写叙录，“条其篇目，撮其指意，录而奏之”①。这些叙录汇总起来，即为《别录》。《别录》一书已经失传。幸运的是，《管子叙录》保存了下来。刘向在《管子叙录》中说：

> 护左都水使者光禄大夫臣向言：所校雠中《管子》书三百八十九篇，太中大夫卜圭书二十七篇，臣富参书四十一篇，射声校尉立书十一篇，太史书九十六篇，凡中外书五百六十四，以校除复重四百八十四篇，定著八十六篇。杀青而书可缮写也。……凡《管子》书，务富国安民，道约言要，可以晓合经义。向谨第录上。②

刘向编定《管子》，首先是广泛搜求各种传本。据《管子叙录》可知，刘向见到的《管子》传本共有 5 种，既有宫廷中秘之本（即“中书”），也有太史和大臣所藏之本（即“外书”）。各传本的篇数很不一致：其中“中书”最多，有 389 篇；太史书次之，为 96 篇；臣富参书 41 篇；太中大夫卜圭书 27 篇；射声校尉立书 11 篇，最少。有的可能包括好几部《管子》，如“中书”；有的可能仅是包括《管子》中的某些篇章，如各大臣所藏的“外书”。

《管子》各传本篇数差别很大，刘向做的第二步工作，就是厘定篇章。各种《管子》传本合在一起，篇章多有重复。刘向经过仔细排比对照鉴别，校除重复，最后定著《管子》86 篇。

---

① 〔汉〕班固：《汉书》，中华书局 1962 年版，第 1701 页。

② 〔汉〕刘向：《管子叙录》，载黎翔凤撰，梁运华整理：《管子校注》卷首，中华书局 2004 年版。

根据《管子叙录》,刘向搜集到的《管子》各种传本,篇数总计为564篇,除去重复的484篇,结果应该是80篇,刘向却说"定著八十六篇"。对此篇数之差,郭沫若认为:"书中有《牧民解》《形势解》《立政九败解》《版法解》《明法解》五篇,本是《牧民》《形势》《立政》《版法》《明法》等篇的解释,在初或本合而不分,如《心术上篇》一样。又《心术下篇》与《内业篇》重复,'校除'未尽。刘向《序录》,交代未清,故致数目不符耶?"①

先秦古籍,正文与传注解说之作往往别行,如《易经》与"易传"、《春秋》与"三传"、《老子》与《韩非子》之《解老》《喻老》等。《管子》中的《牧民解》《形势解》《立政九败解》《版法解》《明法解》诸篇,当如《解老》《喻老》一样,独立成篇。正因为独立成篇,所以才编为"管子解"一组。《心术下》和《内业》两篇虽多有重复,但仔细比较,仍有许多差别。刘向两篇并存,正可见其校书之严谨,并非是"校除未尽"。因此,对6篇之差,郭沫若以"管子解"及《内业》《心术下》重复来解释是不够的。

那么,为什么有此篇数之差呢?我们认为可能与《管子》最后7篇有关系。《管子》最后7篇即80至86篇,依次是《轻重甲》《轻重乙》《轻重丙》《轻重丁》《轻重戊》《轻重己》和《轻重庚》。这7篇篇名都标"轻重",只不过用甲、乙、丙、丁、戊、己、庚加以区别。如果不加区分,7篇合为1篇,则正合80篇之数。有学者据此推断:最后7篇原本是《轻重》一篇长文。刘向在整理《管子》时,从564篇中除去重复的484篇,剩下的本为80篇,由于《轻重》之文过长,故又分作7部分,以甲、乙、丙、丁、戊、己、庚名篇。"这样,整理后

---

① 见郭沫若《宋钘尹文遗著考》自注,《郭沫若全集·历史编》(第一卷),人民出版社1982年版,第552页。

的《管子》也就由八十篇变为八十六篇了。”①

厘定篇章后，进一步的工作是校雠文字。刘向所见《管子》各传本面貌如何，今已无从查考。战国西汉间，很多文献都引用了《管子》的内容，今《韩非子》《春秋繁露》《盐铁论》各举1例：

(1)《韩非子·难三》：“《管子》曰：‘言于室满于室，言于堂满于堂，是谓天下王。’”②

(2)《春秋繁露·精华》引《管子》：“亲近者不以言，召远者不以使。”③

(3)《盐铁论·贫富》：“故分土若一，贤者能守之；分财若一，智者能筹之。”④

以上3条，均见于今本《管子》，文字小有不同。第1条见于《牧民》篇，作：“言室满室，言堂满堂，是谓圣王。”第2条见于《形势》篇，作：“召远者使无为焉，亲近者言无事焉。”第3条见于《国蓄》篇，作：“分地若一，强者能守；分财若一，智者能收。”⑤

《韩非子》《春秋繁露》《盐铁论》等书，在刘向以前就已存在。其中所引的《管子》文本，与刘向所见的《管子》传本，存在直接或间接的关系。这些引文与今本《管子》文字上的差别，反映了刘向那个时代《管子》传本的复杂状况。⑥ 刘向根据他所见到的各种传

① 刘蔚华、苗润田：《稷下学史》，中国广播电视出版社1992年版，第323页。

② 〔清〕王先慎：《韩非子集解》，中华书局2013年版，第415页。

③ 〔清〕苏舆：《春秋繁露义证》，中华书局1992年版，第91页。

④ 王利器：《盐铁论校注》，天津古籍出版社1983年版，第217页。

⑤ 本书所引《管子》文本，除特殊说明外，均据黎翔凤撰、梁运华整理《管子校注》，中华书局2004年版。个别地方有改动。

⑥ 我们不能排除引用者在引用时进行改动的可能，但各家所见之《管子》传本与刘向编定本不同，应该是最重要的因素。

本，对《管子》文本进行了仔细的校雠，然后“杀青而书可缮写”，确定了今本《管子》的面貌。

今本《管子》86 篇分为 8 组，依次为经言、外言、内言、短语、区言、杂篇、管子解、管子轻重。

“经言”包括《牧民》《形势》《权修》《立政》《乘马》《七法》《版法》《幼官》《幼官图》9 篇。

“外言”包括《五辅》《宙合》《枢言》《八观》《法禁》《重令》《法法》《兵法》8 篇。

“内言”包括《大匡》《中匡》《小匡》《王言》《霸形》《霸言》《问》《谋失》《戒》9 篇，其中《王言》和《谋失》失传，实存 7 篇。

“短语”包括《地图》《参患》《制分》《君臣上》《君臣下》《小称》《四称》《正言》《侈靡》《心术上》《心术下》《白心》《水地》《四时》《五行》《势》《正》《九变》18 篇，其中《正言》失传，实存 17 篇。

“区言”包括《任法》《明法》《正世》《治国》《内业》5 篇。

“杂篇”包括《封禅》《小问》《七臣七主》《禁藏》《入国》《九守》《桓公问》《度地》《地员》《弟子职》《言昭》《修身》《问霸》13 篇，其中《言昭》《修身》《问霸》3 篇失传，实存 10 篇。

“管子解”包括《牧民解》《形势解》《立政九败解》《版法解》《明法解》5 篇，其中《牧民解》失传，实存 4 篇。

“管子轻重”为全书最后一部分，包括《巨乘马》（也作《臣乘马》《匡乘马》）《乘马数》《问乘马》《事语》《海王》《国蓄》《山国轨》《山权数》《山至数》《地数》《揆度》《国准》《轻重甲》《轻重乙》《轻重丙》《轻重丁》《轻重戊》《轻重己》《轻重庚》19 篇，其中《问乘马》《轻重丙》《轻重庚》3 篇亡佚，实存 16 篇。

对于《管子》的分组问题，刘向在《管子叙录》中没有交代。因此，有人认为这种划分不是出自刘向之手。有学者认为在刘向以前就有,是刘向“搜集到的十余种《管子》抄本中原有的”,其理由是,“要是刘向自己定的必然会在叙录中有所交代,而在《管子书录》中一字未提,因为是据旧抄本原有的区分,编者未有新的更动,所以就用不着说明了”。① 虽然刘向在《叙录》中没有交代《管子》的分类问题,但并不能以此推断《管子》旧抄本中原来就有类目区分。余嘉锡说:“古人著书,既多单篇别行,不自编次,则其本多寡不同。加以暴秦焚书,图籍散乱,老屋坏壁,久无全书,故有以数篇为一本者,有以数十篇为一本者,此有彼无,纷然不一。分之则残阙,合之则复重。”②刘向搜集到的《管子》各种传本,篇章多寡不同,差别很大,与余嘉锡所说正相吻合。很难想象,在这种状态下,《管子》旧传本中已经有了“经言”“外言”“内言”“短语”“区言”“杂篇”“管子解”“管子轻重”如此详细的类目划分。

还有学者认为是刘向以后才有的,如蒋伯潜认为始自宋濂。他说:“周秦诸子往往分内篇、外篇,或又有杂篇。《管子》多至八十六篇,独无所区分,故宋氏(宋濂)以己意为之分类尔。”③宋濂是元末明初人,而现存的宋本《管子》中即已明确分为“经言”等 8 类。因此《管子》分为 8 类绝非始自宋濂。蒋伯潜之所以认为《管子》是宋濂“以己意为之分类”,可能是因为宋濂在其《诸子辨》中,曾详述《管子》自某篇至某篇为某类的缘故。实际上,早在三国时期,魏国的大臣司马芝在给魏明帝的奏疏中就提到“区言”。《三国志 · 魏书》载司马芝奏言:“王者之治,崇本抑末,务农重谷。……《管子》

---

① 钟肇鹏:《管子简释 · 前言》,《齐文化丛书》(一),齐鲁书社 1997 年版。

② 余嘉锡:《古书通例》,上海古籍出版社 1985 年版,第 103 页。

③ 蒋伯潜:《诸子通考》,浙江古籍出版社 1985 年版,第 435 页。

‘区言’以积谷为急。”①这说明最晚在三国时期,《管子》就有了“区言”等类目划分。

从目前的文献来看,三国以前,只有刘向对《管子》进行过大规模整理,《管子》类目的划分,应该就出自刘向之手。清末张佩纶指出,这些分类“皆子政校书时所定也”②。张岱年说:“这种分类,可能是刘向所分,必定有其根据。但其所根据的理由何在,现在已无法考知了。”③

先秦的许多典籍形成过程很长,后人多有增加附益,因此一书的内容往往非常复杂。刘向在定著篇章之时,充分考虑到了这一情况,对某些较为复杂的古籍,一书之内再进行区分。最典型的例子是对《晏子春秋》一书的处理。刘向在《晏子叙录》中说:“其书六篇,皆忠谏其君,文章可观,义理可法,皆合六经之义。又有复重,文辞颇异,不敢遗失,复列以为一篇。又有颇不合经术,似非晏子言,疑后世辩士所为者,故亦不敢失,复以为一篇。”④前6篇“文章可观,义理可法”,刘向归入“内篇”;第7篇“有重复,文辞颇异”,划为“外篇”;第8篇“颇不合经术,似非晏子言”,则为“杂篇”。刘向将《晏子春秋》8篇以“内”“外”“杂”相区别,既照顾了各种《晏

① 〔晋〕陈寿撰,〔南朝宋〕裴松之注:《三国志》,中华书局1982年版,第388页。有人以为司马芝所说的《管子·区言》是《管子》的《枢言》篇,但《枢言》中没有一语涉及积谷务农等内容。“以积谷为急”是“区言”中《治国》篇的主导思想。因此“区言”是类名,非篇名。

② 张佩纶:《管子学》,台湾商务印书馆1971年影印本,第1页。

③ 张岱年:《中国哲学史史料学》,生活·读书·新知三联书店1982年版,第45页。

④ 〔汉〕刘向:《晏子叙录》,载吴则虞《晏子春秋集释》卷首,中华书局1962年版。

子》传本的实际情况，又给后人的研究提供了便利。①

《管子》一书篇章众多，内容也远比《晏子春秋》更为复杂，因此刘向在定著其篇章时，进行了区分，将86篇划分为经言、外言、内言、短语、区言、杂篇、管子解、管子轻重8组。当然，这种划分，刘向可能参考了他所见到的各种传本的情况。张固也指出："《管子》来源复杂，刘向在把各种古本汇编为一书时，可能会对少数篇目作过调整，但同时已考虑到各篇来源之不同，通过分组尽量保存了古本旧貌，并为各组加上一个组名，个别组名可能沿用旧称(如《轻重》)，而没有单纯追求表面上的整齐划一。"②

二、所谓的"《管子》原本18篇"

有一种观点曾经非常流行，即：刘向编定86篇本《管子》以前，流传着一种18篇的《管子》原本。较早提出这一观点的是古丁和关锋、林聿时。古丁说："原本的《管子》"，"是战国时代以管仲为始祖的法家的著作"。③ 关锋、林聿时《管仲遗著考》认为，"早在韩非以前就有一本《管子》书……也就是刘歆所说的'管子十八篇'本"，并将其称为"原十八篇的《管子》书"。④ 后来，余敦康、张岱年、胡家聪、李曦都有类似说法。⑤ 胡家聪曾撰《〈管子〉原本考》一

① 参见邓骏捷《刘向研究——文献学家刘向及其学术成就》，山东大学2003年博士学位论文，第72页。

② 张固也：《〈管子〉研究》，齐鲁书社2006年版，第48页。

③ 古丁：《管子和管子书》，转引自张固也《〈管子〉研究》，齐鲁书社2006年版，第23页。

④ 关锋、林聿时：《春秋哲学史论集》，人民出版社1963年版，第145页。

⑤ 分别见余敦康《论管仲学派》(《中国哲学》第二辑)、张岱年《中国哲学史史料学》(生活·读书·新知三联书店1982年版，第45页)、胡家聪《〈管子〉原本考》(《文史》第十三辑)、李曦《〈形势〉为管仲遗著考证》(《管子学刊》1991年第4期)。

文,对这一问题进行了详细论证。他根据韩非、贾谊、司马迁等对《管子》的引用,以及张守节《史记正义》引用的刘歆《七略》"《管子》十八篇,在法家"等材料,推断在刘向以前就有一种流传有序的"《管子》原本18篇",并说:"《经言》八篇(《幼官》与《幼官图》算1篇),《外言》中有六篇(不包括《宙合》和《枢言》),《区言》中有四篇(指《明法》《任法》《正世》和《治国》),共计十八篇法家作品,均当在《管子》原本之内。这与《七略》所载'《管子》十八篇,在法家'相吻合。"①

韩非、贾谊、司马迁的确都引用过《管子》,但这并不能证明当时就流传着18篇本的《管子》。因为他们仅是引用了某些篇章。《韩非子·难三》两次引用《管子》,见于《牧民》和《权修》篇。贾谊《新书》,明确引用《管子》4处,其中3条见于《牧民》,1条见于《形势》。② 司马迁在《史记·管晏列传》中引用了《牧民》篇的部分文句,并称自己读过《牧民》《山高》《乘马》《轻重》《九府》等篇。韩非、贾谊、司马迁称引的《管子》篇章各不相同,这些篇章与所谓"《管子》原本18篇",并没有必然的逻辑关系。

前文已经提到,刘向在《管子叙录》中有明确记载,他是根据"中《管子》书三百八十九篇,太中大夫卜圭书二十七篇,臣富参书四十一篇,射声校尉立书十一篇,太史书九十六篇","校除重复",

---

① 胡家聪:《〈管子〉原本考》,载《文史》第十三辑,中华书局1982年版。

② 4条分别是:(1)《审微》:"管仲曰:'备患于未形',上也。"(2)《俗激》:"管子曰:'四维:一曰礼,二曰义,三曰廉,四曰丑。四维不张,国乃灭亡。'"(3)《无蓄》:"管子曰:'仓廪实,知礼节;衣食足,知荣辱。'民非足也,而可治之者,自古及今,未之尝闻。"(4)《春秋》:"管子曰:'不行其野,不违其马。'"前3条见于《牧民》,第4条见于《形势》。

"定著八十六篇",其中根本看不到18篇本《管子》的影子。[①] 刘向以前,《管子》广泛流传于全国各地,但当时流传的《管子》篇章不一,并没有一定之本,更不会有所谓流传有序的"《管子》原本18篇"。

需要特别指出的是,胡家聪在论证《管子》原本时,忽略了《淮南子》引用《管子》的材料。《淮南子》对《管子》文本多有袭用,有的明确标明引用《管子》,如《道应训》"此所谓《管子》'枭飞而维绳'者"[②]。此引《管子·宙合》,原文作"鸟飞准绳"。还有一些没有标明出处,但与《宙合》篇的文字非常相似。例如:

(1)《原道训》:处小而不逼,处大而不窕。

《管子·宙合》:其处大也不窕,其入小也不塞。

(2)《兵略训》:夫景不为曲物直,响不为清音浊。

《管子·宙合》:景不为曲物直,响不为恶声美。

(3)《泰族训》:天不一时,地不一利,人不一事。是以绪业不得不多端,趋行不得不殊方。

《管子·宙合》:天不一时,地不一利,人不一事,是以著业不得不多分,名位不得不殊方。

(4)《泰族训》:夫彻于一事,察于一辞,审于一技,可以曲说,而未可广应也。

《管子·宙合》:是故辩于一言,察于一治,攻于一事者,可以曲说,而不可以广举。

《淮南子》中有这么多文字与《管子·宙合》的相关内容相似,不是

① 张荣明也有类似的论说。见其《〈管子原本考〉商榷》,载《管子学刊》编辑部编《管子与齐文化》,北京经济学院出版社1990年版。

② 何宁:《淮南子集释》,中华书局1998年版,第901页。本节所据《淮南子》文本,均据该书,以下不再注明。

偶然的。这说明《淮南子》的编撰者曾读过《管子》并引用过《宙合》篇的内容。既然韩非、贾谊、司马迁引用《管子》的文字，可以用来考证《管子》原本，那么《淮南子》引用《管子》的材料，也不能排除。按照《〈管子〉原本考》的论证方法，"18 篇本《管子》"中也应该有《宙合》篇。但《〈管子〉原本考》所考证的所谓原本中，《宙合》篇并不包括在内。

还需要注意的是，《〈管子〉原本考》和《管仲遗著考》所考证的"18 篇本《管子》"的篇目是不一致的。关锋、林聿时《管仲遗著考》认为，18 篇本《管子》包括现存《管子》"经言"部分的 9 篇、"外言"部分除《八观》以外的 7 篇，再加上司马迁提到的《轻重》和《九府》；而胡家聪《〈管子〉原本考》所考证的《管子》18 篇，则是指"经言"8 篇(《幼官》与《幼官图》算 1 篇)、"外言"中除《宙合》《枢言》以外的 6 篇以及"区言"的《明法》《任法》《正世》《治国》4 篇。《〈管子〉原本考》和《管仲遗著考》所说的 18 篇本《管子》篇目不一致，正说明刘向以前《管子》没有定本。各家只是从"《管子》十八篇，在法家"这一条材料出发进行推测，因此结论各不相同。①

实际上，"《管子》十八篇，在法家"这条材料是有问题的。章太炎《七略别录佚文征》云：

> 案《史记·管晏列传》正义引《七略》云："《管子》十八篇，在法家"，似取其全书中十八篇别隶法家者。而《艺文志》无省出之文，《管子叙录》言"道约言要"，则入道家明甚。张守节言在法家者，盖误记唐时簿录以为《七略》耳。案《隋志》，《管

① 胡家聪后来也对其观点进行了修正，认为"'《管子》原本'提法不确"，改"原本"为"古本"。见胡家聪《管子新探》，中国社会科学出版社 1995 年版，第 404、405 页。

子》十九卷，在法家，则隋时合八十六篇为十九卷，疑亦有合为十八卷者。张氏既误以时俗簿录为《七略》，因亦误卷为篇，不足信也。或曰：《史记·申不害传》正义两引阮孝绪《七略》，阮氏所纂本曰《七录》，而张皆称曰《七略》，则所谓《七略》"《管子》十八篇，在法家"者，盖阮氏之《七录》，非刘氏之《七略》也。①

在章太炎之前，清人姚振宗在《七略佚文叙》中也曾指出：

《史记正义》引阮氏《七录》，行本往往误为《七略》，并有云阮孝绪《七略》者，此其写刊之误之明证也。严、马二家（指严可均和马国翰）所录"《晏子》七篇，在儒家""《管子》十八篇，在法家"，两条皆张守节泛引《七录》之语。《七录》：《晏子》七篇；《七略》则八篇。《七录》：《管子》十八篇，在法家；《七略》则八十六篇，在道家，又见兵家。此两条不特非《七略》佚文，"在儒家""在法家"之言，并且非《七录》本文。②

姚振宗、章太炎的分析是很有道理的。张守节误把"阮氏之《七录》"当作"刘氏之《七略》"，并且误卷为篇，因此才有了所谓《七略》云"《管子》十八篇，在法家"之说。

《史记正义》引《七略》，《老子韩非列传》中也有两处：

（1）阮孝绪《七略》云："《申子》三卷也。"

（2）阮孝绪《七略》云："《韩子》二十卷。"③

阮孝绪不曾著《七略》，此处不是人名有误就是书名有误。我们知道，刘歆《七略》为《汉书·艺文志》之基础，阮孝绪《七录》的体例

① 章太炎：《章太炎全集》（一），上海人民出版社1982年版，第369页。

② 姚振宗辑录，邓骏捷校补：《七略别录佚文·七略佚文》，澳门大学出版中心2007年版，第71页。

③ 〔汉〕司马迁：《史记》，中华书局1982年版，第2146页。

内容多为《隋书·经籍志》取法沿用。《汉书·艺文志》记载“《韩子》五十五篇”。《隋书·经籍志》载“《韩子》二十卷”。两相比较，《正义》所引在篇幅和统计单位上都与《汉书·艺文志》相去甚远，而与《隋书·经籍志》相同。据此可知,《老子韩非列传》中张守节《正义》所云“阮孝绪《七略》”,误在书名,《七略》当为《七录》之误。

《史记正义》引《七录》误为《七略》,并非仅《管子》一处,因此有学者指出:“《正义》误《七录》为《七略》有其一贯性,绝非偶然。”①“《管子》原本 18 篇”之说主要是依据张守节《史记正义》所云“《七略》云:‘《管子》十八篇’”这条材料来推论的。既然这条材料有误,应当为“《七录》云:‘《管子》十八卷’”,那么“《管子》原本 18 篇”之说也就失去了立论的基础。

先秦著作,往往单篇流传。《史记·老子韩非列传》云:“(韩非)作《孤愤》《五蠹》《内外储》《说林》《说难》十余万言。”“人或传其书至秦。秦王见《孤愤》《五蠹》之书,曰:‘嗟乎!寡人得见此人与之游,死不恨矣。’李斯曰:‘此韩非之所著书也。’”②韩非子的著作,司马迁举《孤愤》《五蠹》《说难》等篇名,正说明了这一情况。由于是单篇流传,各篇的聚合就有很大的随意性。余嘉锡说:

> 秦、汉诸子,惟《吕氏春秋》《淮南子》之类为有统系条理,乃一时所成,且并自定篇目,其他则多是散篇杂著,其初原无一定之本也。夫既本是单篇,故分合原无一定。有抄集数篇,即为一种者,有以一二篇单行者。③

刘向以前,《管子》正是这种情况,篇章分合无定,没有一定之本。

---

① 闻思:《〈《管子》原本考〉质疑》,载《文史》第三十二辑,中华书局 1990 年版。

② 〔汉〕司马迁:《史记》,中华书局 1982 年版,第 2147、2155 页。

③ 余嘉锡:《古书通例》,上海古籍出版社 1985 年版,第 94 页。

所谓的"《管子》原本18篇",根本不存在。①

汉代,《管子》中的有些与军事有关的篇章确实曾独立编辑流传,如《汉书·艺文志·兵书略》之兵权谋家,班固自注云:"省伊尹、太公、《管子》《孙卿子》《鹖冠子》《苏子》、蒯通、陆贾、淮南王二百五十九种,出《司马法》入礼也。"②《汉书·艺文志》兵权谋家的《管子》当是指《管子》中《兵法》等论兵诸篇。《管子》中有的篇章也曾单篇别行,如《汉书·艺文志》之《六艺略》孝经类有《弟子职》一篇,应劭注曰:"管仲所作,在《管子》书。"③但这些都与"《管子》18篇"没有关系。

20世纪以来,我国出土了大量竹简与帛书,有一些与《管子》密切相关。如1972年出土的临沂银雀山汉墓竹简《〈守法〉〈守令〉等十三篇》,其中的《王兵》篇与《管子》书中《七法》《地图》《参患》等篇文字相似。再如1973年湖南长沙出土的马王堆汉墓帛书《黄帝书》及《春秋事语》。《黄帝书》包括《经法》《十六经》《称》《道原》四篇,与《管子》中《心术上》《心术下》《白心》《内业》《势》《九守》等篇关系密切。《春秋事语》类似《国语》,侧重记言,共有16章,其中第七章《齐桓公与蔡夫人乘舟》、第十六章《鲁桓公与文姜会齐侯于乐》与《管子·大匡》中相关记载文字接近。这些出土文献,对《管子》研究无疑有重要意义。不过,相关文本包含在其他文献中,还不能看作是《管子》的传本,所以在此不作详细讨论。

---

① 参见笔者《从战国秦汉古籍看〈管子〉的早期流传》,载《管子学刊》2009年第3期。

② 〔汉〕班固:《汉书》,中华书局1962年版,第1757页。

③ 〔汉〕班固:《汉书》,中华书局1962年版,第1719页。

第二节 《管子》的早期传本

西汉刘向编定《管子》86篇,至北宋时期,《管子》方出现刻本。此间,《管子》一直以写本形式流传。虽然有些古代文献如《史记》《文选》有古写本流传下来,但迄今为止,真正意义上的《管子》古写本还没有发现。① 今据公私著录及各家文献的引用节录,来考察《管子》早期传本的状况。

一、18卷本

汉代书籍,有时称篇,有时称卷。余嘉锡说:"两汉竹帛并行,故篇与卷尚不甚分。其有篇卷不同者,《汉志》必兼著若干卷、若干篇。"②刘向整理《管子》,定著86篇,《汉书·艺文志》著录《管子》也是86篇,只称《管子》篇数,没有标卷数。这说明当时《管子》是以篇为单位的。后来,《管子》合篇为卷,出现了18卷本。

(一)18卷本的出现与流传

卷作为书籍单位虽然早已出现,但书籍著录普遍称卷,则是纸广泛普及的结果。东汉蔡伦改进了造纸术。到晋代,即3、4世纪时,纸已经成为通行的书写材料。西晋左思十年写成《三都赋》,"豪贵之家竞相传写,洛阳为之纸贵"③。东晋桓玄曾下令:"古无纸,故用简,非主于敬也。今诸用简者,皆以黄纸代之。"④根据《隋

---

① 敦煌遗书中发现有《管子》的个别文句,但只是其他书籍的称引或摘录,不能看作是《管子》的古写本。详见后文。

② 余嘉锡:《目录学发微》,巴蜀书社1991年版,第30页。

③ 〔唐〕房玄龄等:《晋书》,中华书局1974年版,第2377页。

④ 见《初学记》卷二十一引《桓玄伪事》,〔唐〕徐坚等撰:《初学记》,中华书局2004年版,第517页。

书·经籍志·总序》,西晋荀勖《晋中经薄》(也称《中经新薄》)和东晋李充《四部书目》,著录书籍全部称卷。《晋中经薄》著录书籍总共“二万九千九百四十五卷”,《四部书目》著录书籍“三千零一十四卷”。我们有理由相信,《管子》在这一时期已经合篇为卷。只是《晋中经薄》和《四部书目》均已失传,两家书目对《管子》的相关著录已无从得见。

南朝梁代庾仲容著有《子钞》10 卷。在《子钞》的目录中,《管子》明确标为 18 卷。① 根据前文的论述,张守节《史记正义》所说的“《七略》云:‘《管子》十八篇,在法家’”有误,实际应为“《七录》云:‘《管子》十八卷,在法家’”。②《七录》的作者阮孝绪,生于南齐建元元年(479),卒于梁大同二年(536),其编撰《七录》开始于梁武帝普通四年(523)。由此可知,最晚在南北朝时,18 卷本《管子》已经出现并广为流传。

隋唐时期,18 卷本《管子》依然流传。《旧唐书·经籍志》著录《管子》为 18 卷。唐代马总的《意林》中,《管子》也是标为 18 卷。与以上两书不同,《隋书·经籍志》中,著录的《管子》为 19 卷。不过,这个 19 卷本,与 18 卷本实际是一种传本,多出的一卷是序目。有学者早就指出:“18 卷与 19 卷之别可能并不表明文本的编排真正有所不同,而只是 19 卷本的序言和目录独立成卷。”③《隋书·经籍志》著录的书,有些在卷数下又注明有“目一卷”,《旧唐书·经籍志》往往卷数与之相同,而未注有“目”,“《隋志》著录之书比《旧唐

---

① 《子钞》现已亡佚,其目录保存在宋代高似孙的《子略》中。

② 详见本章第一节。

③ 这是荷兰学者范德龙(Piet Van Der Loon)的说法,转引自[美]李克(W. Allyn Rickett)《管子引得导言》(*INTRODUCTION TO A CONCORDANCE TO THE KUAN - TZU*),载庄维斯编《管子引得》,《中文研究资料中心研究资料丛书》之九,1970 年台北出版。

志》多出一卷的,大概都是多一卷目录,《隋志》著录时未及予以区分”①。《隋书·经籍志》和《旧唐书·经籍志》所著录《管子》有1卷之差,即属于这种情况。

18卷本《管子》在流传过程中,有些篇章亡佚了。今本《管子》中,《王言》《谋失》《正言》《言昭》《修身》《问霸》《牧民解》《问乘马》《轻重丙》《轻重庚》10篇有目无文,《封禅》篇是取《史记·封禅书》中管仲的言论补上的,共亡佚11篇。唐中宗时期的国子博士尹知章曾给《管子》作注,他在《封禅》篇下注云:“元(原)篇亡,今以司马迁《封禅书》所载管子言以补之。”②张固也指出:“佚篇在十八卷本中应已不存在,其亡佚时间当在唐人注本出现之前。”③很多证据证明,唐朝初年,《管子》已经不是全本。

《文选》卷二十八陆机《猛虎行》:“渴不饮盗泉水,热不息恶木荫。恶木岂无枝,志士多苦心。”李善注云:“江邃《文释》云:《管子》曰:‘夫士怀耿介之心,不荫恶木之枝;恶木尚能耻之,况与恶人同处?’今检《管子》近亡数篇,恐是亡篇之内而邃见之。”④《四库全书总目》据此认为,《管子》“唐初已非完本”⑤。

王利器也注意到了《文选》李善注引江邃《文释》的资料,同时他还注意到《周书·寇俊传》中寇俊对《管子》的称引:“俊曰:‘恶木之荫,不可暂息。’”江邃是南朝人,刘宋时官至司徒记室参军;寇俊是北朝人,北魏时任梁州刺史,东魏时官至骠骑大将军。根据这

---

① 张固也:《〈管子〉研究》,齐鲁书社2006年版,第27页。

② 司马贞也说:“今《管子》书其《封禅篇》亡。”见《史记·封禅书》索隐。

③ 张固也:《〈管子〉研究》,齐鲁书社2006年版,第31页。

④ 〔南朝梁〕萧统:《文选》,上海古籍出版社1986年版,第1293页。

⑤ 〔清〕永瑢等:《四库全书总目》,中华书局1965年版,第847页。

些材料，王利器认为："南北朝人尚见《管子》原书，而唐人已莫得而窥其全豹矣。"①

美国学者李克(W. Allyn Rickett)曾对唐初魏征主持编撰的《群书治要》之《管子治要》进行仔细研究。他发现，《群书治要》中所涉及《管子》篇目的顺序，与今本《管子》完全一致。而且现在亡佚的11篇，也没有1篇包括在其中。李克就此指出："通过对《群书治要》摘录内容的考察，至少在唐初时，《管子》的编排和内容就已经和今本一致，看来今本《管子》中的佚篇在魏征以前就已亡佚。"②

上述各家分析都很有道理。不过，通过对虞世南《北堂书钞》引用《管子》的情况进行分析，我们发现，在隋朝乃至更早的时候，《管子》部分篇章的亡佚就已经出现了。

《北堂书钞》是虞世南在隋朝任秘书郎时所撰。该书不像《艺文类聚》《太平御览》等官修类书那样以前代类书为蓝本，它是虞世南抄录群书的成果。《郡斋读书志》："世南仕隋为秘书郎时，抄经史百家之事以备用"，"北堂者，省中虞世南抄书之所也。"③所以《北堂书钞》基本上可以反映隋朝时古籍的状况。

根据日本学者山田英雄《北堂书钞引书索引》，《北堂书钞》中引《管子》共71条。经过仔细核对，这71条中，有69条都能从今本《管子》中找到出处，1条不见于今本《管子》，还有1条不能确定。④

---

① 王利器：《〈管子〉解题》，载《文史》第三十一辑，中华书局1988年版。

② ［美］李克(W. Allyn Rickett)：《管子引得导言》(*INTRODUCTION TO A CONCORDANCE TO THE KUAN－TZU*)，载庄维斯编《管子引得》，《中文研究资料中心研究资料丛书》之九，1970年台北出版。

③ 〔宋〕晁公武：《郡斋读书志》，《宋元明清书目题跋丛刊》(二)，中华书局2006年版，第683页。

④ 详见笔者《〈管子〉佚篇亡佚时间考》，载《管子学刊》2007年第3期。

今本《管子》亡佚11篇,与全书86篇相比,占到12.8%;而《北堂书钞》71条《管子》引文,严格意义上说只有1条不见于今本《管子》,仅占1.4%。我们注意到,《北堂书钞》引用《管子》,并不局限于某一组,69条所涉及的篇目,涵盖了全书经言、外言、内言、短语、区言、杂篇、管子解、管子轻重的每一个部分。《管子》的佚篇,《王言》《谋失》在内言,《正言》在短语,《封禅》《言昭》《修身》《问霸》在杂篇,《牧民解》在管子解,《问乘马》《轻重丙》《轻重庚》在管子轻重,也是分散于各个部分。如果虞世南编撰《北堂书钞》时见到的《管子》还是完整无缺的,按照常理,《北堂书钞》引用的《管子》文本,不见于今本的应该会有更多,亡佚的内容应当会更多地被《北堂书钞》保存下来,不会71条中仅有1条。因此我们推断,虞世南所见的《管子》,已经不是全本。在隋朝乃至更早的时候,18卷(19卷)《管子》的有些内容就已经亡佚。①

(二)18卷本辑佚

《管子》部分佚文,保存在了一些古代文献特别是类书中。前文提到的《文选》李善注引江邃《文释》的"夫士怀耿介之心,不荫恶木之枝;恶木尚能耻之,况与恶人同处",严可均辑入《全上古三代文》卷七。王利器《〈管子〉解题》亦曾辑录"先唐人之征引《管子》而为今本所无者"6条,②王利器云:

> 《盐铁论·刑德篇》引《管子》曰:"四维不张,虽皋陶不能

---

① 唐宋古籍如《艺文类聚》《初学记》《太平御览》以及李善《文选注》等文献中,保存有一些《管子》佚文。但我们知道,《艺文类聚》《初学记》《太平御览》以及李善《文选注》等著作,与前代著作多有因袭关系,它们引用的《管子》的情况,不能反映当时《管子》一书的面貌,不能作为推断《管子》佚篇亡佚时间的依据。

② 王利器:《〈管子〉解题》,载《文史》第三十一辑,中华书局1988年版。

为士。”①

《说苑·贵德篇》:“桓公之平陵,见家人有年老而自养者,公问其故。对曰:‘吾有子九人,家贫无以妻之,吾使佣而未返也。’桓公取外御者五人妻之。管仲入见曰:‘公之施惠,不亦小乎!’公曰:‘何也?’对曰:‘公待所见而施惠焉,则齐国之有妻者少矣。’公曰:‘若何?’管仲曰:‘令国丈夫三十而室,女子十五而嫁。’”《北堂书钞》卷三十九引此文作《管子》。《韩非子·外储说右下》亦详此事,而载“一曰”,以老人为鹿门稷,则其人且有名有姓矣。②

又《政理篇》:“齐桓公谓管仲曰:‘吾欲举事于国,昭然如日月,无愚夫愚妇皆曰善,可乎?’仲曰:‘可,然非圣人之道。’桓公曰:‘何也?’对曰:‘夫短绠不可以汲深井,知鲜不可以与圣人之言,慧士可与辨物,智士可与辨无方,圣人可与辨神明。夫圣人之所为,非众人之所及也。民知十己,则尚与之争,曰不如吾也,百己则疵其过,千己则谁而不信。是故民不可稍而掌也,可并而牧也;不可暴而杀也,可麾而致也;众不可户说也,可举而示也。’”案《庄子·至乐篇》引《管子》:“褚小者不可以怀大,绠短者不可以汲深。”则此为《管子》佚文,必矣。③

又《敬慎》篇:“齐桓公为大臣具酒,期以日中。管仲后至,

---

① “四维不张”见于《管子·牧民》,“虽皋陶不能为士”不见于今本《管子》。

② 《北堂书钞》作:《管子》云:“桓公之平陵,人家有年老而自养者,公问其故。对曰:‘吾有子九人,家无以妻之,悉出赘而未返也。’桓公取外御者五人妻之。”(中国书店1989年影印孔广陶刻本《北堂书钞》,第107页)向宗鲁云:“此本《管子》,今本脱,见《书钞》三十九引。”(向宗鲁:《说苑校证》,中华书局1987年版,第102页。)

③ 向宗鲁云:“以《庄子》引文证之,则古本《管子》当有此文,而今本佚之。”(向宗鲁:《说苑校证》,中华书局1987年版,第146~147页。)

桓公举觞以饮之,管仲半弃酒。桓公曰:'期而后至,饮而弃酒,于礼可乎?'管仲对曰:'臣闻酒入舌出,舌出者言失,失言者身弃。臣计弃身不如弃酒。'桓公笑曰:'仲父起就坐。'"案,《太平御览》卷八四四"酒中"、《事类赋》卷一九引作《管子》,则此亦《管子》佚文也。①

《风俗通义·怪神篇》:"谨按《管子》书:'齐公出于泽,见衣紫衣,大如毂,长如猿,拱手而立。还归,寝疾,数月不出。有皇士者,见公语,惊曰:物恶能伤公?公自伤也。此所谓泽神委蛇者也,唯霸主乃得见之。于是桓公欣然笑,不终日而病愈。'"……《管子》书与《庄子》之文,小同而大异,其为《管子》佚文而非《庄子》异文,从而可知也。②

《贞观政要》卷二《纳谏》:"王珪对曰:'臣闻于《管子》曰:齐桓公之郭国,问其父老曰:郭何故亡?父老曰:以其善善而

---

① 《太平御·览饮食部二》作:《管子》曰:"桓公饮管仲酒,仲弃其半,公问其故。对曰:'臣闻酒入舌出,舌出言失,言失身弃。臣弃身不如弃酒。'桓公笑焉。"(中华书局1960年影印本,第3773~3774页。)向宗鲁云:"此本《管子》,今本无。据《御览》八百四十四,《事类赋》十九注引同,知为《管子》佚文。"(向宗鲁:《说苑校证》,中华书局1987年版,第255页。)

② 《庄子·达生》作:"桓公田于泽,管仲御,见鬼焉。公抚管仲之手曰:'仲父何见?'对曰:'臣无所见。'公反,诶诒为病,数日不出。齐士有皇子告敖者曰:'公则自伤,鬼恶能伤公!夫忿滀之气,散而不反,则为不足;上而不下,则使人善怒;下而不上,则使人善忘;不上不下,中身当心,则为病。'桓公曰:'然则有鬼乎?'曰:'有。沈有履,灶有髻。户内之烦壤,雷霆处之;东北方之下者,倍阿鲑蠪跃之;西北方之下者,则泆阳处之。水有罔象,丘有辛,山有夔,野有彷徨,泽有委蛇。'公曰:'请问,委蛇之状何如?'皇子曰:'委蛇,其大如毂,其长如辕,紫衣而朱冠。其为物也,恶闻雷车之声,则捧其首而立。见之者殆乎霸。'桓公振然而笑曰:'此寡人之所见者也。'于是正衣冠与之坐,不终日而不知病之去也。"(陈鼓应:《庄子今注释》,中华书局1983年版,第481页。)

恶恶也。桓公曰:若子之言,乃贤君也,何至于亡?父老曰:不然。郭君善善而不能用,恶恶而不能去,所以亡也。'"①

此外,笔者也从各家文献辑得《管子》佚文10余则,今列举如下:

1.《嵇康集》1条

(1)《释私论》:故《管子》曰:"君子行道,忘其为身。"②

2.《艺文类聚》1条

(2)《火部》:《管子》曰:"周容子夏以侈靡见桓公。桓公曰:'侈靡可以为天下乎?'子夏曰:'可。夫雕橑然后炊之,雕卯(按:当作卵)然后瀹之,所发积藏,散万物也。'"③

3.《春秋左传正义》1条

(3)《哀公十七年》:"《管子》称齐桓公好服紫衣,齐人尚之,五素易一紫。"④

4.《文选》李善注2条

(4)谢灵运《拟魏太子邺中集诗八首》注:《管子》曰:"善为君者,宜法江海,江海不逆细流,故为百谷长。"

(5)江淹《诣建平王上书》注:《管子》曰:"天下有道,人乐

---

① 此事亦见于《新序·杂事四》、《群书治要》引《新论·谴非》、《风俗通义·山泽》及《旧唐书·王珪传》。

② 戴明扬:《嵇康集校注》,人民文学出版社1962年版,第235页。

③ 〔唐〕欧阳询撰,汪绍楹校:《艺文类聚》,中华书局1982年版,第1376页。此条亦见于《初学记·岁时部下》和《太平御览·羽族部十五》,文字稍有区别。《初学记》作:"雕卵熟斲之,所以发积藏,散万物。"(中华书局2004年版,第67页)《太平御览》作:"子夏云:'雕卵然后瀹之,所谓发积藏,散万物。'"(中华书局1960年影印本,第4126页。)

④ 《十三经注疏》,上海古籍出版社1997年影印本,第2179页。此事亦见于《韩非子·外储说左上》,文字较详细。

其业。"①

5.《后汉书》李贤注2条

(6)《袁绍刘表列传》注:《管子》曰:"天下无道,人在爵位者皆不自聊生。"

(7)《五行志二》注:《管子》曰:"臣乘君威,则阴侵阳,盛夏雪降,冬不冰也。"②

6.《初学记》2条(除去与《艺文类聚》相重复者)

(8)《天部上》:《管子》曰:"盛魄重轮,六合俱照,非日月能乎?"

(9)《器物部下》:《管子》曰:"武王为侈靡令曰:'豹襜豹裘,方得入庙。'故豹皮百金。功臣之家,裘千钟而未得一豹皮。"③

7.《太平御览》4条(除去与《说苑》《艺文类聚》《初学记》相重复者)

(10)《天部九》:《管子》曰:"吾不能以春风风人,夏雨雨人,吾道穷矣。"又曰:"夫两尧不能相王,两桀不能相亡。木虽蠹,无疾风不折;墙虽隙,无大雨不坏。"

---

① 2条分别见〔南朝梁〕萧统:《文选》,上海古籍出版社1986年版,第1436、1790页。

② 2条分别见〔南朝宋〕范晔撰,〔唐〕李贤等注:《后汉书》,中华书局1965年版,第2397、3298页。

③ 2条分别见〔唐〕徐坚等撰:《初学记》,中华书局2004年版,第6、631页。第(9)条亦见于《太平御览》,文字稍有区别。《太平御览·服章部十一》:《管子》曰:"武王为侈靡令曰:'豹襜豹裘,方得入朝。'故豹皮百金,功臣之家,粜千钟未得一豹皮。"《太平御览·兽部四》:《管子》曰:"武王为侈靡令:'人貂襜豹裘方得入庙。'故豹皮百金,臣家粜千钟未得一豹皮。"(《太平御览》,中华书局1960年影印本,第3098、3962页。)

(11)《时序部四》:《管子》曰:"邻人谓展禽曰:'鲁聘夫子,夫子三黜无忧色,何?'展禽曰:'春风鼓,百草敷蔚,吾不知其茂;秋霜降,百草零落,吾不知其枯。枯茂非四时之悲欣,荣辱非吾心之忧喜。'"

(12)《人事部四》:《管子》曰:"子产日角,晏平仲月角,尾生犀角,柳下惠史鱼反角。"

(13)《礼仪部十五》:《管子》曰:"昔古圣王,功成道洽符出,乃封太山。今比目之鱼不至,凤凰不臻,麒麟遯,未可以封。"①

以上所列《管子》佚文,有的论及为君之道、做人之道,有的论及经济问题和哲学问题,有的记载齐桓公、管仲的轶事,还有的涉及子产、晏子、尾生、柳下惠等历史人物。这些佚文,展现了《管子》亡佚篇章的某些侧面,为我们提供了18卷《管子》全本更多的信息,吉光片羽,弥足珍贵。②

二、节选本

唐代,《管子》出现了节选本。《新唐书·艺文志》著录有《管氏指略》二卷。该书是杜佑摘录《管子》中的精要内容而成,共10篇。《文献通考》引《崇文总目》云:"《管氏指略》二卷,唐杜佑撰。采管氏章句之要,共为十篇。"③另外,魏征等编撰的《群书治要》,选录了《管子》的大量内容;马总《意林》中,也摘录了《管子》的一

① 4条分别见〔宋〕李昉等:《太平御览》,中华书局1960年影印本,第46、94、1672、2429页。

② 详见笔者《〈管子〉佚文考论》,载《管子学刊》2004年第4期。

③ 〔元〕马端临:《文献通考·经籍考》,华东师范大学出版社1985年版,第915页。

些文句。严灵峰《周秦汉魏诸子知见书目》称前者为《管子治要》，后者为《管子要语》。为了叙述的方便，我们沿用这种称呼。《管氏指略》今已亡佚，以下主要考察《管子治要》和《管子要语》。敦煌遗书中保存了个别《管子》文句，在此一并介绍。①

（一）《管子治要》

《群书治要》是唐初魏征等人奉唐太宗之命编撰的，②贞观五年(631)编成献上。全书采录经史诸子著作60余种，共50卷，《管子治要》在第32卷。

《群书治要》在国内久已失传。国内各版本，均来自日本天明七年(1787)刊本，而天明本又来自日本金泽文库收藏的镰仓时代(1185—1333)写本。所以，镰仓时代写本，为明清以来日本及中国《群书治要》各种版本之祖本。③ 后世各印本对写本虽时有校正，但也产生了新的讹误。如"重宫阙之营而轻四境之守"，天明本"营"误为"劳"；"舍公法用私意，明主弗为也"，天明本"意"误作"惠"等。镰仓时代写本有日本汲古书院平成元年(1989)影印本，收入《古典研究会丛书·汉籍之部》。以下据该本对《管子治要》

① 唐代文献诸如《艺文类聚》《初学记》《长短经》以及《五经正义》、《文选》李善注、《后汉书》李贤注中，也多有《管子》文句，因传世文献常见，故不作讨论。

② 《群书治要》署"秘书监巨鹿男魏征等奉敕撰"，实际可能主要由萧德言完成。阮元《群书治要提要》："《唐书·萧德言传》云：'太宗诏魏征、虞世南、褚亮及德言裒次经史百氏帝王所以兴衰者上之，帝爱其书博而要，曰：使我稽古临事不惑者，卿等力也。德言赉赐尤渥。'然则书实成于德言之手，故《唐书》于魏征、虞世南、褚亮传皆不及也。"（见其《揅经室外集》卷二，《丛书集成初编》本，中华书局1991年版。）

③ 《群书治要》尚有日本平安时代抄本，但仅存22、26、31、33、35、36、37、42、43、45、47、48、49十三卷，且破损严重。

(以下简称《治要》)进行考察。

《治要》涉及《管子》中的20篇。这20篇的顺序依次是:《牧民》《形势》《权修》《立政》《七法》《五辅》《法法》《中匡》《小匡》《霸形》《霸言》《戒》《君臣》《小称》《治国》《桓公问》《形势解》《版法解》《明法解》和《轻重乙》。① 每篇先举篇名,后选录篇中的重要内容。有些篇目选录内容较多,如《牧民》《权修》《法法》《治国》《形势解》《明法解》等,涉及原篇若干段落。特别是《牧民》,每一段落都有选录。有些篇选录内容则较少,如《形势》《七法》《戒》《桓公问》等,只取其某一段之文字。最少的是《戒》篇,仅摘录44字。

《治要》文本与《管子》相较,多有不同。

第一,文字详略不同。《管子》文字周详,《治要》文字简约。今举《治要》引《管子·霸形》为例,见表1-2-1。

表1-2-1

《管子·霸形》	《群书治要》
桓公在位,管仲、隰朋见。立有间,有贰鸿飞而过之。桓公叹曰:"仲父,今彼鸿鹄,有时而南,有时而北,有时而往,有时而来,四方无远,所欲至而至焉。非唯有羽翼之故,是以能通其意于天下乎?"管仲、隰朋不对。桓公曰:"二子何故不对?"管子对曰:"君有霸王之心,而夷吾非霸王之臣也,是以不敢对。"桓公曰:"仲父胡为然?盍不当言,寡人	桓公在位,管仲、隰朋见。立有间,有贰鸿飞而过之。桓公叹曰:"仲父,今彼鸿鹄,有时而南,有时而北,四方无远,所欲至焉。寡人之有仲父也,犹飞鸿之有羽翼也,若济大水有舟楫也。仲父不壹言教寡人乎?"管子对

① 《群书治要》中,《立政》作《立君》,《君臣下》作《君臣》,《版法解》作《板法解》,《轻重乙》作《轻重》,与今本《管子》稍有区别。

续表

《管子·霸形》	《群书治要》
其有乡乎？寡人之有仲父也，犹飞鸿之有羽翼也，若济大水有舟楫也。仲父不一言教寡人，寡人之有耳，将安闻道而得度哉？"管子对曰："君若将欲霸王，举大事乎？则必从其本事矣。"桓公变躬迁席，拱手而问曰："敢问何谓其本？"管子对曰："齐国百姓，公之本也。人甚忧饥，而税敛重；人甚惧死，而刑政险；人甚伤劳，而上举事不时。公轻其税敛，则人不忧饥；缓其刑政，则人不惧死；举事以时，则人不伤劳。"桓公曰："寡人闻仲父之言此三者，闻命矣，不敢擅也，将荐之先君。"	曰："君若将欲霸王，举大事乎？则必从其本事矣。"桓公曰："敢问何谓其本？"管子对曰："齐国百姓，公之本也。民甚忧饥，而税敛重；民甚惧死，而刑政险；民甚伤劳，而上举事不时。轻其税敛，则民不忧饥；缓其刑政，则民不惧死；举事以时，则民不伤劳。"桓公曰："寡人闻命矣。"

表中可见，《治要》所选录文字，与《管子》原文篇幅差别很大。《管子·霸形》有下划线的部分，在《治要》中全部删去了。《群书治要》"专主治要，不事修辞"。①《治要》文辞简约，是编者根据编撰原则对《管子》原文进行删节改动的结果。删改后的文字，字数大为减少，但文意与《管子》原文并没有区别。

第二，个别文字小有不同。有的是语助词或连词的不同，语助词如"之""乎""者""也""矣"，连词如"故""则""而"等，或此有彼无，或此无彼有，或"也"作"矣"，或"则"作"而"；有的属通假、同

① 〔清〕阮元：《揅经室外集》，《丛书集成初编》本，中华书局1991年版，第72页。

义或异体字,如"逸"与"佚"①、"与"与"予"、"措"与"错"、"维"与"唯"、"导"与"道"、"无"与"毋"、"壹"与"一"、"忠"与"中"、"理"与"治"、"背"与"倍"、"人"与"民"、"义"与"仪"、"柄"与"秉"、"咈"与"拂"、"嫡"与"適"、"唯"与"惟"、"妬"与"妒"、"盍"与"阖"、"避"与"辟"、"戮"与"僇"、"弗"与"不"、"寤"与"悟"、"境"与"竟"、"累"与"垒"、"戒"与"诫"等。②

上述《治要》与《管子》文字的不同,多是由于编撰者或抄写者一时疏忽或用字习惯不同而形成的。这些异文对文意几乎没有影响,我们不作详细讨论。

第三,有些文字差别较大。为讨论方便,列表说明,见表1-2-2。

表1-2-2

序号	《管子治要》（影印日本镰仓时代写本）	《管子》原文（《四部丛刊》影宋本）	《管子》篇目
1	政之所[行],在顺民心	政之所[兴],在顺民心	牧民
2	积于不[凋]之仓	积于不[涸]之仓	牧民
3	兵甲[勇]力,不足以应敌	兵甲[强]力,不足以应敌	牧民
4	天下不患无臣,患无君以使[人]	天下不患无臣,患无君以使[之]	牧民
5	故取于民有度,用之有[正],国虽小必安;取于民无度,用之[无正],国虽大必危	故取于民有度,用之有[止],国虽小必安;取于民无度,用之[不止],国虽大必危	权修

① 前一字为《管子治要》(影印日本镰仓时代写本)文本,后一字为今本《管子》(《四部丛刊》影宋本)文本。下同。

② 其中的"人"与"民"、"理"与"治",或因避唐讳而不同。但《管子治要》与《管子》原书中,这些字多混用,避讳并不严格。

续表

序号	《管子治要》(影印日本镰仓时代写本)	《管子》原文(《四部丛刊》影宋本)	《管子》篇目
6	衣服无等,下贱侵节	衣服无等,上下凌节	权修
7	而求百姓之安,兵士之死节,不可得也	而求百姓之安难,兵士之死节,不可得也	权修
8	大位不至仁,不可以授国柄	大德不至仁,不可以授国柄	权修
9	暴主之所以失国家	暴王之所以失国家	五辅
10	亲仁而不固,殆也	亲人而不固,殆	法法
11	凡赦者,小利而大害者也,故而久不胜其祸(天明本改作"久而")	凡赦者,小利而大害者也,故久而不胜其祸	法法
12	无赦者,痤疽之砭石也	毋赦者,痤雎之矿石也	法法
13	贤人不至谓之蔽,忠臣不至谓之塞	贤人不至谓之蔽,忠臣不用谓之塞	法法
14	行此道者,虽未大治,正民之径也	行此道者,虽未大治,正民之经也	法法
15	君有加惠于其臣,使臣不冻馁,则是君之赐也	君有加惠于其臣,使臣不冻饥,则是君之赐也	小匡
16	彼为其君也,君若宥而反之,其为君亦犹是也	彼为其君动也,君若宥而反之,其为君亦犹是也	小匡
17	重宫阙之营而轻四境之守(天明本"营"字误作"劳")	重宫门之营而轻四境之守	霸言

续表

序号	《管子治要》(影印日本镰仓时代写本)	《管子》原文(《四部丛刊》影宋本)	《管子》篇目
18	群官朋党,以怀其私,则失强矣	群官朋党,以怀其私,则失族矣	君臣下
19	臣愿君之远易牙、竖刀、堂巫、公子开方(天明本"刀"改作"刁")	臣愿君之远易牙、竖刁、堂巫、公子开方	小称
20	夫易牙以调味事公	夫易牙以调和事公	小称
21	公召四子者废之	公憎四子者废之官	小称
22	死十一日,虫出于尸(天明本"尸"改作"户")	死十一日,虫出于户	小称
23	民贫必难治	民贫则难治也	治国
24	独任之图,劳而多祸(天明本"图"改作"国")	独任之国,劳而多祸	形势解
25	如水之走下,于四旁无择也	如水之走下,于四方无择也	形势解
26	行之不可再者,其行暴贼也	行之不可再者,其行贼暴也	形势解
27	非斧钺无以威众	非斧钺无以畏众	版法解
28	虽卑辱贫贱,弗为损短	虽贫贱卑辱,不为损短	明法解
29	任人而不课,故不肖者不困	任人而不言,故不肖者不困	明法解
30	桓公即诺	桓公曰诺	轻重乙

上表所列异文,有以下几种情况:

(1)《治要》有误,《管子》不误。如第4条,《治要》"患无君以使人"文义不通;第5条,《治要》"正"当作"止",与"度"相应,形近而误;第8条"大位不至仁"不通,"大位"当作"大德";第13条,《治要》"忠臣不至谓之塞","不至"当为"不用",涉上文"贤人不至"而误;第18条,《治要》"失强"文义不通,当作"失族";第24条,《治要》"独任之图","图"当为"国",形近而误。《治要》也有脱文与倒文,如第7条脱"难"字,第11条"而久"为"久而"之倒,第16条脱"动"字,第26条"暴贼"为"贼暴"之倒等。

上述异文,有些可能在唐初《群书治要》编成时即已存在,也有的可能是在传抄过程中产生的,其中的形近而误如"止"误作"正"、"国"误作"图",以及"久而"倒作"而久"、"贼暴"倒作"暴贼"等,很可能就是由于日本抄手误书而致。

(2)《治要》与《管子》两者皆通。这种情况数量最多。如第2条"不凋"与"不凅"、第3条"勇力"与"强力"、第6条"下贱侵节"与"上下凌节"、第9条"暴主"与"暴王"、第10条"仁"与"人"、第14条"径"与"经"、第15条"冻馁"与"冻饥"、第17条"宫阙"与"宫门"、第19条"竖刀"与"竖刁"、第20条"调味"与"调和"、第21条"召"与"憎"、第22条"虫出于尸"与"虫出于户"、第23条"必难治"与"则难治"、第25条"四旁"与"四方"、第27条"威众"与"畏众"、第28条"卑辱贫贱"与"贫贱卑辱"、第30条"即诺"与"曰诺"等。

上述各条,虽然有差别,但从文义上都可以讲得通。其中有的条目,《治要》优于今本《管子》,可以作为校勘《管子》的重要参考。如第17条,王念孙云:"《群书治要》'宫门'作'宫阙',于义为长。”①第20条，许维遹云：“‘和’当依《治要》作‘味’。‘和’或写作‘咊’，与‘味’形近致误。”②

(3)今本《管子》有误，可据《治要》校正。最典型的是第1、12、29条。

第1条，《管子》“政之所兴，在顺民心”，《治要》“兴”作“行”。《艺文类聚》卷五十二《政术部》上、《太平御览》卷六百二十四《治道部》五所引也作“行”。王念孙云：“今作‘政之所兴’者，后人改‘行’为‘兴’，以对下文‘政之所废’耳。不知此四句本谓政顺民心则行，不顺民心则废。下文曰‘令顺民心则威令行’是其证。改‘行’为‘兴’，则失其旨矣。”何如璋也认为“行”字义长。他说：“《论语》‘道之将行也欤？命也；道之将废也欤？命也’，亦‘行’与‘废’对文。……《史记·管仲传》‘令顺民心故论卑而易行’，足证本作‘行’字也。”③

第12条，《管子》“毋赦者，痤雎之矿石也”，文义不通。《治要》“雎”作“疽”，“矿”作“砭”，正合文义。孙星衍云：“‘雎’当作‘疽’，《淮南·说林训》‘溃小皰而发痤疽’，《韩非子·外储说》‘夫痤疽之痛也，不能使人以半寸砥石弹之’。”王念孙云：“《群书治要》及《太平御览·刑法部》十八，引此并作‘砭石’，是也。《说文》‘砭，以石刺病也’，《素问·异法方宜论》曰‘东方之民，其病皆痈疡，其治宜砭石’，故曰‘痤雎之砭石’。”刘师培云：“《治要》本崔寔《政论》云‘昔《管子》有言：赦者奔马之委辔，不赦者痤疽之砭石’，

① 〔清〕王念孙：《读书杂志》，江苏古籍出版社1985年影印本，第449页。

② 郭沫若等：《管子集校》，科学出版社1956年版，第518页。

③ 郭沫若等：《管子集校》，科学出版社1956年版，第9页。

是汉人所见之本正作‘砭石’，足证王说。”①

第29条，《管子》“任人而不言，故不肖者不困”，文义不通。明赵用贤《管韩合刻》本“不言”作“不官”，也不通。《治要》作“不课”，正合文义。王念孙云：“‘不官’（王念孙所据为赵用贤本）当依《治要》作‘不课’，任人而不课其功，则贤否无由而见，故不肖者不困也。下文曰‘以官任其身而课其功’，是其证。上文曰‘听言而不试，故妄言者得用’，‘试’亦‘课’也。今本涉上下文诸‘官’字而误。”郭沫若云：“王校是也。盖‘课(課)’蠹蚀，故或误为‘言’，再误为‘官’耳。”②

《管子》传世版本很多，各版本文字多有差别。《治要》可以佐证孰是孰非。如宋本《管子》，《法法》云：“先王制轩冕，足以著贵贱，不求其美。”“足以”，明赵用贤本作“所以”。王念孙认为当作“足以”。他说：“‘足’与‘不求’，文义正相承。下文曰‘明君制宗庙，足以设宾祀，不求其美；为宫室台榭，足以避燥湿寒暑，不求其大；为雕文刻镂，足以辨贵贱，不求其观’，是其明证也。后人改‘足以’为‘所以’，则非其指矣。”③《治要》中此处作“足以”，可证宋本为是。再如宋本《管子》中，《形势解》云：“人主身行方正，使人有理，遇人有礼，行发于身而为天下法式，人唯恐其不复行也。”“使人有理，遇人有礼”，明赵用贤本“理”“礼”二字互换，作“使人有礼，遇人有理”。王念孙云：“‘使人有理’，谓使之必有道也；‘遇人有礼’，谓待之必以礼也。《贾子·阶级篇》曰‘遇之有礼，故群臣自

① 郭沫若等：《管子集校》，科学出版社1956年版，第237页。

② 郭沫若等：《管子集校》，科学出版社1956年版，第1013页。

③ 〔清〕王念孙：《读书杂志》，江苏古籍出版社1985年影印本，第435页。

喜’，是也。今本（指赵本）‘理’‘礼’二字互易，则非其指矣。”①《治要》正作“使人有理，遇人有礼”，可证宋本为是。

《群书治要》“所采各书，并属初唐善策，与近刊多有不同”。②《管子治要》虽然也有讹误之处，但其中保存了唐初《管子》旧本的诸多信息，为《管子》文本校勘提供了重要版本依据，弥足珍贵。

（二）《管子要语》

唐代马总的《意林》，也选录了许多《管子》的文句。书前有唐德宗贞元二年（786）抚州刺史戴叔伦所撰的序言，其中云：“大理评事扶风马总元会，家有子史，幼而集录，探其旨趣，意必有归，遂增损庾书，详择前体，裁成三轴，目曰《意林》。”③由此可知，《意林》系据南朝庾仲容所编《子钞》加以增损而成，其成书时间当在唐德宗贞元二年（786），或即此前不久。《意林》摘录《管子》文句，共21条，④具体如下：

1. 仓库（《道藏》本作“廪”）实，知礼节。国多财，远者来。衣食足，知荣辱。

2. 野无积草，府不积货，市不成肆，朝不合众，治之至也。

3. 观其交游，则贤不肖可察。

4. 一年之计，莫若树谷；十年之计，莫若树木，终身之计，

---

① 〔清〕王念孙：《读书杂志》，江苏古籍出版社1985年影印本，第497页。

② 〔清〕阮元：《揅经室外集》，《丛书集成初编》本，中华书局1991年版，第72页。

③ 本处戴叔伦《意林序》及下文所列《意林》文本，均据《四部丛刊》影印清武英殿聚珍本。

④ 《四部丛刊》本中，第17、18条连在一起，因此共20条。但17条出自《形势解》，18条出自《明法解》，二者不在同篇之中，故今分为2条，这样总共为21条。

莫若树人。

5. 爵禄满，则忠衰；室富足，则行衰；釜鼓满，则人槩之；人满，则天槩之。故先王不满也。

6. 凡赦者小利而大害，故久而不胜其祸；无赦小害而大利，久而不胜其福。惠者多赦，先易后难；法者无赦，先难后易。惠者民之仇雠，法者民之父母。

7. 堂上远于百里，有事十日而君不知；堂下远于千里，有事一月不知；门庭远于万里，有事朞年不闻。

8. 桓公谓管仲曰："寡人有大邪三：不幸好畋，晦夜从禽不反，一；不幸好酒，日夜相继，二；寡人有污行，不幸好色，姑姊妹有未嫁者，三。"管仲曰："恶则恶矣，非其急也。人君惟不爱与不敏不可耳。不爱则亡众，不敏则不及事。"

9. 地大而不耕，非其地；卿贵而不仁，非其卿；民众而不亲，非其民。

10. 无翼而飞者，声也；无根而固者，情也。公但谨声耳。

11. 齐水躁而复，故民贪而勇；楚水溺而清，其民轻果好贼；越水浊而重，其民疾妒；秦水泔而滞，其民贪戾；晋水滞而杂，其民好诈；宋水劲而清，其民简易。

12. 先王治国，威不两措，政不二门。有法度之制者，不可巧以诈伪；有权衡之称者，不可欺以轻重；有寻尺之数者，不可差以短长也。

13. 桓公问厩吏何事最难。吏未答。管仲曰："臣尝作圉人，惟傅马栈最难。先傅曲木，则直无所施；先傅直木，则曲无所施。"

14. 楚王好小腰，美人省食；吴王好剑，国士轻死。故主好宫室，则工匠巧；主好文彩，则女工靡。

15. 冬日不盥,非爱水也;夏日不炀,非爱火也。为不适于身。明王不治宫室,非爱小也,为伤于本事而妨于教也。利之所在,虽千仞之山,无所不上;深泉之下,无所不入。商人通贾,倍道兼行,夜以继日,千里不远,利在前也;渔人入海,海水百仞,冲波逆流,日夜不出,利在水也。

16. 蛟龙得水而神力,人主得民而威成。海不辞水故能成大,山不辞土故能成高,主不厌人故能成众,士不厌学故能成圣。

17. 乌合之众,初虽有欢,后必相吐。虽善不亲也。

18. 杀生之柄,不制于主,而在群下,此寄生之主也。

19. 五谷,民之司命;黄金刀币,民之通施。

20. 农有常业,女有常事。一农不耕,民有饥者;一女不织,民有寒者。

21. 桓公谓管仲曰:"吾欲伐楚,楚强不可下,如何?"曰:"公但铸钱于庄山,往楚贵市生鹿。楚王闻之喜,必废农而猎鹿。公藏粟五倍,楚足钱而无粟。"公闭关,楚降者十分有四。

以上21条,均见于今本《管子》,其出处依次为:《牧民》(第1条)、《权修》(第2、3、4条)、《枢言》(第5条)、《法法》(第6、7条)、《小匡》(第8条)、《霸言》(第9条)、《戒》(第10条)、《水地》(第11条)、《明法》(第12条)、《小问》(第13条)、《七臣七主》(第14条)、《禁藏》(第15条)、《形势解》(第16、17条)、《明法解》(第18条)、《国蓄》(第19条)、《揆度》(第20条)、《轻重戊》(第21条)。

《意林》选录《管子》文句,有的是直接摘录,这主要是一些原本就简洁凝练的句子,如第2条"野无积草,府不积货,市不成肆,朝不合众,治之至也",与《权修》篇原文仅1字之差。更多的则是经过了一番加工提炼，最典型的如第21条，《轻重戊》原文为近500字的一大段，《意林》概括为仅80字，将繁琐的对话删去，只突出最核心的主旨。再如第7条，《法法》篇原文：

> 堂上远于百里，堂下远于千里，门庭远于万里。今步者一日，百里之情通矣。堂上有事，十日而君不闻，此所谓远于百里也。步者十日，千里之情通矣。堂下有事，一月而君不闻，此所谓远于千里也。步者百日，万里之情通矣。门庭有事，期年而君不闻，此所谓远于万里也。

《意林》将其概括为三句话："堂上远于百里，有事十日而君不知；堂下远于千里，有事一月不知；门庭远于万里，有事朞年不闻。"

《意林》在删减概括的同时，有些文字还调整了顺序，如第14条，《七臣七主》篇原文为："主好本则民好垦草莱，主好货则人贾市，主好宫室则工匠巧，主好文采则女工靡。夫楚王好小腰而美人省食，吴王好剑而国士轻死。"《意林》删去"主好本则民好垦草莱，主好货则人贾市"及"而"字，并将"楚王好小腰""吴王好剑"移到前面。这样读起来更为省净，符合一般人的逻辑。

经过一番加工提炼，《意林》所选的《管子》，简洁明了，且意义深刻，类似格言警句，正如柳伯存《意林序》中所说的"文约趣深"。

《意林》选录《管子》，不像《管子治要》那样，只是简单的删节，而是经过了一番加工概括。对《意林》本身而言，这样做未尝不是好事。但从《管子》版本的角度来说，这种加工使得《意林》文本与《管子》原书有了较大差别，从而失去了一个原汁原味呈现《管子》古本面貌的参照。不过，这并不意味着《意林》选录的《管子》文本没有了价值。《意林》选录的《管子》21条文本，全部见于宋本《管子》，并且顺序与宋本《管子》完全一致。21条文本与宋本《管子》对照，除了连词、助词及同义词、同音字、异体字，排除删改因素，明显的异文很少。这说明中唐时期的《管子》和流传至今的《管子》，总体上没有多大差别。

（三）敦煌遗书所见《管子》文句

除《群书治要》和《意林》外，在唐人写本敦煌遗书中，也保存有《管子》的个别文句。敦煌遗书中，有类书残卷。据罗振玉等学者考证，是《修文殿御览》残本。《修文殿御览》修成于北齐后主武平三年(572)。残本的抄写年代，约在武则天当政时期。郭沫若说："原卷虎、民、治等字缺笔，隆字不缺，为开元以前之写本。"①该残本被罗振玉影印收入《鸣沙石室古佚书》中。根据罗氏的影印本，《修文殿御览》引《管子》作：

> 桓公在位，管仲见，立。有二鸿飞而公叹曰："仲父，今被鸿鹄无远而至，非羽翼之故耶？"管仲不对。公曰："寡人有仲父，犹飞鸿之有羽翼，不一言教寡人乎？"管仲对曰："有国百姓，公之本也。轻税缓刑则可。"公命有司削方墨笔，明日朝庙门之外，使轻税缓刑焉。②

此事见于《管子》之《霸形》篇，文字有较大差别。《管子》作：

> 桓公在位，管仲、隰朋见。立有间，有二鸿飞而过之。桓公叹曰："仲父，今彼鸿鹄，有时而南，有时而北，有时而往，有时而来，四方无远，所欲至而至焉，非唯有羽翼之故，是以能通其意于天下乎？"管仲、隰朋不对。桓公曰："二子何故不对？"管子对曰："君有霸王之心，而夷吾非霸王之臣也，是以不敢对。"桓公曰："仲父胡为然？盍不当言，寡人其有乡乎？寡人

---

① 郭沫若等：《管子集校》，科学出版社 1956 年版，第 375 页。

② 罗振玉：《罗雪堂先生全集·三编》第 5 册，台湾文华出版公司 1970 年版，第 1944 页。

之有仲父也，犹飞鸿之有羽翼也，若济大水有舟楫也。仲父不一言教寡人，寡人之有耳，将安闻道而得度哉？”管子对曰：“君若将欲霸王，举大事乎？则必从其本事矣。”桓公变躬迁席，拱手而问曰：“敢问何谓其本？”管子对曰：“齐国百姓，公之本也。人甚忧饥，而税敛重；人甚惧死，而刑政险；人甚伤劳，而上举事不时。公轻其税敛，则人不忧饥；缓其刑政，则人不惧死；举事以时，则人不伤劳。”桓公曰：“寡人闻仲父之言此三者，闻命矣，不敢擅也，将荐之先君。”于是令百官有司，削方墨笔。明日，皆朝于太庙之门朝，定令于百吏。使税者百一钟，孤幼不刑，泽梁时纵，关讥而不征，市书而不赋，近者示之以忠信，远者示之以礼义。

两段文字比较可见，《修文殿御览》对《管子》原文的对话进行了大量删节，对有关叙述进行了概括，文字简约，类似于《意林》对《管子》的引用。其中有的文字抄写有误，如“今彼鸿鹄”写作“今被鸿鹄”，“齐国百姓”写作“有国百姓”。也有的异文，如“朝庙门之外”与“朝于太庙之门朝”，可以作为《管子》校勘的参考。

许国霖《敦煌杂录》收有北京图书馆藏敦煌残卷“羽字四十号”《为政箴言（拟）》2 则。郭沫若等撰《管子集校》书前收录了其图片。据该图片，其第 1 则为：“审饰小节以示民，时言大事以动上，远交以越群，假爵以临朝，明主之禁也。”①其第 2 则为：“野无吏则无畜积，官无常则下讪上，器械不冶则朝无定，赏罚不明则民薄其产。”后有落款：“天复二年写生索奇记。”知其书写于唐昭宗天复二年，即公元 902 年。这 2 则均出自《管子》。第 1 则出自《法禁篇》，

① 郭沫若《管子集校叙录》注释中引用许国霖《敦煌杂录》，“节”字作“经”。

今本“越”作“逾”,“临朝”下有“者”字,“明主”作“圣王”。第二则出自《兵法篇》,今本“讪”作“怨”,“冶”作“巧”,“薄”作“轻”。郭沫若在《管子集校叙录》的注释中引用了这一材料,并说:“《管子》文见此抄录,至可宝贵。”①

三、30卷注本

唐代,《管子》出现了30卷注本。这是目前所知《管子》最早的注本。30卷注本的作者本为尹知章,但后来却被改题为房玄龄。在流传过程中,30卷注本部分内容亡佚,其卷数也发生了变化。

(一)30卷注本的作者

《新唐书·艺文志》著录:“尹知章注《管子》三十卷。”②关于尹知章,《旧唐书·儒学传下》云:

> 尹知章,绛州翼城人。少勤学,尝梦神人以大凿开其心,以药内之,自是日益开朗,尽通诸经精义。未几,而诸师友北面受业焉。长安中,驸马都尉武攸暨重其经学,奏授其府定王文学。神龙初,转太常博士。中宗初即位,建立宗庙,议者欲以凉武昭王为始祖,以备七代之数。知章以为武昭远世,非王业所因,特奏议以为不可。当时竟从知章之议。俄拜陆浑令,以公玷弃官。时散骑常侍解琬亦罢职归田园,与知章共居汝、洛间,以修学为事。睿宗初即位,中书令张说荐知章有古人之风,足以坐镇雅俗,拜礼部员外郎。俄转国子博士。后秘书监马怀素奏引知章就秘书省与学者刊定经史。知章虽居吏职,

① 郭沫若:《管子集校叙录》自注,《郭沫若全集·历史编》(第五卷),人民出版社1984年版,第3页。

② 〔宋〕欧阳修、宋祁:《新唐书》,中华书局1975年版,第1532页。

归家则讲授不辍，尤明《易》及庄、老玄言之学，远近咸来受业。其有贫匮者，知章尽其家财以衣食之。性和厚，喜愠不形于色，未尝言及家人产业。其子尝请并市樵米，以备岁时之费，知章曰："如汝所言，则下人何以取资？吾幸食禄，不宜夺其利也！"竟不从。开元六年卒，时年五十有余。所注《孝经》《老子》《庄子》《韩子》《管子》《鬼谷子》，颇行于时。门人孙季良等立碑于东都国子监之门外，以颂其德。①

据此可知，尹知章约生于唐高宗麟德（664—665）、乾封（666—668）年间，卒于唐玄宗开元六年（718），曾官太常博士、礼部员外郎、国子博士。他学识渊博，不慕名利，门徒众多，很受时人推崇，曾经给《孝经》《老子》《庄子》《韩非子》《管子》《鬼谷子》等书作注，"颇行于时"，在当时很有影响。他的著作今天多已失传，能够见到的只有《管子注》。尹知章给《管子》作注，可能是为了讲学的方便。其作注时间，今已不可详考，以其卒年推算，不会晚于唐玄宗开元初年。《管子》原为18卷，尹知章作注后，篇幅增加，成为30卷。

尹知章《管子注》，在唐吴兢《西斋书目》中有著录。② 吴兢主要生活在唐中宗、玄宗时代，"聚书颇多，尝目录其卷第，号《吴氏西斋书目》"。③ 北宋庆历元年（1041）编成的《崇文总目》，也著录《管子》尹知章注。但在南宋以后的多家目录中，《管子》尹知章注没有了，取而代之的是《管子》房玄龄注。④ 如陈振孙《直斋书录解题》

① 〔后晋〕刘昫等：《旧唐书》，中华书局1975年版，第4974～4975页。

② 《西斋书目》已经失传，此据《崇文总目》所引。

③ 〔后晋〕刘昫等：《旧唐书》，中华书局1975年版，第3182页。

④ 南宋以后的有些书目也偶有著录尹知章注，如郑樵的《通志·艺文略》和脱脱的《宋史·艺文志》，既著录尹知章注，也著录房玄龄注。不过，这些书目都是汇总前代各家书目而成，并不能反映当时书籍的存佚状况。

于《管子》下著录："齐相管夷吾撰，唐房玄龄注。"①

房玄龄是唐朝初年的重要人物，于唐太宗时期长期执政。其历史地位，远比尹知章重要，关于他的记载，自然也比尹知章要多。《旧唐书》《新唐书》中均有其传记，详细介绍其生平事迹。其他人物传记及本纪志表，也多次涉及他。根据《旧唐书》《新唐书》，我们知道房玄龄曾经编撰或参与编撰的著作很多，有《晋书》《高祖实录》《太宗实录》《文思博要》《大唐新礼》等，但没有发现房玄龄给《管子》作注的记载，更未见有《管子》房玄龄注的著录。《管子》一书，在唐代很受重视。前文已经提到，魏征等《群书治要》及马总《意林》中，都选录了大量《管子》文句。此外，孔颖达《五经正义》、赵蕤《长短经》、《文选》李善注、《后汉书》李贤注等唐人著述中，对《管子》也多有称引。以房玄龄的地位和《管子》在当时的流行，如果房玄龄确实曾给《管子》作注，《旧唐书》《新唐书》中不会没有任何记载与著录。

房玄龄年代比尹知章早，地位比尹知章重要。尹知章注《管子》见载于《旧唐书》，并著录于《新唐书·艺文志》，而房玄龄注《管子》则不见于两《唐书》记载，在房玄龄去世后数百年的南宋，目录中方出现"《管子》房玄龄注"。因此，所谓的"《管子》房玄龄注"，是很令人怀疑的。实际上，宋代学者就已经发现了这一问题。张嵲在《读管子》中说："世传房玄龄所注，恐非是。"②晁公武云："恐非玄龄，或云尹知章也。"③而王应麟则直接说："愚谓《管子》乃

① 〔宋〕陈振孙：《直斋书录解题》，《宋元明清书目题跋丛刊》(一)，中华书局2006年版，第664页。

② 黎翔凤撰，梁运华整理：《管子校注》，中华书局2004年版，第1544页。

③ 〔宋〕晁公武：《郡斋读书志》，《宋元明清书目题跋丛刊》(二)，中华书局2006年版，第651页。

尹知章注,今本云房玄龄,非也。”①后来的日本学者安井衡也认为注《管子》的是尹知章,他说:“旧注署房玄龄,浅陋疏谬,或不能辨句读。人固有长于治国而短于解书者焉。然玄龄学于王通,称高足弟子,其智足自知,又以功名显。果短于解书,必不强注此书,以贻谪于后世。新旧《唐书》亦不言其注《管子》。晁公武以为尹知章所托,征之本传,亦不诬也。”②

那么,为什么本来是尹知章给《管子》作注,后来却改成了房玄龄呢?《四库全书总目》云:“殆后人以知章人微,玄龄名重,改题之以炫俗耳。”③安井衡亦云:“本传及《艺文志》俱云知章注《管子》,则其书始不托名于玄龄。妄人欲假重玄龄以重《管子》,故改署玄龄耳。”④给《管子》作注的本来是尹知章,后人为了抬高其身价,引起人们的重视,而将尹知章改成了名重一时的房玄龄。⑤ 中国国家图书馆收藏的宋本《管子》,是今天能见到的最早的《管子》版本,即题作“唐司空房玄龄注”。此后的《管子》诸版本,也都沿袭了这一错误。

尹知章的著作权被淹没,的确令人遗憾。但尹知章曾给诸多古书作注,今天只有《管子》流传了下来,这与托名房玄龄不无关

---

① 〔宋〕王应麟:《困学纪闻》,辽宁教育出版社 1998 年版,第 215 页。

② [日]安井衡:《管子纂诂序》,《历代管子版本丛刊》(四),齐鲁书社 2014 年版,第 2307 ~ 2308 页。

③ 〔清〕永瑢等:《四库全书总目》,中华书局 1965 年版,第 847 页。

④ [日]安井衡:《管子纂诂序》,《历代管子版本丛刊》(四),齐鲁书社 2014 年版,第 2308 页。

⑤ 宋人将《管子注》作者改题为房玄龄,其依据可能是杜佑《管氏指略》的序言。王应麟《玉海》卷五十三:“唐杜佑抄管氏书为《指略》,序称房乔所注,而旧录皆作尹知章,文句无复小异。”

系。从这一角度讲,其作者改为房玄龄,又可以说是一件幸事。①

尹知章给《管子》作注,训释字词,疏通文义,解释篇题,对《管子》的研究和传播起到了积极的推动作用。当然,尹知章《管子注》也存在一些问题,其中疏误之处,早在宋代就有人指出。如张嵲《读管子》云:"《大匡》载召忽语曰'百岁之后,吾君下世,犯吾命而废吾所立,夺吾纠也,虽得天下,吾不生也,兄与我齐国之政也',而注乃谓'召忽呼管仲为兄'。曰'泽命不渝',而注乃以为'泽恩之命'。甚陋,不可遍举。"②张嵲的批评虽然有道理,但我们必须看到,尹知章第一次给《管子》全文施注,其筚路蓝缕之功,不可抹杀。《管子》一书,旧注甚少,明朝刘绩曾作《管子补注》,但"仅小有纠正,未足相代"③,清代以来诸家校释整理《管子》,也是在尹知章注的基础上进行的。尹知章《管子注》现在仍然是研究《管子》的不可忽略的材料,具有重要的参考价值。

(二)30卷注本的流传

《管子》尹知章注30卷,曾经"颇行于时"。与尹知章大约同时代的吴兢在《西斋书目》中曾经著录。后来,30卷注本的后11卷亡佚了。《崇文总目》云:"《管子》十九卷。唐国子博士尹知章注。按吴兢《书目》凡三十卷,今存十九卷,自《列(形)势解》而下十一卷亡。"④《崇文总目》是北宋时崇文院(含昭文馆、史馆、集贤院三馆)和秘阁的官家藏书目录,由王尧臣、王洙、欧阳修等奉诏编撰,

① 参见笔者《〈管子〉尹知章注二考》,载《图书馆杂志》2004年第4期。

② 黎翔凤撰,梁运华整理:《管子校注》,中华书局2004年版,第1544页。

③ 〔清〕永瑢等:《四库全书总目》,中华书局1965年版,第847页。

④ 〔宋〕王尧臣等撰,〔清〕钱东垣等辑:《崇文总目》,《宋元明清书目题跋丛刊》(一),中华书局2006年版,第84页。

完成于宋仁宗庆历元年(1041)。北宋庆历年间,30 卷注本仅存 19 卷,其中的后 11 卷可能在唐末五代战乱中亡佚。

30 卷注本北宋时尚有 19 卷残本。到南宋时,这 19 卷残本也失传了。陈骙等编撰的记录南宋秘阁各库藏书的《中兴馆阁书目》以及晁公武《郡斋读书志》、陈振孙《直斋书录解题》等私家目录中,尹注 19 卷残本已不见著录,取而代之的是 24 卷本。我们推测,19 卷残本可能亡佚于南北宋之际。

在《通志·艺文略》及《宋史·艺文志》中,还著录有《管子》尹注 19 卷残本。不过,《通志·艺文略》记录的是自古至北宋一切见诸记载的图书,《宋史·艺文志》系据宋代《三朝艺文志》《中兴艺文志》等编成,都不是当时现存图书的记录。这些著录不能用以考证书籍的存佚。

30 卷注本及 19 卷残本虽然失传了,但《管子》尹知章注并没有随之亡佚,其大部分内容保存在了 24 卷本中,一直流传至今。

今天国家图书馆收藏的宋代《管子》24 卷注本,前 19 卷与后 5 卷之注文状态明显不同。前 19 卷通篇有注,注文均匀,符合常规。后 5 卷即《形势解》以下诸篇,几乎无注,仅个别地方有零星注文。国图藏宋本《管子》,系据北宋庆历刊本翻刻而成。① 当时尹注《管子》后 11 卷亡佚,仅存前 19 卷。国图藏宋本《管子》前 19 卷的注文,正来自于 19 卷尹注残本。

《崇文总目》除著录 19 卷尹注残本外,还著录刘向校录"《管子》十八卷"。这说明,《管子》合篇为卷后的 18 卷(19 卷)本,宋初仍然存在。24 卷本中后 5 卷的原文,当来自该本。而后 5 卷中的零星注文,则来自于唐代杜佑《通典》引用《管子》时所附的尹知章注。

---

① 详见第二章第一节。

唐代《管子》尹知章注出现以后，较多引用《管子》并且带有注文的，首推杜佑的《通典》。① 笔者统计，《通典》中引用《管子》且附注文的共 31 处。其中有的出自《管子》前 19 卷，有的出自《形势解》以下诸篇。出自《管子》前 19 卷的注文与国图藏宋本《管子》的注文，有着高度的一致性。见表 1－2－3。

表 1－2－3

《通典》引《管子》	序号	《通典》引文所附注文（中华书局校点本）	《管子》注文（《四部丛刊》影宋本）	备注
1.《食货四》引《权修》	1－1	度量不生，则赋役无限也	度量不生，则赋役无限也	完全相同
2.《兵一》引《七法》	2－1	造军器	工者，所以造军器者也	详略不同
	2－2	兵器	器谓兵器	详略不同
	2－3	军中号令	政教，军中号令	详略不同
	2－4	谓便习武艺	服，便也。谓便习武艺	详略不同
	2－5	谓遍知其地形隘易，主将工拙，士卒勇怯也	遍知天下，谓遍知其地形险易，主将工拙，士卒勇怯	详略不同
3.《兵一》引《九变》	3－1	或守或战，虽复至死，不敢恃之以德于上，则有数存焉于其间，故至于此也	或守或战，虽复至死，不敢恃之以德于上，则有数存焉于其间，故能至此也	几乎相同

① 本节所据《通典》，为中华书局 1988 年王文锦等点校本。

续表

《通典》引《管子》	序号	《通典》引文所附注文（中华书局校点本）	《管子》注文（《四部丛刊》影宋本）	备注
3.《兵一》引《九变》	3-2	一变	一变也	几乎相同
	3-3	二变	二变	完全相同
	3-4	三变	三变	完全相同
	3-5	君之恩厚，皆在于民，无所他往，故得民致死。四变也	君之恩厚，皆在于人，无所他往，故得人之致死。四变也	几乎相同
	3-6	五变	五变	完全相同
	3-7	六变	六变	完全相同
	3-8	七变	七变	完全相同
	3-9	八变	八变	完全相同
	3-10	功厚则禄多，故亦自为战，而不德于君。九变	功厚则禄多，故亦自为战，而不德于君。九变	完全相同

续表

《通典》引《管子》	序号	《通典》引文所附注文（中华书局校点本）	《管子》注文（《四部丛刊》影宋本）	备注
4.《兵一》引《小匡》	4－1	不明习其兵事，故曰事有所隐。军政寓之田猎，故曰政有所寓	不显习其兵事，故曰事有所隐。军政寓之田猎，故曰政有所寓	几乎相同
	4－2	每里皆使贤者为君	每里皆使贤者为君	完全相同
	4－3	因田猎之功过，寄行赏罚	因田猎之功过，行赏罚	稍有区别
	4－4	中军，则公之里率也	中军，则公之里卒也	稍有区别
	4－5	因寓军政，而且整旅	因寓军政，而且整旅	完全相同
	4－6	顺杀气，因治兵	顺杀气，因治兵	完全相同
	4－7	教士，谓先教习之士	教士，谓先教习之士	完全相同
5.《兵三》引《七法》	5－1	未可加兵	不明敌政，未可加兵	详略不同
	5－2	不能约誓	不明敌情，未可约士约誓	详略不同
6.《兵三》引《霸言》	6－1	量吾众寡，彼众寡，然后攻。余仿此	量吾众寡，可敌彼众，然后攻。余仿此	稍有区别
	6－2	彼众存，则我不能亡之也，故不攻	彼众存，则我不能亡之，故不攻	几乎相同

续表

《通典》引《管子》	序号	《通典》引文所附注文（中华书局校点本）	《管子》注文（《四部丛刊》影宋本）	备注
6.《兵三》引《霸言》	6－3	知其实，宜避之	知其实，而避之	几乎相同
	6－4	在于合今时宜。搏，聚也	在于合今时之宜。搏，聚也	几乎相同
	6－5	在于权宜	在于权宜	完全相同
	6－6	在于全大体也	在于全大体	几乎相同
7.《兵十》引《地图》	7－1	谓路形若辕，而又还曲。缑氏东南有轘辕道	谓路形若辕，而又轘曲。缑氏东南有轘辕道是也	几乎相同
	7－2	其水深渺，能泛车	其水深渺，能泛车	完全相同
	7－3	谓常川也	谓常川也	完全相同
	7－4	苴草，谓其草深茂，能有所覆藏	苴草，谓其草深茂，能有所覆藏	完全相同
	7－5	困，谓其地硗埆不可种艺。殖，谓壤田可播殖者	困，谓其地硗埆不可种艺。殖，谓壤田可播殖者也	几乎相同
	7－6	凡如此，皆兵主所当知也	凡此，皆兵主所当知	几乎相同
	7－7	藏，谓苞蕴在心	藏，谓苞蕴在心	完全相同

上表所列《通典》引用《管子》共 7 处，所附的注文共 38 则。这些注文与《管子》原注相较，有的完全相同，包括 1－1、3－3、3－4、3－6、3－7、3－8、3－9、3－10、4－2、4－5、4－6、4－7、6－5、7－2、7－3、7－4、7－7 等 17 条；有的几乎相同，仅是虚词“者”“也”“之”的多少或个别同义字词替换，包括 3－1、3－2、3－5、4－1、6－2、6－3、6－4、6－6、7－1、7－5、7－6 等 11 条；有的详略不同，《通典》对《管子》原注有删节，意思不变，包括 2－1、2－2、2－3、2－4、2－5、5－1、5－2 等 7 条。这三种情况占到了 92%。还有 3 条稍有区别：4－3《通典》多“寄”字，4－4《通典》“率”字《管子》尹注作“卒”，6－1《通典》“量吾众寡，彼众寡”《管子》尹注作“量吾众寡，可敌彼众”。这些可能是传抄过程中造成的，文意上大致相同。

《通典》引《管子》所附注文，能够见于《管子》前 19 卷的，上表中都已经列出了。它们与《管子》原注有高度的一致性，说明二者存在因袭关系。杜佑生于 735 年，在此之前，《管子》尹知章注已经“颇行于时”。从时间先后上来说，只能是杜佑袭用了尹知章注的成果。上表所列《兵一》《兵三》引《七法》对《管子》原注的删节，更能看出《通典》袭用《管子》尹知章注的痕迹。①《通典》引用其他文献，往往附及注文。如卷十二《食货十二》引用《汉书·食货志》，即附有颜师古的注文。《通典》袭用《管子》尹知章注，也属这种情况。

杜佑生活的年代，与尹知章相去不远。他所见到的《管子》尹知章注，还是全本。杜佑引用《管子》，不仅限于前 19 卷。所以，《通典》中所有的《管子》注文，都是取自《管子》尹知章注。正如任

---

① 也有人认为《通典》中的引用《管子》文本的相关注文，是杜佑所作。但从时间先后上来说，这明显是不成立的。如果是杜佑自己作的注，不可能与尹知章注如此高度一致。

林圃所说的："《通典》所采《管子》注均为尹注之旧。"①

《通典》引用《管子》时，袭用了尹知章的注，并由此保存了尹注的诸多内容。特别是《通典》大量引用了《形势解》以后"管子轻重"部分的文字并附注文，在《管子》尹知章注后11卷失传后，这些内容显得更为重要。其中的注文，成了24卷本后5卷中零散注文的来源。我们将《管子》后5卷各篇的注文，与《通典》引用《管子》后5卷内容所附注文比较一下，即可看得出来。见表1-2-4。

表1-2-4

后5卷有注各篇	《管子》注文状况（《四部丛刊》影宋本）	《通典》引用《管子》状况（中华书局校点本）
《海王》	全篇有注且分布均匀	《食货十》全篇引用并附注文
《国蓄》	"民予则喜"至"亲君若父母"有注	《食货十二》引用此处并附注文
	"分地若一"至"谷有所藏也"有注	《食货十二》引用此处并附注文
	"人君铸钱立币"至"恶能以为治乎"有注	《食货八》引用此处并附注文
	"春赋以敛缯帛"至"而男女诸君吾子无不服籍者也"有注	《食货七》《食货十二》引用此处并附注文
《山国轨》	"不籍而赡国"至"君已廪之矣"有少量注文	《食货十二》节引此处附注文
《山权数》	"北郭有掘阙而得龟者"至"赋籍藏龟"有注	《食货十二》引用此处并附注文

① 郭沫若等：《管子集校》，科学出版社1956年版，第1136页。

续表

后5卷有注各篇	《管子》注文状况（《四部丛刊》影宋本）	《通典》引用《管子》状况（中华书局校点本）
《山至数》	“桓公又问管子曰终身有天下而勿失”至“此以轻重御天下之道也谓之数应”有注	《食货十二》引用此处并附注文
	“桓公曰行币乘马之数奈何”至“币乘马者也”有注	《食货十二》引用此处并附注文
《地数》	“桓公问于管子曰吾欲守国财”至“终身无籍于民准衡之数也”有少量注文	《食货十二》节引此处并附注文
《揆度》	“齐桓公问于管子曰自燧人以来”至“此尧舜之数也”有注	《食货十二》引用此处并附注文
《轻重甲》	“齐之北泽烧”至“此租税所以九月而具也”有注	《食货十二》引用此处并附注文
	“齐有渠展之盐”至“桓公乃使粜之得成金万斤”有注	《食货十》引用此处并附注文
《轻重乙》	“以是与天子提衡”至“则积藏囷窌之粟皆归于君矣”有注	《食货十二》引用此处并附注文
	“桓公曰吾欲杀商贾之利”至“外可以益农夫之事”有少量注文	《食货十二》节引此处并附注文
《轻重丁》	第一节“石璧谋”有注	《食货十二》引用此处并附注文
	“桓公曰齐西水潦而民饥”至“远近之准平矣”有注	《食货十二》引用此处并附注文

续表

后5卷 有注各篇	《管子》注文状况 （《四部丛刊》影宋本）	《通典》引用《管子》状况 （中华书局校点本）
《轻重丁》	“桓公曰峥丘之战”至“峥丘之谋也此之谓缪数”有注	《食货十二》引用此处并附注文
	“桓公曰粜贱”至“而为囷京以藏菽粟五谷者过半”有注	《食货十二》引用此处并附注文
《轻重戊》	“桓公曰鲁梁之于齐也”至“鲁梁之民归齐者十分之六”有注	《食货十二》引用此处并附注文

《管子》后5卷中，《形势解》《立政九败解》《版法解》《明法解》《巨(臣)乘马》《乘马数》《事语》《国准》《轻重己》等篇，通篇无注，《通典》对这些篇也没有引用；《海王》《国蓄》《山国轨》《山权数》《山至数》《地数》《揆度》《轻重甲》《轻重乙》《轻重丁》《轻重戊》11篇有注，《通典》引用了其中的文句并附有注文。将这11篇中的注文与《通典》的引用相比较，我们发现：

(1)这些注文(个别章节偶有零星反切音注，可能为后人所加，除外)，都能从《通典》的相关部分找到，而且文字基本相同；

(2)注文详细均匀的地方，《通典》全文引用且附详细注文，最典型的是《海王》篇；

(3)注文特别稀疏的段落，是《通典》节选的部分，没有全文引用，如《山国轨》“不籍而赡国”至“君已廪之矣”、《地数》“桓公问于管子曰吾欲守国财”至“终身无籍于民准衡之数也”、《轻重乙》“桓公曰吾欲杀商贾之利”至“外可以益农夫之事”等。

这些现象说明，现存《管子》中《形势解》以后部分章节的注文，来自于《通典》引用《管子》所附及的尹知章注。①

我们还注意到,《形势解》以后《管子》各篇的注文,都能从《通典》中找到;但反过来,《通典》中保存的《形势解》以后的注文,有些则不见于《管子》的相关部分,如《通典·食货十二》引用了《国蓄》开篇“国有十年之蓄”至“故民无不累于上也”一段并附有注文、《食货十二》引用《揆度》“夫富能夺,贫能予”至“使不得不用也”一段并附注文,但这两处,《管子》中都没有注文。这更进一步说明,《管子》后5卷中的注文来自《通典》。人们从《通典》中辑录时,个别的注文疏漏了。

综上所述,《管子》尹知章注本由唐至宋,经历了从30卷到19卷残本再到24卷本的过程。唐代,30卷注本颇为流行,吴兢《西斋书目》曾经著录,杜佑《通典》也曾大量引用其内容。经过唐末五代战乱,30卷注本仅存前19卷,《形势解》以后的11卷亡佚。北宋庆历年间,人们在19卷残本的基础上,据18卷(19卷)无注本补充了《形势解》以下诸篇,同时又从《通典》辑出相关注文分别置于各篇之中。由于注文很少,后11卷成了5卷,加上原来的19卷,合为24卷。南北宋之际,19卷残本也失传了。24卷本则保存了下来,一直流传至今。

① 参见笔者《〈管子〉尹知章注二考》,载《图书馆杂志》2004年第4期。

第二章　宋本《管子》系统

宋代,雕版印刷术普及,《管子》出现了刻本。宋刻本《管子》,目前所知有三种:一为北宋庆历四年(1044)刻本;二为南宋初年浙江地区刻本,系据北宋庆历本翻刻;三为南宋绍兴壬申(1152)蔡潜道墨宝堂刻本。第一种早已失传。第二种为常熟瞿氏铁琴铜剑楼旧藏,今存中国国家图书馆。第三种为聊城杨氏海源阁旧藏,原本流失海外,有清陈奂抄校本,存上海图书馆。本章主要对后两种进行考察,并探究二者之间的关系。

第一节　国图藏浙刻本

今国家图书馆收藏的宋本《管子》,前人有不同的称呼。有的称"杨忱本",如刘师培《管子斠补》、郭沫若《管子集校叙录》;有的称"杨忱序本",如颜昌峣《管子校释》、徐汉昌《管子思想研究》;有的称"张嵲校正本",如周洪才《〈管子〉版本考述》;有的称"浙刻本",如王欣夫《郭沫若先生"管子集校叙录"之商榷》。①

---

① 分别见刘师培《刘申叔遗书》,江苏古籍出版社 1997 年影印本,第 793 页;郭沫若《管子集校叙录》,载郭沫若等《管子集校》,科学出版社 1956 年版;颜昌峣《管子校释例言》,载《管子校释》,岳麓书社 1996 年版;徐汉昌《管子思想研究》,台湾学生书局 1990 年版,第 41 页;《管子学刊》1990 年第 2 期;《学术月刊》1957 年第 6 期。

称“杨忱本”或“杨忱序本”,缘于书前有杨忱《管子序》。称“张嵲校正本”,是依据书后张嵲《读管子》中“从人借得”,“颇为改正其讹谬”之语。称“浙刻本”,是据其刊刻地域。这 4 种称呼,以称“浙刻本”较为切当。因为杨忱序中并没有提到刻书之事,且此序在其他宋本《管子》中也有,[①]据杨忱序来定版本名称不合适。张嵲《读管子》文中也没有提及刻书之事,仅称“取其间奥于理切于务者,抄而藏于家,将得善本而卒业焉”[②],张嵲之校正与是书之刊刻并没有直接关系,据张嵲《读管子》来定版本名称也不合适。

需要注意的是,浙江地区为宋代重要刻书中心,其他的宋本《管子》也可能刻于浙江。[③] 如果结合其收藏地点、刊刻时间与刊刻地域,称其为“中国国家图书馆藏宋浙刻本《管子》”,则指向明确、唯一,不会有歧义。因此,更为科学准确的称呼应该是——中国国家图书馆藏宋浙刻本。为了行文的方便,我们简称“国图藏浙刻本”或“浙刻本”。[④]

国图藏浙刻本《管子》,每半页 12 行,行 23、24 字不等,白口,左右双边,单鱼尾。注文为双行小字。版心下有刻工姓名。首列

---

① 王欣夫云:“宋刻《管子》,大都皆附刻杨忱序及张嵲《读管子》二文,不仅见于此,例如绍兴壬申蔡潜道墨宝堂本有此二文(余未见宋刻原本,见陈奂据校赵用贤本,即影抄此二文补于首)。”见其《郭沫若先生“管子集校叙录”之商榷》,载《学术月刊》1957 年第 6 期。

② 黎翔凤撰,梁运华整理:《管子校注》,中华书局 2004 年版,第 1545 页。

③ 宋蔡潜道墨宝堂本刊刻地点今无确考,该本卷一后有“瞿源蔡潜道宅墨宝堂新雕印”牌记,瞿源或与瞿溪、衢江有关,二者均在浙江,因此墨宝堂本很可能也是浙刻本。

④ 因为《管子集校》的巨大的影响,海内外学者多用“杨忱本”之称。笔者此前的有关论文中,也称“杨忱本”。但这一称呼,毕竟不够科学。在本书中不再用杨忱本这一称呼。

杨忱《管子序》,署"大宋甲申秋九月二十三日",次列管子目录,次列刘向《管子叙录》,后接正文,正文后有张嵲《读管子》。

一、国图藏浙刻本的刊刻

(一)浙刻本刊于南宋高宗绍兴年间

国图藏浙刻本《管子》的刊刻年代,前人论说多有不同,有北宋说、南宋说、元代说等不同观点。

持北宋说者为赵迺抟。他认为刊于北宋徽宗甲申年即崇宁三年(1104)。其《披沙录》云:"《四部丛刊初编》子部《管子》二十四卷,这是上海商务印书馆缩印常熟瞿氏藏宋本。这是宋徽宗甲申的版本,有杨忱所撰的管子序。"①

持南宋说者最多,但又小有区别。有的笼统地说在南宋或南宋初年。如莫友芝云:"不能定年,是南宋佳本。"②黄丕烈云:"案大宋甲申,不言何朝,核其版刻,当在南宋初,以卷末附张巨山《读管子》一篇也。"③傅增湘云:"首列大宋甲申杨忱序。卷末有张嵲《读管子》一篇,有'绍兴己未从人借得,改正讹谬抄藏于家'之语,盖南宋初刊本。"④有的定为绍兴刊本或隆兴刊本。如王颂蔚云:"按瞿氏宋杨忱本,即士礼居所藏绍兴本也。有黄荛圃跋,余友张文广瑛景刊。"⑤瞿镛云:"卷末后有张嵲巨山《读管子》,不详岁月,

---

① 赵迺抟:《披沙录》(二),北京大学出版社 1986 年版,第 169 页。

② 莫友芝撰,傅增湘订补,傅熹年整理:《藏园订补郘亭知见传本书目》(二),中华书局 2009 年版,第 537 页。

③ 〔清〕黄丕烈著,潘祖荫辑,周少川点校:《士礼居藏书题跋记》,书目文献出版社 1989 年版,第 83 页。

④ 傅增湘:《藏园群书经眼录》(三),中华书局 2009 年版,第 483 页。

⑤ 〔清〕邵懿辰撰,〔清〕邵章续录:《增订四库简明目录标注》,上海古籍出版社 1979 年版,第 415 页。

文中有‘绍兴己未从人借得，改正讹谬，抄藏于家’云云。杨序作于大宋甲申九月，案己未为绍兴九年，甲申为隆兴二年，孝宗初立时也。大约刻即在其时。”[①]赵诒琛也说“疑是南宋隆兴二年”[②]。

持元代说者为郭沫若，其《管子集校叙录》云：

杨忱本载有张嵲《读管子》，文中有“绍兴己未”，即宋高宗绍兴九年（公元一一三九年），而杨忱《序》题记“大宋甲申”。考绍兴己未之后，宋孝宗隆兴二年（公元一一六四年）为甲申，宋宁宗嘉定十七年（公元一二二四年）为甲申，再次一甲申则为元世祖二十一年，南宋之亡已五年矣。此只题“大宋”而不题年号，当为元世祖二十一年之“甲申”无疑。《序》中特重尊王攘夷之义，正寓有亡国之痛。书盖开刻于宋亡之前，而序则草成于宋亡之后，仍目为“宋本”，固无不可。[③]

以上诸说，年代相去甚远。之所以出现这种情况，是因为各家推论，主要是根据杨忱《管子序》中的“大宋甲申”和张嵲《读管子》中的“绍兴壬申”来进行的。因为“大宋甲申”未标年号，不能确指，所以结论各不相同。黄丕烈虽然说“核其刻工”，但还是强调“以卷末附张巨山《读管子》一篇也”。

考证古籍刊刻年代，除了看序跋，核版刻，还可以考刻工。浙刻本《管子》，版心下记有刻工姓名，有的是一个字的代称，有的姓名完整，如：杨谨、金昇、李恂、张通、乙成、昌旼、牛实、沈端、王彬、

---

① 〔清〕瞿镛：《铁琴铜剑楼藏书目录》，《续修四库全书》（926册），上海古籍出版社2002年版，第236页。

② 赵诒琛：《赵氏图书馆藏书目录》，《中国著名藏书家书目汇刊·近代卷》（26册），商务印书馆2005年版，第373页。

③ 郭沫若：《管子集校叙录》，《郭沫若全集·历史编》（第五卷），人民出版社1984年版，第5页。

王凌、王先文、严志、林转、史祥、王瑜、王陵等。王欣夫曾经根据这些刻工来考订其年代。他在《郭沫若先生“管子集校叙录”之商榷》中，详细列举了其他传世宋本中刻工与宋本《管子》刻工姓名相同者：

宋刻《礼记》残本刻工中有“牛实”；

宋刻《礼记正义》刻工中有“金昇”；

宋刻《史记集解》刻工中有“李恂”“杨谨”“王先文”；

宋刻《临川先生文集》刻工中有“牛实”“史祥”“昌旼”“乙成”“金昇”；

宋绍兴本《后汉书》刻工中有“李恂”；

宋刻《三国志·魏书》刻工中有“乙成”“牛实”“严志”“张通”“杨谨”“李恂”“王彬”“昌旼”“沈端”；

宋刻《通鉴目录》刻工中有“牛实”。

王欣夫说：“考其时：最早为《临川先生文集》之绍兴辛未（公元一一五一年），最后为《礼记正义》之绍熙壬子（公元一一九一年），虽相去四十年之久，但绍熙时只有‘金昇’一人，或其人独老寿，而他宋刻皆在南宋初也。黄丕烈定此《管子》版刻为南宋初，最为可信。”①王肇文也说：“（《管子》）原板刊工，皆绍兴间杭州地区良工。字体刀法，当是南宋初浙刊本。”②

浙刻本《管子》为南宋初年浙江地区刻工所刻，则其刊刻年代为南宋初年无疑。书后所附张嵲《读管子》有“绍兴己未（1139）”之语，其刊刻大约在此年或此后不久。所以王欣夫称其为“宋绍兴

① 王欣夫：《郭沫若先生“管子集校叙录”之商榷》，载《学术月刊》1957年第6期。

② 王肇文：《古籍宋元刊工姓名索引》，上海古籍出版社2012年版，第355页。

浙刻本”。

(二)杨忱序作于北宋仁宗庆历四年

国图藏浙刻本《管子》,刊刻于宋高宗绍兴年间,但绍兴年间并没有甲申年。那么,杨忱序所署的“大宋甲申”到底是哪一年呢?这需要了解杨忱的生平情况。

关于杨忱的家世及生平资料,朱理惺、黄明曾提到王安石《大理寺丞杨君墓志铭》和司马光《涑水记闻》的记载,王欣夫曾举出《宋史》《欧阳文忠公文集》以及司马光《涑水记闻》的记载。① 此外,苏颂《龙图阁待制知扬州杨公墓志铭》、刘敞《寄杨忱明叔》,也可以考见杨忱的家世与为人。鉴于前人因不了解杨忱之生平而对“大宋甲申”产生了诸多误解,今将这些资料详细列举如下:

(1)王安石《大理寺丞杨君墓志铭》:

君讳忱,字明叔,华阴杨氏子。少卓荦,以文章称天下。治《春秋》,不守先儒传注,资他经以佐其说,其说超厉卓越,世儒莫能及也。及其为吏,披奸发伏,振擿利害,夫人之以声名权势骄士者,常逆为君自诎,盖君有以过人如此。然恃其能,奋其气,不治防畛以取通于世,故终于无所就以穷。初,君以父荫守将作监主簿,数举进士不中。数上书言事,其言有众人所不敢言者。丁文简公且死,为君求职,君辞焉。后用大臣荐,召君试学士院,又久之不就。积官至朝奉郎、行大理寺丞、通判河中府事、飞骑尉,而坐小法绌监蕲州酒税,未赴。而以嘉祐七年四月辛巳,卒于河南,享年三十九。……君曾祖讳

① 分别见朱理惺、黄明《关于杨忱和杨刻“管子”的问题——读郭老“管子集校叙录”后记》(《光明日报》1957 年 4 月 25 日)和王欣夫《郭沫若先生“管子集校叙录”之商榷》(《学术月刊》1957 年第 6 期)。

津，祖讳守庆，坊州司马，赠尚书左丞。父讳偕，翰林侍读学士，以尚书工部侍郎致仕，特赠尚书兵部侍郎。……君有《文集》十卷，又别为《春秋正论》十卷，《微言》十卷，《通例》二十卷。①

(2)司马光《涑水记闻》卷十：

大理寺丞杨忱监蕲州酒税，仍令御史台即日押出城。忱，故翰林侍读学士偕之子，少与弟慥俱有俊声。忱治《春秋》，慥治《易》。弃先儒旧说，务为高奇，以欺骇流俗。其父甚奇之。与人书曰："天使忱、慥，力扶周、孔。"忱为文尤怪僻，人少有能读其句者。忱常言《春秋》无褒贬。与人谈，流荡无崖岸，要取不可胜而已。性轻易，喜傲忽人，好色嗜利，不修操检。商贩江、淮间，以口舌动摇监司及州县，得其权力，以侵刻细民，江、淮间甚苦之。至是，除通判河南府事，待阙京师。弟慥掌永兴安抚司机宜，卒于长安，忱不往视，日游处于倡家。会有告其贩纱漏税者，忱自言与权三司使蔡襄有宿隙，乞下御史台推鞫，朝廷许之。狱成，以赎论，仍冲替。忱尚留京师，御史中丞王畴劾奏忱曰："忱口谈道义，而身为沽贩；气凌公卿，而利交市井；畜养污贱，而弃远妻孥。"故有是命。②

(3)欧阳修《翰林侍读学士右谏议大夫杨公墓志铭》：

庆历八年春，翰林侍读学士、右谏议大夫杨公年六十有九告老，即以工部侍郎致仕，归于常州。……公讳偕，字次公。

---

① 〔宋〕王安石：《临川先生文集》，中华书局1959年版，第967页。

② 〔宋〕司马光撰，邓广铭、张希清点校：《涑水记闻》，中华书局1989年版，第199页。

……公卒之明年秋,其子忱以其丧归于河南。①

(4)《宋史》卷三百《杨偕传》:

杨偕字次公,坊州中部人,唐左仆射於陵六世孙。父守庆,仕广南。刘氏归朝,为坊州司马,因家焉。……子忱、慥,皆有隽才,蚤卒。②

(5)苏颂《龙图阁待制知扬州杨公墓志铭》:

华阳杨氏,自汉太尉震,四世显赫,子孙散在河洛。至唐而益盛,其居郑州之荥泽者,曰尚书左仆射於陵最贵。仆射之六世孙曰江州录事参军绛,遭广明丧乱,因家江表。其子曰津,事南唐,以言不合去之。南越刘鋹用为尚书水部员外郎,生太子中舍守庆,入皇朝为坊州司马,赠尚书右丞。生翰林侍读学士讳偕,以文武亮直被遇,仁宗为时名臣。其亡也,天子思之,特赠尚书兵部侍郎侍读。生大理寺丞赠中散大夫讳忱,与其弟大理评事慥,俱以经术文章名振一时。中散生公,公讳景略,字康功,四岁用祖荫守将作监主簿。……元祐元年八月遘疾,丁未终于州寝,享年四十七。③

(6)刘敞《寄杨忱明叔》:

君有湖海气,沆砀凌斗牛。远持一卷书,濯我千岁忧。大音不众合,至宝非暗投。感激移人心,汍澜使涕流。俗讥陈元

① 曾枣庄、刘琳主编:《全宋文》(第18册),巴蜀书社1991年版,第304~306页。

② 〔元〕脱脱等:《宋史》,中华书局1977年版,第9953、9957页。

③ 〔宋〕苏颂:《苏魏公文集》,影印文渊阁《四库全书》(1092册),上海古籍出版社1987年版,第612~614页。

龙，世乏刘豫州。安得排群儿，卧君百尺楼。①

由以上材料可知：

(1)杨忱，字明叔，官大理寺丞，英年早卒，于宋仁宗嘉祐七年(1062)去世，享年仅39岁；

(2)他家世显赫，为汉代著名学者杨震的后代，其家族自唐末至北宋世代为官，其父为北宋翰林侍读学士、右谏议大夫杨偕，其子为龙图阁待制、扬州太守杨景略；

(3)他性格狂放，恃才傲物，不拘礼法，“有湖海气”；

(4)他才华出众，与其弟杨慥“皆有隽才”，在年青时就声名远播，“以经术文章名振一时”；

(5)他长于《春秋》之学，但不守旧说，独成一家，“超厉卓越”；

(6)他为文怪僻，务为高奇，不同流俗，“大音不合众”。

上述材料中并没有直接提到杨忱为《管子》作序的问题，因此有人会说“古今人物同姓同名之例颇多”，这个杨忱与《管子序》的作者“不必即是一人”。② 但我们仔细阅读《管子序》就会发现，这个杨忱就是《管子序》的作者。杨忱《管子序》曰：

《春秋》尊王不尊霸，与中国不与夷狄，始于平王避夷难也。是王室迁而微也，见于《周书·文侯之命》。微王也，是王者失赏也。《费誓》善其备夷，是诸侯之正也。《秦誓》专征伐，是诸侯之失礼也。《书》《春秋》合体而异世也。《书》以《文侯之命》终其治也。《春秋》以平王东迁始其微也。自东迁六十五年，春秋无晋，以其亡护乱也。及其灭中国之国，而后见其

① 〔宋〕刘敞：《公是集》，影印文渊阁《四库全书》(1095册)，上海古籍出版社1987年版，第526页。

② 郭沫若：《一封信》，载《光明日报》1957年5月9日。

行事,讥失赏也。周之微也,幸不夷其宗稷,齐桓之功也。其中国无与加其盛也,其夷狄无与抗其力也,见于《卫诗》,美其存中国也。《春秋》无与辞,何异也?存一国之风,无其人,则卫夷矣。全王道之正,与之霸,是诸侯可专征伐也。夫晋之为霸也,异齐远矣。桓正,文谲。夫桓之为正,抑夷狄,存中国。文之为谲,陵中国,微王室。晋之风也,无美其美,无功其功。外无他焉,虽国人不与也。然而桓之正,非王道之正也,以文谲而桓正也。桓之功,非王道之功也,以攘狄而存周也。无桓周灭,有周桓贼。桓卒齐衰,楚人灭周。周之不幸,桓之早死也。故曰:周之存,桓之功也。桓之不幸,管仲之早死也。故曰:桓之功,管仲之力也。自是楚灭诸国而炽矣。今得其著书,然后知攘狄之功,皆远略也。儒讥霸信刑赏,岂王者诋民哉;霸严政令,岂王者怠忽哉;霸乡方略,岂王者不先谋哉;霸审劳逸,岂王者暴师哉;霸谨蓄积,岂王者使民不足哉!亦时夷狄内聘,大者畏威,小者怀仁,功亦至矣。不幸名之不正,然奈衰世何!孔子曰:"微管仲,吾其被发左衽。"此其据也。

时大宋甲申秋九月二十三日序。①

这篇《管子序》文风奇崛,与杨忱狂放不羁、为文怪僻的特点正相符合。序中开篇即称"《春秋》尊王不尊霸",大谈春秋之义,与杨忱"治《春秋》"相吻合。宋仁宗庆历四年(1044)为甲申,依其卒于嘉祐七年(1062)享年39岁推算,作此序时,杨忱正二十出头,这与其"少卓荦,以文章称天下"相符。序文中特别强调尊王攘夷之义,并在最后引用了孔子"微管仲,吾其被发左衽"的评价。这与当时

① 杨忱:《管子序》,载黎翔凤撰,梁运华整理《管子校注》卷首,中华书局2004年版。

宋王朝受到北方辽与西夏等少数民族政权侵扰相关。因此,《管子序》的作者就是北宋大理寺丞杨忱,"大宋甲申"当为宋仁宗庆历四年(1044)。王欣夫指出:

序文中所以特重尊王攘夷之义者,管仲之佐齐桓霸诸侯,本为尊王攘夷,况杨忱之素业为治《春秋》,于此文畅言其义,正以发挥其所学,假使果有亡国之痛,亦当对辽而非对元。司马光谓"忱为文尤怪僻,人少有能读其句者",亦黄震所谓"论高文奇"。试读其序,诚如二氏所言。今就序中述《春秋》义及文之怪奇二者而言,与司马光、黄震所举之杨忱无不密合。故此序定为北宋庆历四年甲申中部杨忱所作,似无可疑!①

杨忱序所署"大宋甲申"为宋仁宗庆历四年(1044),则浙刻本《管子》刊刻于宋徽宗崇宁三年(1104)甲申、宋孝宗隆兴二年(1164)甲申或元世祖至元二十一年(1284)甲申之说,自不能成立。实际上,赵晒抟、瞿镛、赵诒琛所说之宋徽宗甲申、宋孝宗甲申,均为推测之词,并无论证。郭沫若对其"元代说"也并未坚持。他在"关于杨忱和杨刻《管子》问题"的回信中写道:"我说'书盖开刻于宋亡之前',本有一个'盖'字,我自己也并非视为定论。"②

(三)浙刻本系据北宋庆历刊本翻刻而成

国图藏浙刻本《管子》刊于宋高宗绍兴年间,而杨忱序则作于宋仁宗庆历四年(1044)。那么,南宋绍兴年间的刻本,为什么书前用的是北宋庆历四年杨忱写的序呢?这是因为浙刻本是在北宋庆历年间刻本基础上翻刻而成的,翻刻时保存了原来的序。

---

① 王欣夫:《郭沫若先生"管子集校叙录"之商榷》,载《学术月刊》1957年第6期。

② 郭沫若:《一封信》,载《光明日报》1957年5月9日。

我们说浙刻本《管子》系据北宋庆历年间刊本翻刻，主要是根据书中的避讳。浙刻本中，“玄”“敬”“竟”“镜”“殷”“匡”“贞”等字有缺笔，避讳从宋始祖玄朗到宋仁宗赵祯，而宋仁宗以后则不避讳。而杨忱《管子序》即作于宋仁宗年间。这表明，《管子》在北宋仁宗时期就有刊刻，刊刻时间很可能就是杨忱作序的庆历四年（1044）甲申。严灵峰《周秦汉魏诸子知见书目》即著录有“宋庆历四年刊本”①。庆历刻本为浙刻本的底本。浙刻本据其翻刻，翻刻时忠于原本，所以不仅保存了原本的序言，也沿袭了原本的避讳。浙刻本刊于南宋高宗绍兴年间，但赵构之“构”字并不避讳，这正是依原本翻刻的结果。如果不是照原书原样翻刻，书中的“构”字也应和“匡”“贞”等字一样有缺笔。

浙刻本卷末有张嵲《读管子》一文。文中说：

> 予求《管子》书久矣，绍兴己未，乃从人借得之后，而读者累月，始颇窥其义训。然舛脱甚众，其所未解尚十二三。用上下文义，及参以经史刑政，颇为改正其讹谬，疑者表而发之。其所未解者置之，不敢以意穿凿也。②

据《宋史·文苑传七》：张嵲，字巨山，襄阳人。北宋宣和年间，曾出任唐州、房州、利州等地地方官。南宋绍兴年间，官秘书省正字、校书郎、著作郎、司勋员外郎、中书舍人等职。张嵲借得的《管子》，应即北宋庆历年间刻本。他为官多年，“求《管子》书久矣”，直到绍兴己未即绍兴九年（1139），才从人借得，这说明南宋初年，

① 严灵峰：《周秦汉魏诸子知见书目》（第3册），中华书局1993年版，第221页。

② 此据国图藏本后张嵲《读管子》抄录。文渊阁《四库全书》本张嵲《紫微集》中，有《读管子》一文，“后”作“伏”、“窥”作“究知”、“刑政”作“训诂”，文字与此稍有不同。

庆历刻本《管子》已经非常稀见。张嵲借得《管子》后，进行了仔细研读，并写了《读管子》一文。

靖康之难，图书破坏严重，因此南宋初年，古籍多有翻刻。例如国家图书馆收藏的原祁阳陈澄中郇斋旧藏宋本《荀子》，即为南宋初年翻刻北宋熙宁国子监本。① 在这种背景下，人们据张嵲借得的《管子》进行了翻刻，并附其《读管子》于书后。张嵲当时在杭州为官，所以刻工多为当时杭州地区良工。原刻本本来已非常稀见，后来逐渐失传。而翻刻本则流传下来，即今国图藏浙刻本。

二、国图藏浙刻本的版本价值

（一）浙刻本较多保存了《管子》古本面貌

国家图书馆藏浙刻本《管子》，为今天能见到的最早的《管子》版本。该版本刻印精良，保存完好。傅增湘于 1915 年曾在常熟瞿氏铁琴铜剑楼亲阅此书，称赞其“皮纸精印，完整如新”②。王欣夫亦称“瞿氏铁琴铜剑楼藏宋刊《管子》最为善本”③。

浙刻本来自于北宋庆历四年刻本，而庆历刻本又来自于唐代传下来的 18 卷本及 19 卷尹注残本。浙刻本源自唐人写本，因此较多保存了《管子》古本面貌。浙刻本中，刘向叙录与《管子》正文相连接，未分页。这是受到唐人卷子书写样式的影响。曹元忠说：“先列刘向叙录，后接‘管子卷第一’，题‘唐司空房玄龄注’，再列

---

① 其卷二十后有北宋熙宁间校勘官衔名，前人多误以为是北宋刊本。

② 傅增湘：《藏园群书经眼录》（三），中华书局 2009 年版，第 483 页。

③ 王欣夫撰，鲍正鹄、徐鹏标点整理：《蛾术轩箧存善本书录》，上海古籍出版社 2002 年版，第 1288 页。

第一卷篇目,以次而入本文,当是唐卷子本旧式。”①

浙刻本保存了许多古字。宋代张嵲《读管子》指出:“书多古字,如‘专’作‘抟’,‘忒’作‘貣’,‘宥’作‘侑’,‘况’作‘兄’,‘释’作‘泽’,此类甚众。”②王欣夫也指出,书中“地”作“埊”,是武则天所造的字,有些俗字往往与《干禄字书》及唐人所书碑刻相合,“其渊源自古,虽有脱误,在传世《管子》版本,自当推为第一矣”。③

浙刻本源自唐人写本,因此多与唐代文献所引《管子》相吻合。前文曾提到,《群书治要》与《意林》都选录了《管子》诸多篇章的文字。这两种文献选录《管子》文字的篇章顺序,与浙刻本《管子》的顺序完全相同。当然,由于《群书治要》和《意林》在选录时对《管子》原文进行了加工删节,因此其中文字与浙刻本《管子》有一些差别。不过除去删节加工因素,真正意义上的异文所占比例并不多。总体上来看,浙刻本与《群书治要》《意林》所选录之《管子》内容在文字上具有很强的一致性。

唐代赵蕤的《长短经》,也引用了《管子》的一些文句。《长短经》对《管子》原文的删节加工要少一些,书中所见《管子》文字与浙刻本《管子》有更强的一致性。将《长短经》中所引《管子》文字与浙刻本相比较,④我们发现,二者有的文字完全相同,有的是同义或通假,有的是连词或助词的不同,有的因避讳而不同,明显的区

---

① 〔清〕曹元忠:《笺经室遗集》卷十一,民国三十年(1941)王氏学礼斋印本。

② 黎翔凤撰,梁运华整理:《管子校注》,中华书局2004年版,第1544页。

③ 王欣夫:《郭沫若先生“管子集校叙录”之商榷》,载《学术月刊》1957年第6期。

④ 今所见《长短经》最早版本,为南宋初年杭州净戒院刻本,收入《中华再造善本》唐宋编子部。本节所引《长短经》,即据该版本。

别很少。

(1)文字完全相同。如:《长短经·自序》引《管子·霸言》:“圣人能辅时,不能违时。智者善谋,不如当时。”卷二《理乱》引《管子·立政》:“卿相不得众,国之危也。大臣不和同,国之危也。兵主不足畏,国之危也。民不怀其产,国之危也。”同篇引《管子·重令》:“三器者何也?曰:号令也、斧钺也、禄赏也。六攻者何也?曰:亲也、贵也、货也、色也、巧佞也、玩好也。”卷三《是非》引《管子·形势》:“疑今者察之古,不知来者视之往。”卷三《适变》引《管子·霸言》:“齐国百姓,公之本也,人甚忧饥而税敛重,人甚惧死而刑政险,人甚伤劳而上举事不时。”卷八《定名》引《管子·法法》:“禁而不止谓之逆”,“令而不行谓之障”,“贤人不至谓之蔽”。上述6处,《长短经》与浙刻本《管子》文字上完全一致,没有区别。

(2)同义或通假。如《管子·牧民》:“知予之为取,政之宝也。”《长短经》卷八《大私》引此句,“予”字作“与”。《管子·重令》:“三器之用何也?非号令毋以使下,非斧钺毋以威众,非禄赏毋以劝民。六攻之败何也?曰:虽不听而可以得存者,虽犯禁而可以得免者,虽毋功而可以得富者。凡国有不听而可以得存者,则号令不足以使下。有犯禁而可以得免者,则斧钺不足以威众。有毋功而可以得富者,则禄赏不足以劝民。”《长短经》卷二《理乱》引此段,其中之“毋”字作“无”,其余相同。

(3)连词或助词不同。如《管子·牧民》:“仓廪实则知礼节,衣食足则知荣辱。”《长短经》卷三《是非》引此,无“则”字。《牧民》:“错国于不倾之地者,授有德也。积于不涸之仓者,务五谷也。藏于不竭之府者,养桑麻、育六畜也。下令于流水之原者,令顺民心也。使民于不争之官者,使各为其所长也。明必死之路者,严刑罚也。开必得之门者,信庆赏也。不为不可成者,量民力也。不求不可得者,不强民以其所恶也。不处不可久者,不偷取一世也。”《长短经》卷一《政体》引此段,“错国于不倾之地者”等所有句末之“者”字全部删去。

(4)因避讳而不同。如上举《管子·牧民》“错国于不倾之地者”一段中,“令顺民心也”,“使民于不争之官者”,“量民力也”等“民”字,《长短经·政体》因避讳而作“人”,《牧民》“民恶忧劳,我佚乐之;民恶贫贱,我富贵之;民恶危坠,我存安之;民恶灭绝,我生育之”之“民”字,《长短经》中亦作“人”。

(5)明显的区别。如《管子·牧民》“政之所兴,在顺民心”,《长短经》作“政之所行,在顺民心”,《牧民》“能佚乐之,则民为之忧劳”,《长短经》作“能佚乐之,则民恐之忧劳”,《立政》“大德不至仁”,《长短经》作“大位不仁”,《法法》“斗士食于功”,《长短经》作“斗士食于力”,《法法》“忠臣不用谓之塞”,《长短经》作“忠臣不至谓之塞”。

《长短经》中的《管子》引文,大部分与国图藏浙刻本《管子》相同或基本相同,明显的区别并不很多。如果考虑到传抄刻印过程中的改动,浙刻本与《长短经》中《管子》引文的不同之处会更少。赵蕤生活在武则天至唐玄宗时代,其著作《长短经》大约在开元二年(714)至开元六年(718)间。① 赵蕤所见《管子》,应为唐代早期写本。《长短经》中的《管子》引文,部分展现了唐代《管子》古本的面貌。浙刻本也源自唐代写本,较多保存了《管子》古本面貌,因此与《长短经》等唐代文献所引《管子》文本,具有了较多的一致性。

---

① 此据周斌《赵蕤年谱简编》,见其《〈长短经〉校证与研究》,巴蜀书社 2003 年版。

（二）浙刻本可以校正《管子》后世传本

国图藏浙刻本较多保存了《管子》古本面貌，可以校正后世《管子》诸版本。[1] 宋代以后的《管子》版本，最为重要的是明刘绩《管子补注》本和赵用贤《管韩合刻》本。明代以来诸版本，多以其为祖本。[2] 今以这两种版本为例进行说明。

1. 浙刻本校刘绩本例

浙刻本与刘绩本相校，异文非常之多。清康熙年间，陆贻典曾据浙刻本校刘绩本，将二者之异文标于刘绩本上。校本今存中国国家图书馆。根据陆贻典校本，结合《管子集校》，浙刻本与刘绩本之间的异文，基本可以掌握。这些异文，大部分是刘绩本有误，可据浙刻本校正，而刘绩本用来校正浙刻本的，则极少。全书的异文太多，不能一一列举，今以《小匡》篇为例说明。见表 2－1－1。[3]

表 2－1－1

序号	国图藏浙刻本	刘绩本	说明
1	愿请之以戮群臣	“戮”下有“于”字	宋本脱[4]

---

① 当然，国图藏本也有讹脱之处，最突出的如《重令》篇“则是教民邪途也”下，脱“如此则巧佞之人”至“则便辟得进毋功”454 字。再如《小问》篇“桓公与管仲阖门谋伐莒，未发也”之下，脱“而已闻于国矣。桓公怒，谓管仲曰：‘寡人与仲父阖门而谋伐莒，未发也’”27 字。不过，总体上看，国图藏本还是优于后世诸本，很多地方都可以用以校正后世诸版本之误。

② 详见后文第三章、第四章。

③ 表中所列异文，绝大多数据陆贻典校本，少量据《管子集校》及个人校勘所得。部分异文括注繁体字，以见致误之由。

④ 王念孙云：“‘戮群臣’当从朱本（朱本指朱东光本，与刘绩本同一系统）作‘戮于群臣’。戮于群臣者，下文曰‘愿生得之，以徇于国，为群臣戮’是也。脱去‘于’字，则义不可通。《左传正义》引此正作‘愿请之以戮于群臣’，《齐语》作‘欲以戮之于群臣，故请之’。”见郭沫若等《管子集校》，科学出版社 1956 年版，第 308～309 页。

续表

序号	国图藏浙刻本	刘绩本	说明
2	在狄则狄得意于天下	“则”作“在”	刘本讹
3	则必长为鲁国忧	无“鲁”字	刘本脱
4	君何不杀而受之其尸	“尸”作“政”	刘本讹
5	弊邑寡君愿生得之	“愿生”作“之贼”	可互校①
6	以徇于国而为群臣僇	“僇”下有“鲁也”	刘本衍
7	是君与寡君贼比也	“寡君”下有“之”字	可互校
8	于是鲁君乃不杀	“于是”作“于是乎”	语助词
9	愿(願)以显其功	“愿(願)”作“顾(顧)”	刘本讹②
10	众必予之有得	“得”作“德”	可互校
11	管仲诎缨捷衽	“捷”作“插”	刘本讹③
12	公辞斧三,然后退之	无“后”字	刘本脱
13	管仲再拜稽首曰	无“首”字	刘本脱
14	应公之赐	“赐”作“死”	刘本讹
15	而贤大夫在后	“贤”下有“士”字	可互校

① 郭沫若云:“‘寡君’下,古本、刘本、朱本均有‘之贼’二字,而无‘愿生’二字,殆互夺,宜补。”见郭沫若等《管子集校》,科学出版社 1956 年版,第 310 页。

② 此处刘本明显是形近而讹。但郭沫若认为“当以作‘顾’字为是”,并将“顾”字属为上句,作“必将勤管仲以劳其君顾”。见郭沫若等《管子集校》,科学出版社 1956 年版,第 312 页。郭说迂曲牵强,难以成立。

③ 王念孙云:“‘插’当从宋本(按:王念孙所见宋本为墨宝堂本)作‘捷’,‘捷’,古‘插’字也。……今作‘插’者,后人所改耳。《太平御览·服章部三》,引此正作‘捷’。(钞本如是,刻本捷讹为捷。)”见郭沫若等《管子集校》,科学出版社 1956 年版,第 313 ~ 314 页。

续表

序号	国图藏浙刻本	刘绩本	说明
16	民情可得而百姓可御	“御”下有“矣”字	语助词
17	治国以为二十一乡	“为”作“国”	刘本讹
18	商工之乡六,士农之乡十五	无“六”字	刘本脱
19	三乡一帅	“三”作“五”	可互校
20	处工必就官府	“工”作“士”	刘本讹
21	旦昔从事于此	“昔”作“暮”	可互校
22	今夫士群萃而州处	“今”作“令”	宋本讹
23	比耒耜耞芟	“耞”作“縠”	刘本讹①
24	其秀才之能为士者	“才”作“材”	字相通
25	有司见之而不以告,其罪五	“告”“罪”二字互换	刘本讹
26	相示以功,相陈以巧	“功”“巧”二字互换	刘本讹
27	无夺民时则百姓富	“民”作“农”	可互校
28	薄赋敛	“赋”作“税”	可互校
29	乡建贤士,使教于国	作“乡建贤士于使教国”	刘本讹
30	则可以使之乎	作“则使而可之乎”	刘本讹
31	陈力尚贤,以劝民知	“知”作“之”	刘本讹
32	民心未吾安	无“吾”字	刘本脱②
33	君有征战之事	无“战”字	刘本脱
34	为之奈何	无“之”字	刘本脱

① 郭沫若云:“‘縠’当依宋本作‘耞’,此即‘芟’之古字,从耒,殳声。”见郭沫若等《管子集校》,科学出版社 1956 年版,第 321 页。

② 郭沫若云:“‘民心未吾安也’与下文‘邻国未吾亲也’同例,‘吾’字不当衍。”见郭沫若等《管子集校》,科学出版社 1956 年版,第 329 页。

续表

序号	国图藏浙刻本	刘绩本	说明
35	十轨为里,故五十人为小戎	“十轨”作“五乡”	刘本讹
36	乡良人率之	无“良”字	刘本脱
37	五乡一师……五乡之师率之	“师”作“帅”	宋本讹①
38	祸福相忧	无“福”字	可互校②
39	昼战其目相见,足以相识	作“昼战足以相识,目以相见”	刘本倒
40	驩欣足以相死	“驩”作“歡”	字相通
41	有拳勇、股肱之力	“拳勇”下有“于”字	刘本衍
42	有司已于事而竣	无“而”字	刘本脱
43	不用上令者	“令”下有“于”字	刘本衍
44	明公亲见之	“明”作“桓”	可互校③
45	公宜问其乡里而有考验	无“问”字	刘本脱
46	设问国家之患而不肉	“肉”作“肉”	刘本讹④

① 王念孙云:“‘师’皆当以《齐语》《通典》作‘帅’,上文‘三乡一帅’即其证。”许维遹云:“‘师’为‘帅’字之误。”见郭沫若等《管子集校》,科学出版社1956年版,第332页。

② 孙蜀丞云:“《齐语》作‘祸灾’,元刻脱‘灾’字,此涉‘相福’而衍‘福’字。”见郭沫若等《管子集校》,科学出版社1956年版,第334页。

③ 孙蜀丞云:“不当有‘明’字。本书‘公’字《齐语》并作‘桓公’,此处同。或即‘明’为‘桓’字误,若不误为‘明’,后人亦将删之矣。”见郭沫若等《管子集校》,科学出版社1956年版,第336页。

④ 王念孙云:“刘(绩)依《齐语》以‘肉’为‘疚’之误,是矣,而未尽也。‘肉’与‘疚’形不相近,若本是‘疚’字,无缘误为‘肉’。盖其字本作‘灾’,隶书或从篆作‘肉’,形与‘肉’相似,因误为‘肉’。”见郭沫若等撰《管子集校》,科学出版社1956年版,第338页。

续表

序号	国图藏浙刻本	刘绩本	说明
47	匹夫有不善,可得而诛也	“可”上有“故”字	刘本衍①
48	女三嫁,入于舂谷	“三嫁”作“三出嫁”	可互校
49	正月之朝,五属大夫复事于公……聪明贤仁	“聪(聰)”作“听(聽)”“贤”作“质”	刘本讹
50	于子之属,有不慈孝于父母	无“慈”字	可互校
51	卒伍定矣,事已成矣	“已成”作“已定”	刘本讹
52	若军令则吾既寄诸内政矣	“军”作“君”	刘本讹
53	吾欲轻重罪而移之于甲兵	无“重”字	刘本脱②
54	管仲对曰未可	“管仲”作“管子”	可互校
55	弦子旗为理	“旗”作“其”	刘本讹
56	曹宿孙处楚	“曹宿孙”作“曹孙宿”	宋本倒③
57	徐闲(閑)封处卫	“闲(閑)”作“开(開)”	宋本讹④
58	地南至于岱阴	“南至”作“至南”	刘本倒

① 王念孙指出,《齐语》无“故”字,下文“匹夫有善,可得而举,匹夫有不善,可得而诛”,亦无“故”字。所以此“故”字涉上文“是故匹夫有善”之“故”字而衍。见郭沫若等《管子集校》,科学出版社 1956 年版,第 339 页。

② 许维遹云:“‘轻重罪’言轻罪重罪也。下文以重罪轻罪分言之,即承此,则‘重’非衍文明矣。”见郭沫若等《管子集校》,科学出版社 1956 年版,第 341 页。

③ 孙星衍云:“《大臣》篇并此篇下文俱作‘曹孙宿’。”戴望云:“刘本、朱本皆作‘曹孙宿’,此误倒。”见郭沫若等《管子集校》,科学出版社 1956 年版,第 345 页。

④ 宋翔凤云:“‘开封’即下文‘开方’,‘方’与‘封’,声之转。”见郭沫若等《管子集校》,科学出版社 1956 年版,第 346 页。

续表

序号	国图藏浙刻本	刘绩本	说明
59	望文山	“文”作“汶”	可互校①
60	使贡丝于周室	无“周”字	刘本脱
61	荆州诸侯莫不来服。中救晋公,擒狄王,败胡貉,破屠何,而骑寇始服。北伐山戎,制冷支,斩孤竹,而九夷始听。海滨诸侯,莫不来服	无“中救晋公”至“莫不来服”41字	刘本脱
62	方舟投柎	“投柎”作“设附”	可互校②
63	乘浮济河	“浮”作“桴”	宋本讹③
64	拘秦夏	“秦”作“泰”	宋本讹④
65	甲不解垒(壘)	“垒(壘)”作“累(纍)”	字相通⑤

① 戴望云:“朱本作‘汶山’,《霸形篇》同。《齐语》亦作‘汶山’。”黄丕烈云:“《战国策》言‘三苗之居文山在其南者’即此。”见郭沫若等《管子集校》,科学出版社1956年版,第351页。

② 王念孙云:“‘投柎’当依朱本及《齐语》作‘设柎’。”沫若案:“‘柎’字朱本作‘附’,宋、明刻《国语》均作‘泭’。”见郭沫若等《管子集校》,科学出版社1956年版,第352页。

③ 许维遹云:“赵本‘浮’作‘桴’,《齐语》同。韦注‘小泭曰桴’,今据正。《论语·公冶长篇》‘乘桴浮于海’。”见郭沫若等《管子集校》,科学出版社1956年版,第353页。

④ 丁士涵云:“‘秦夏’疑‘泰夏’之误。‘泰’与‘大’同。”戴望云:“《封禅篇》‘西伐大夏,涉流沙’,则大夏盖国名。”许维遹云:“丁、戴说是。《史记·封禅书》《齐世家》并作‘西伐大夏’,今据正。”见郭沫若等《管子集校》,科学出版社1956年版,第354页。

⑤ 金廷桂云:“《荀子·大略篇》‘不忧其系壘也’,壘与纍、累皆通。”见郭沫若等《管子集校》,科学出版社1956年版,第355页。

续表

序号	国图藏浙刻本	刘绩本	说明
66	南至吴、越、巴、牂牁	“巴”作“邑”	刘本讹
67	夫凤皇鸾鸟不降	皇作凰	字相通
68	桓公惧,出见客曰	作“桓公曰出见客”	刘本讹
69	天威不违颜咫尺	“天”作“天下”	刘本衍
70	龙旗九游	“旗”作“旂”	字相通
71	桓公城楚丘封之	“楚丘”下有“以”字	可互校
72	桓公予之系马三百匹	“予”作“与”	可互校
73	可为谋者为之谋	“为之谋”作“与之谋”	刘本讹①
74	通齐国之鱼盐东莱	“鱼盐”下有“于”字	可互校②
75	使关市几而不正	“正”作“征”	字相通③
76	壥而不税	“壥”作“廛”	字相通
77	所以禁暴于诸侯也	“禁”作“楚”	刘本讹
78	社丘	“社”作“牡”	宋本讹④
79	教大成	“教”下有“之”字	可互校
80	远国之民望如父母	无“如”字	刘本脱

① 宋本“可为谋者为之谋”与上文“可为忧者为之忧”正相合,刘本误。

② 陶鸿庆云:“据《齐语》,‘东莱’上当有‘于’字。”郭沫若云:“‘于’字不当有。东莱滨海,不乏鱼盐。‘通齐国之鱼盐于东莱’,于事理殊悖。”见郭沫若等《管子集校》,科学出版社 1956 年版,第 365 页。

③ 许维遹云:“‘正’读为‘征’,《霸形篇》作‘关讥而不征’。”见郭沫若等《管子集校》,科学出版社 1956 年版,第 365 页。

④ 王引之云:“地无名‘社丘’者,当从朱本作‘牡丘’,《春秋》僖十五年‘公会齐侯、宋公、陈侯、卫侯、郑伯、许男、曹伯盟于牡丘’,是其地也。《齐语》正作‘牡丘’。”见郭沫若等《管子集校》,科学出版社 1956 年版,第 366 页。

续表

序号	国图藏浙刻本	刘绩本	说明
81	以遂文武之近于天下	“近”作“迹”	宋本讹①
82	继法绍终	“绍终”作“绍于天下”	可互校
83	则唯有明君在上,察相在下也	“察相”下无“在”字	刘本脱
84	管仲辞让	无“让”字	可互校
85	公曰:子大夫受政寡人胜任	“公曰”作“公子曰”	刘本衍
86	子大夫不受政,寡人恐崩	无“受”字	刘本脱
87	诸侯使者无致	“无”后有“所”字	宋本讹②
88	而姑姊有不嫁者	“姊”作“姉”	字相通
89	人君惟傻与不敏为不可,傻则亡众	“傻”作“僾”	刘本讹③
90	小廉而荷忕	“荷忕”作“苛状”	可互校
91	进退闲习	“闲习”作“习闲”	刘本倒

上表所列91条异文,有的是语助词或通假字,包括第8、16、24、40、65、67、70、75、76、88条,共10条;有的二者皆通,可以互校,包括第5、7、10、15、19、21、27、28、38、44、48、50、54、59、62、71、72、

① 张佩纶云:"'近'当作'迹',篇首'法文武之远迹',是其证。"见郭沫若等《管子集校》,科学出版社1956年版,第368页。

② 许维遹云:"'无致'当作'无所致'。今本夺'所'字。下文亦云'诸侯使者无所致',赵本、刘本、纂诂本并有'所'字,今据补。"见郭沫若等《管子集校》,科学出版社1956年版,第370页。

③ 宋翔凤曰:"'傻'训隐,言人君自隐其情,使不可知,则人不附之,故曰'傻则亡衆'也。注家疑'傻'为'僾'字,遂以'倭随不断'释之。(宋本注中'僾'字亦作'傻'。)后校《管子》,竟改为'僾'。夫'倭随不断',与'不敏'无异。"见郭沫若等《管子集校》,科学出版社1956年版,第371页。

74、79、82、84、90 条，共 22 条，这其中有很多是国图藏本优于刘绩本。其余的大部分都是刘绩本有误，可据国图藏本校正，包括第 2、3、4、6、9、11、12、13、14、17、18、20、23、25、26、29、30、31、32、33、34、35、36、39、41、42、43、45、46、47、49、51、52、53、55、58、60、61、66、68、69、73、77、80、83、85、86、89、91 条，共 49 条，其中有讹文、倒文，也有脱文、衍文。国图藏本讹误，可据刘绩本校正的，仅有 10 条，即第 1、22、37、56、57、63、64、78、81、87 条。

《小匡》篇幅较长，异文较多，很有代表性。该篇中，国图藏本可以校正刘绩本之处甚多，而刘绩本可校正国图藏本的较少。由此可以看出国图藏本的重要价值。陆贻典全书校勘完毕，在书后跋文中写道："古今书籍，宋板不必尽是，时刻不必尽非，然较是非以为常，宋刻之非者居二三，时刻之是者无六七，则宁从其旧也。"① 这确是过来人之语，道出了国图藏宋本《管子》的重要性。

2. 浙刻本校赵用贤本例

赵用贤本出自国图藏本，二者之间的异文相对较少。但赵用贤本也有一些讹误之处，可据国图藏本校正。国图藏本曾被瞿氏铁琴铜剑楼收藏，其间瞿镛曾据以校勘赵用贤本。瞿镛云："明万历间，赵文毅刻本即从此出。校雠亦慎，然尚有讹字，亦有臆为校正而实讹者。今除宋本本讹、赵本校正不讹外，举其异于赵本而可

---

① 〔清〕黄丕烈著，潘祖荫辑，周少川点校：《士礼居藏书题跋记》，书目文献出版社 1989 年版，第 81 页。黄丕烈曾据此陆贻典校本校其所藏墨宝堂本，并将陆贻典的跋文抄录于墨宝堂本之后，故此跋文收入《士礼居藏书题跋记》。陆贻典校本与墨宝堂本后来均入藏聊城杨氏海源阁，所以此跋文亦被收入《楹书隅录》。

订正者。”①瞿镛的校勘记收入《铁琴铜剑楼藏书目录》及清光绪五年张瑛影刻之宋本《管子》。校勘记中所举国图藏本“异于赵本而可订正者”有160余条。② 今据瞿镛所校，结合其他诸家校勘成果，举国图藏本可以校正赵用贤本较为典型之15例如下：

(1)《形势》：“虎豹讬幽，而威可载也。”“讬幽”，赵本讹作“得幽”。

王念孙云：“此涉上句‘得’字而误，后《形势解》正作‘讬幽’。”③

(2)《乘马》：“凡立国都，非于大山之下，必于广川之上。”“大山”，赵本讹作“太山”。

王念孙云：“‘太’当为‘大’。‘大山’‘广川’相对为文，无取于‘太山’也。”④

(3)《七法》：“必顺于理义，故不理不胜天下。”“理义”，赵本讹作“礼义”。

丁士涵云：“宋绍兴本、杨忱本‘礼’皆作‘理’，是也。《形势解》俱是‘理’字。《吕览·劝学篇》‘此生于不知理义’。”⑤

---

① 〔清〕瞿镛：《铁琴铜剑楼藏书目录》，《续修四库全书》(926册)，上海古籍出版社2002年版，第236页。

② 瞿镛称其所列者为“除宋本本讹赵本校正不讹外”，“异于赵本而可订正者”，但他所举出的，也有些是宋本讹误而赵本正确的，如《小匡》“敬畏戚农”下，有“有司见之而不以告，其罪五，有司已于事而竣”十八字。瞿镛加按语云：“此下文语，错入。赵本删之，是。”见《铁琴铜剑楼藏书目录》卷十四。

③ 〔清〕王念孙：《读书杂志》，江苏古籍出版社1985年影印本，第411页。

④ 〔清〕王念孙：《读书杂志》，江苏古籍出版社1985年影印本，第416页。

⑤ 郭沫若等：《管子集校》，科学出版社1956年版，第90页。

(4)《版法》:“法天合德,象地无亲。”“象地”,赵本讹作“象法”。

王念孙云:“‘象地’与‘法天’相对为文。故尹注曰‘地之资生,无所私亲’。后《解》正作‘象地无亲’。”①

(5)《宙和》:“民之兴善也如化。”“如化”,赵本讹作“如此”。

王念孙云:“‘如此’,当从宋本作‘如化’。《吕氏春秋·怀宠篇》曰:‘兵不接刃,而民服若化。’”②

(6)《法法》:“矜物之人无大士焉。”③“矜”,赵本讹作“务(務)”。

王念孙云:“‘务’,当从宋本作‘矜’,字之误也。注内‘务’字同。下文两‘矜’字,皆承此‘矜’字而言。”④

(7)《兵法》:“因其民则号制有发也。”“因其民”,赵本讹作“因其利”。

王念孙云:“‘因其利’当从朱本作‘因其民’,此复举上文而申其义也。今作‘因其利’者,涉上下文‘利’字而误。”⑤安井衡云:“诸本‘民’误‘利’,今从古本。注云‘因彼而发’,‘因彼’释‘因其

---

① 〔清〕王念孙:《读书杂志》,江苏古籍出版社 1985 年影印本,第 419 页。

② 〔清〕王念孙:《读书杂志》,江苏古籍出版社 1985 年影印本,第 426 页。

③ 国图藏本此处本缺,黄丕烈据影宋本补。影宋本底本与国图藏本为同一版本,故此“矜物之人无大士焉”为国图藏本之旧。

④ 〔清〕王念孙:《读书杂志》,江苏古籍出版社 1985 年影印本,第 436 页。

⑤ 〔清〕王念孙:《读书杂志》,江苏古籍出版社 1985 年影印本,第 437 页。

民’,则尹本亦作‘其民’。”①

(8)《小匡》:“聪明贤仁。”“贤”,赵本讹作“质”。

戴望云:“《册府元龟》引‘质’作‘贤’。”②按,“贤(賢)”与“质(質)”形近,赵本形近而误。

(9)《四称》:“不谤其君,不讳其辞。”“不讳”赵本讹作“不毁”。

丁士涵云:“‘不毁’与上文‘不谤’义复,宋本是。《广雅》曰‘讳,避也’。”③

(10)《水地》:“非特知于麤粗也。”“麤粗”赵本讹作“麤麤”。

王念孙云:“‘麤麤’当依朱本作‘麤粗’,‘麤粗’与‘微眇’对文。凡书传中‘麤粗’二字连文者,皆上仓胡反,下才户反。……二字义同而音异。学者不能分别,故传写多误。”④

(11)《七臣七主》:“伤伐五藏。”“五藏”赵本讹作“五穀”。

王念孙云:“‘五穀’当依朱本作‘五藏’。《禁藏篇》云‘冬收五藏’,是也。今作‘五穀’者,涉注文而误。注云‘五穀之藏’是释‘五藏’,非释‘五穀’。《续汉书·五行志注》引此正作‘五藏’。”⑤

(12)《形势解》:“使人有理,遇人有礼。”赵本讹作“使人有礼,遇人有理”。

王念孙云:“‘使人有理’,谓使之必有道也;‘遇人有礼’,谓待之必以礼也。《贾子·阶级篇》曰‘遇之有礼,故群臣自喜’,是也。

---

① [日]安井衡:《管子纂诂》,《历代管子版本丛刊》(四),齐鲁书社2014年版,第2366页。

② 郭沫若等:《管子集校》,科学出版社1956年版,第340页。

③ 郭沫若等:《管子集校》,科学出版社1956年版,第532页。

④ 〔清〕王念孙:《读书杂志》,江苏古籍出版社1985年影印本,第473页。

⑤ 〔清〕王念孙:《读书杂志》,江苏古籍出版社1985年影印本,第487页。

今本(指赵本)'理''礼'二字互易,则非其指矣。"①

(13)《海王》:"人数开口千万也。""开(開)",赵本讹作"问(問)"。

孙星衍云:"'问'当依宋本作'开'。《揆度篇》俱作'开口',《通典》十引亦作'开口'。"安井衡云:"古本'问'作'开','开口',开口而食也。"②

(14)《轻重甲》:"故迁封食邑。""食"赵本讹作"仓(倉)"。

孙星衍云:"宋本'仓'作'食',上下文俱作'迁封食邑',此'仓'字误。"③

(15)《轻重甲》:"釜鏂之数。""釜"赵本讹作"金"。

猪饲彦博云:"'金'当作'釜'。鏂、区同,五鏂为釜。"孙星衍云:"'金'是'釜'字之讹,下文'釜鏂无止',其证也。"④

以上所引诸家校勘成果,以王念孙为最多。王念孙并没有见到国图藏宋本《管子》,他所见的是墨宝堂本的抄本,且见到抄本时其《管子杂志》已基本完成。但王念孙的校勘往往与国图藏本暗合。如《法禁》"壹士以为亡资","壹"赵用贤本作"壶",王念孙校"壶"为"壹"。瞿镛对此予以特别揭示:"王以意定为'壹',岂知宋刻本作'壹'不作'壶'耶?"并称赞说:"王校未见宋本而与之暗合,其精于小学如此!"⑤这一方面说明王念孙造诣极深,同时也显现了

---

① 〔清〕王念孙:《读书杂志》,江苏古籍出版社 1985 年影印本,第 497 页。

② 郭沫若等:《管子集校》,科学出版社 1956 年版,第 1041 页。

③ 郭沫若等:《管子集校》,科学出版社 1956 年版,第 1193 页。

④ 郭沫若等:《管子集校》,科学出版社 1956 年版,第 1194 页。

⑤ 〔清〕瞿镛:《铁琴铜剑楼藏书目录》,《续修四库全书》(926 册),上海古籍出版社 2002 年版,第 237、238 页。

国图藏本之可贵。

三、国图藏浙刻本的影抄、影刻与影印

除原本外，国图藏浙刻本《管子》又有影抄、影刻、影印本传世。

(一)黄丕烈旧藏影抄本

目前能见到的浙刻本《管子》影抄本仅有1种，为黄丕烈士礼居旧藏，今存上海图书馆。该抄本原来仅有前12卷，黄丕烈友人陶某代购自嘉兴。《士礼居藏书题跋记》：

> 时钱塘友人谓余曰："嘉兴某家有影宋钞本，与此正同。"余闻之欣然，久而无以应我之求。适陶君往嘉兴，于小肆中获其半，检所缺叶，一一完好，字迹与刻本纤毫不爽，方信影钞者即从余所得本出，而下半部偶失之耳。①

黄丕烈购得后，据自己所藏宋本影抄补足后12卷。《荛圃藏书题识》：

> 余所藏《管子》，系南宋初刻本二十四卷全者。续又得一影钞本，止十二卷而止。然既从余本出，余本稍经后人描写，而影钞者在前，故可宝。且余本缺几页，影钞者犹有之，则犹不可轻弃矣。因命钞胥照宋本补十三至二十四卷，复手校其讹谬。时嘉庆丁卯(1807)立冬日。复翁识。②

此影宋抄本曾由韩应陛收藏。《韩氏读有用书斋书目》："《管

---

① 〔清〕黄丕烈著，潘祖荫辑，周少川点校：《士礼居藏书题跋记》，书目文献出版社1989年版，第83页。

② 〔清〕黄丕烈著，缪荃孙辑：《荛圃藏书题识》，《宋元明清书目题跋丛刊》(十三)，中华书局2006年版，第71页。

子》二十四卷,旧钞景宋本,士礼居旧藏。”①后又经张佩纶收藏。傅增湘云:“影写宋刊本,黄丕烈藏,卷十三以后黄氏钞配。黄跋言宋本卷六第七叶下原缺,转藉此本补完。则此本佳处有现存宋本所不及者矣。慎勿以其为抄本而忽之。张幼樵藏。”②

从上海图书馆之图像资料来看,影抄本之前12卷,抄写甚为精到,字体与原本极为接近,可以仿真,只有卷十一字迹较为松垮凌乱,与他卷不同。后12卷,即黄丕烈补抄之部分,亦为善书者所写,点画端严,字迹清朗,一丝不苟。后12卷偶有抄胥手误之处,黄丕烈又据原本校正,如卷十六《内业》篇“自充自盈”,“自盈”抄作“而盈”,“而”字点去描作“自”;“能无卜筮而知吉凶乎”,“能”抄作“笼(籠)”,“笼(籠)”字点去改作“能”。每卷校完,黄丕烈均于卷末写“宋刻覆校”4字。

影抄本抄写精到,且可以补原本之缺。如卷三末行小注及释音,卷六之第7~11页,原本均缺失,可据影抄本补足。

(二)张瑛影刻本

浙刻本《管子》有清光绪五年(1879)张瑛影刻本。张瑛(1823—1901),江苏常熟人,字子燮,号仁卿,诸生,候选训导。曾参修《苏州府志》,著有《论孟书法》《退知斋稿》《韩文补注》等。张瑛为常熟人,与铁琴铜剑楼瞿氏同乡,故得借铁琴铜剑楼藏宋刻原本影刻。

影刻本卷首题“宋本管子”,原本书后之黄丕烈跋文与戴望跋

---

① 〔清〕韩应陛藏,封文权编:《韩氏读有用书斋书目》,《中国著名藏书家书目汇刊·近代卷》(第1册),商务印书馆2005年版,第401页。

② 莫友芝撰,傅增湘订补,傅熹年整理:《藏园订补郘亭知见传本书目》(二),中华书局2009年版,第537页。

文,一并录入,同时还增加了瞿镛以宋本校勘赵用贤本的成果。影刻本版式与原本完全相同,字体也近似,只是字画稍嫌僵硬,不如原本悦目。其中偶有讹误之处,如《君臣上》"而相为常具以给之"之"相"字,影刻本误作"桓"。①

清代,《管子》通行的是赵用贤本及其衍生诸本,宋本很少有人能够见到。乾嘉诸学者如孙星衍、洪颐煊以及王念孙、王引之父子校勘《管子》,都是以赵本为底本。他们所见的宋本《管子》,实为墨宝堂本或其传录本、抄本。张瑛影刻本虽然未能尽善尽美,但它据原本影写刻印,使宋本得以化身千百,迅速为学界所瞩目。晚清王仁俊作《管子集注》、民国刘师培作《管子斠补》,均以影刻本为底本。影刻本出现时,《铁琴铜剑楼藏书目录》尚未刊行。② 影刻书后所附的瞿镛以宋本校勘赵本的成果,也为学界提供了重要研究资料。耿文光云:"向读《管子》,苦无佳本,今得影宋刻,并瞿、黄二家校语,胜明本远矣。"③

张瑛影刻本收入《历代管子版本丛刊》,齐鲁书社 2014 年印行。

（三）《四部丛刊》等影印本

浙刻本之影印本,为人熟知的有两种:《四部丛刊》影印本与《中华再造善本》影印本。

《四部丛刊》为民国时期张元济主持编辑的大型丛书,汇集四

---

① 冒广生曾说:"(影刻本)间有改易,如《形势》篇注'贵而行令令乃行',下'令'字宋本误'今',张改'令'之类。"[见《管子跋十七则》(续),《管子学刊》1987 年第 2 期。]但宋刻原本并不误为"今",作"今"的是墨宝堂本。

② 《铁琴铜剑楼藏书目录》的编撰,始自瞿氏第二代瞿镛,中经第三代瞿秉清,至第四代瞿启甲时,方于光绪二十四年(1898)全部完稿,至光绪二十八年(1902)始刊行于世。此时距张瑛影刻《管子》,已经过了 20 余年。

③ 〔清〕耿文光:《万卷精华楼藏书记》,《宋元明清书目题跋丛刊》(十六),中华书局 2006 年版,第 651 页。

部要籍宋元明刊善本及旧抄名校本影印，由商务印书馆出版。初编350种、续编81种、三编73种。1919年初编出版。1929年重印，抽换二十一种版本。1934年续编出版。1935年至1936年三编出版，并出版缩印本。《管子》收入《四部丛刊》初编，1函4册，系据常熟瞿氏铁琴铜剑楼藏宋本影印。1985年，上海书店重新影印《四部丛刊》，将初编、二编、三编合订为500册精装本，《管子》收入第61册。

《四部丛刊》本影印时，对原本有个别改动。如《宙和》："夫行私、欺土、伤民、失士，此四者用所以害君义失正也。"原本"欺土"，《四部丛刊》本改作"欺上"。原本卷五第8页后原缺一页，在《重令》篇中。商务印书馆1919年初印时照原样影印，未曾改动。1929年二次影印时据赵用贤《管韩合刻》本补上"如此则巧佞之人"至"便辟得进毋躬"等内容，并有说明："是页宋本原阙，景宋刻本同。黄荛翁跋称完好无阙，或以页码衔接，疑宋时即已脱佚也，故初版仍之以存其真。按《瞿目》谓赵文毅本即从此出，覆检赵本，阙文在焉。以其源流相同，爰从写补以弥撼云。"所补之页字体与原本不同。

《中华再造善本》是2002年启动的国家重点文化工程，利用现代技术影印复制善本古籍，由国家图书馆出版社编辑出版。《管子》收入唐宋编子部，据国家图书馆藏本影印。

影印本的出版，为人们研读《管子》提供了莫大方便。特别是《四部丛刊》本，流传广远，尤为士林所重。冒广生云："光绪初常熟张纯卿覆刻之，世人乃得购求。近日涵芬楼刻入《四部丛刊》，则几于家有其书矣。"①王欣夫云："今《四部丛刊》已将宋刻原本影印，

---

① 冒广生：《管子跋十七则》（续），载《管子学刊》1987年第2期。

不差毫厘……此则我侪读书之福,足傲前贤矣。"①不过,《四部丛刊》为单色印刷,为求版式统一,将原书版式缩小,只在扉页注明原来版框尺寸。而《中华再造善本》重在再造,按原书大小,大开本双色印刷,使人们可以睹见宋本《管子》的本来面貌。

第二节 蔡潜道墨宝堂本

宋本《管子》,清代以来见诸著录、广为人知的,除国图藏浙刻本外,还有蔡潜道墨宝堂本。蔡潜道墨宝堂本刊行于南宋绍兴二十二年(1152)。《藏园订补郘亭知见传本书目》:"宋刊本,十二行二十三字,注双行二十八字。② 卷一后有'瞿源蔡潜道宅墨宝堂新雕印'木记,卷末有'瞿源蔡潜道宅板行,绍兴壬申孟春朔题'牌子二行。又有张嵲《读管子》一则。缺卷十三至十九。有黄丕烈二跋,并录陆贻典二跋。海源阁藏。"③墨宝堂本今无从得见,上海图书馆藏有清代学者陈奂的家抄本。今据上海图书馆抄本,结合各家著录及校勘资料,对该版本进行考察。

---

① 王欣夫撰,鲍正鹄、徐鹏标点整理:《蛾术轩箧存善本书录》,上海古籍出版社2002年版,第1290页。

② 墨宝堂本的行款,《楹书隅录》《藏园群书经眼录》《藏园订补郘亭知见传本书目》均著录为"半页十二行",但据顾广圻所记,墨宝堂本为半页13行(国家图书馆藏顾广圻、袁廷梼以墨宝堂本校赵用贤本之卷一首页题"宋本每页二十六行"),上海图书馆藏墨宝堂本抄本亦为半页13行。今不见墨宝堂原本,不知何者为是。

③ 莫友芝撰,傅增湘订补,傅熹年整理:《藏园订补郘亭知见传本书目》(二),中华书局2009年版,第537页。

一、墨宝堂本寻踪

(一)墨宝堂本的去向

墨宝堂本《管子》传世稀少,在清代已成孤本。苏州任蒋桥顾氏收藏时,已有数卷缺失,黄丕烈曾经借阅。黄丕烈云:"《管子》世鲜善本,往时曾见陆敕先校宋本在小读书堆。后于任蒋桥顾氏借得小字宋本,其卷一后有长方印记,其文云'瞿源蔡潜道宅墨宝堂新雕印'。……中缺十三至十九卷。"①清嘉庆二十二年(1817),黄丕烈从顾氏处购得墨宝堂本,并据陆贻典校宋本补入所缺部分,书后有跋文详述其经过:

> 此宋刻《管子》二十四卷,原缺卷十三至卷十九,任蒋桥顾竹君藏书也。二十年前(指1797年)曾借校之,其佳处实多,因中有缺,心甚有歉,未为全美。……近日宋廛宋刻子部并归他人,重忆向所未惬之本,遂从顾氏后人归之,而中所缺卷,余故友小读书堆藏陆敕先校宋本,亦向伊后人借归据补。陆校未记行款,兹就余所收宋刻行款约略为之,未可据也。至于字句之间,他卷多同宋刻,则此所缺而陆校有,宋刻亦应有据,且陆校出毛斧季所藏宋刻,则尤可信。……嘉庆丁丑(1817)重阳秉烛记。复翁。②

墨宝堂本《管子》,后归汪士钟艺芸书舍。《艺芸书舍宋元本书目》著录宋本《管子》两部,一为国图藏浙刻本,一为墨宝堂本。后

---

① 〔清〕黄丕烈著,潘祖荫辑,周少川点校:《士礼居藏书题跋记》,书目文献出版社1989年版,第83页。

② 〔清〕黄丕烈著,潘祖荫辑,周少川点校:《士礼居藏书题跋记》,书目文献出版社1989年版,第81~82页。

来,汪氏书散,国图藏浙刻本归常熟瞿氏铁琴铜剑楼,而墨宝堂本则入藏聊城杨氏海源阁。

海源阁藏书,奠基于杨以增。道光末咸丰初,杨以增任江南河道总督,当时江南诸家藏书多有散出,杨氏得以收取汪氏艺芸书舍以及鲍氏知不足斋、惠氏红豆山庄、方氏碧琳琅馆和阳湖孙星衍等名家旧藏。墨宝堂本《管子》在这一时期由艺芸书舍归入海源阁。杨绍和《楹书隅录》著录"宋本《管子》二十四卷十册一函"①,即为墨宝堂本。据《楹书隅录》,墨宝堂本卷首有"刘氏伯温"印,还有黄丕烈、汪士钟二人的藏书印。

民国时期,政局动荡,战乱频仍,海源阁历经劫难。海源阁第四代主人杨敬夫(承训)将部分海源阁珍本藏书运往天津,迫于生计,在天津典卖。1927年,第一批运至天津的海源阁珍本包括子部、集部宋本秘籍26种,墨宝堂本《管子》正在其中。傅增湘曾经寓目,称"丁卯(1927)十月廿九日见于天津,索四千元"。②

杨敬夫典卖海源阁珍本,引起了社会各界的关注。海源阁宋本子、集26种,周叔弢、李盛铎、刘少山、莫伯骥、潘复等人各购得其中数种或1种,而包括墨宝堂本《管子》在内的6种海源阁珍藏宋本,则被当时由日本人控制的满铁大连图书馆购得。③ 北京藻玉堂书店王雨(王子霖)曾为这批书奔走,他回忆说:

> 相隔半年,被大连日本满铁图书馆松崎鹤雄买走六种。南宋本《荀子》二十卷,十册,一函,4200元;北宋本《说苑》二十卷,十册,一函,3500元;宋本《管子》二十四卷,十册,一函,

---

① 〔清〕杨绍和:《楹书隅录》,《宋元明清书目题跋丛刊》(十),中华书局2006年版,第480页。

② 傅增湘:《藏园群书经眼录》(三),中华书局2009年版,第484页。

③ 丁延峰:《海源阁藏书研究》,商务印书馆2012年版,第439~441页。

4000元；北宋本《淮南鸿烈解》二十一卷，十二册，一函，4500元；宋本《康节先生击壤集》十五卷，六册，一函，3000元；宋本《三谢诗》一卷，一册，一函，1500元。《三谢诗》于1929年由桥川影印行世。二十三年（1934）余去大连，得晤松崎，所购之书还秘藏馆中。①

墨宝堂本《管子》等6种海源阁珍本被日本人买走，令人感叹。王子霖说："幸喜海源阁散书经余之手，大部均为方家所收，只是有六种流失海外，令人浩叹。"②周叔弢在宋本《新序》题识中说："余收此书时，若能举债并《说苑》《荀子》《管子》《淮南子》同收之，岂不大妙乎？余生平务实而不蹈虚，亦自有短处。"③

郦承铨曾关注入藏大连图书馆的海源阁珍本，他见过其中4种即宋本《说苑》《管子》《淮南鸿烈解》《康节先生击壤集》的书影，并撰《记大连图书馆所收海源阁藏宋本四种》予以介绍："海源阁所藏宋本四种，已归大连图书馆，予见其书影，四书皆著录《楹书隅录》，为杨氏藏书中珍异之品，今录《隅录》于次，以告世之留心文物存佚者。"文中记录墨宝堂本《管子》书影："所见书影，为卷第十一页。有'以增之印'白文方印、'绍和'白文方印（下一朱文方印不可辨）、'四经四史之斋'白文方印、'大连图书馆藏'朱文方印。"④

抗战胜利后，苏联红军进驻大连，包括墨宝堂本《管子》在内的

① 王雨：《海源阁珍本流东记》，载《王子霖古籍版本学文集》（第三册），上海古籍出版社2006年版，第133页。

② 王雨：《海源阁散书情况简述》，载《王子霖古籍版本学文集》（第三册），上海古籍出版社2006年版，第135页。

③ 转引自丁延峰《海源阁藏书研究》，商务印书馆2012年版，第473页。

④ 郦承铨：《记大连图书馆所收海源阁藏宋本四种》，载《海源阁研究资料》，山东友谊书社1990年版。

海源阁宋刊子集 6 种被运往苏联。罗继祖曾供职于大连图书馆，他说："当时大连满铁图书馆得其宋本《三谢诗》等数种。及全国解放，予服务于旅大市图书馆（前身即满铁），求之不见，则已为苏军攫去。"①王雨一直关注海源阁藏书，他的记载更为详细：

1945 年苏联红军出兵东北，大连、旅顺两地同为苏联红军占领。次年，苏联派遣了所谓波波夫调查团到大连满铁图书馆检查图书，名为借阅有关苏联与近东中外资料，依库逐架检查半月之久。抽出中外各善本，有关交通、宗教、考古，以及珍贵稿本三千余部册，连同善本书库全部图书四千余部册，由日本人大谷武男造册存馆。这些珍贵图书后被捆装了 50 个大木箱，运往苏联莫斯科列宁图书馆。在这一批所谓借书当中，最为世人珍视的是世界闻名的《永乐大典》四十二册，和海源阁旧藏的宋刊子集六种。中华人民共和国成立后，苏联于五十年代归还《永乐大典》五六十册，可惜海源阁宋刊子集六种仍未还归，真是憾事。②

根据罗、王二家记载可知，墨宝堂本《管子》当年被运往苏联，收藏在了莫斯科列宁图书馆，即今天的俄罗斯国家图书馆，一直没有归还。

也有人说墨宝堂本《管子》流入日本，王欣夫《蛾术轩箧存善本书录》称"蔡本流入东瀛"。③ 不过，王欣夫并没有举出理由，笔者

① 罗继祖：《海源阁藏书》，载《枫窗脞语》，中华书局 1984 年版，第 144 页。

② 王雨：《海源阁珍本流东记》，载《王子霖古籍版本学文集》（第三册），上海古籍出版社 2006 年版，第 133 页。该文所云"最为世人珍视的是世界闻名的《永乐大典》四十二册"，与"苏联于五十年代归还《永乐大典》五六十册"相矛盾。"四十二册"数字有误。

③ 王欣夫撰，鲍正鹄、徐鹏标点整理：《蛾术轩箧存善本书录》，上海古籍出版社 2002 年版，第 1274 页。

也未见到其他相关资料记载。而且,据《大连图书馆古籍善本书目》,墨宝堂本《管子》在1945年尚在大连图书馆,后来和《永乐大典》等其他善本古籍一并散失。1986年大连图书馆所编的《大连图书馆古籍善本书目》云:“一九四五年,大连图书馆海源阁遗书六种,尚在该馆,由于种种原因,连同《永乐大典》五十五册、宋本《通鉴纪事本末》等共十六种善本古籍一并散失。一九五四年前苏联列宁图书馆已归还我国《永乐大典》五十二册,其余均无消息。”① 因此,墨宝堂本《管子》的流失,应在日本投降以后。“蔡本流入东瀛”,可能是王欣夫基于大连图书馆曾长期被日本人掌控的一种猜测。

墨宝堂本《管子》流入苏联。20世纪50年代,郭沫若为《管子集校》广集《管子》版本,墨宝堂本已无从得见。他在给潘景郑的信中说:“墨宝堂本颇闻有在苏联之说,如信然,后或可得一见。”②但郭沫若只见到过墨宝堂本的抄本,墨宝堂原本,则一直没有见到。③

(二)保存墨宝堂本信息的相关资料

清代学者曾据墨宝堂本或其影抄本校勘《管子》的其他版本,校勘内容或保存在一些校本、临校本中,或形成校勘记收入相关著作。这些成果为我们保留了墨宝堂本的诸多信息。

---

① 王绍曾、崔国光等整理订补:《订补海源阁书目五种》,齐鲁书社2002年版,第149~150页。

② 林申清:《郭沫若遗札及其〈管子集校〉》,载《图书馆杂志》1999年第3期。

③ 丁延峰称中国国家图书馆李致忠先生到俄罗斯国家图书馆考察时,曾见过海源阁旧藏宋本《荀子》等书,本欲影印,因资金而罢。见其《海源阁藏书研究》第488页页下注。

1. 校本与临校本

国家图书馆收藏有多种《管子》校本及临校本,其中5种以墨宝堂本为校本。

(1)黄丕烈校本

黄丕烈以墨宝堂本校刘绩《管子补注》本(此刘绩本曾经陆贻典以国图藏浙刻本校勘),时间在嘉庆二年(1897)。其中正文、注文并校,未校完,仅至第四卷而止。

(2)顾广圻校本

顾广圻以墨宝堂本校《管韩合刻》本,时间也在嘉庆二年(1897)。全书正文通校一过,非常仔细。①

(3)顾广圻、袁廷梼校本

顾广圻以墨宝堂本校《管韩合刻》本,袁廷梼(寿阶)又借墨宝堂本复校,袁廷梼校刊在嘉庆七年(1802)。该校本正文、注文并校,非常详尽。

(4)陈奂校本

陈奂以校宋本(墨宝堂本校刘绩《管子补注》本)校《管韩合刻》本,时间在道光十四年(1834)。该校本正文注文并校,因以校宋本校勘,故校文混合墨宝堂本与刘绩本之内容。②

---

① 王欣夫称顾广圻以墨宝堂本校《管子》有2种:"瞿氏铁琴铜剑楼藏顾千里手校南宋绍兴壬申瞿源蔡潜道墨宝堂刊《管子》共两本,其一底本用刘绩《补注》本,校宋则临自陆敕先,并自加案语。《弟子职》有丁未七月纪年,当为乾隆五十二年。其一底本用赵用贤刻,并录惠松崖疏证语于上方,自案则列下方。有嘉庆丁巳十二月跋。"(《蛾术轩箧存善本书录》,上海古籍出版社2002年版,第1277页。)此说有误。其中底本为刘绩本的校本,临自陆贻典校宋本,陆贻典校勘用的是国图藏浙刻本,并非墨宝堂本。顾广圻以墨宝堂本校《管子》,仅底本为赵用贤本的一种。

② 详见第五章第二节。

(5)吴志忠校本

吴志忠临陈奂校本,时间在道光二十年(1840)。校文混合墨宝堂本与刘绩本之内容,与陈奂校本相同。①

此外,孙星衍亦曾以墨宝堂本校《管韩合刻》本。《平津馆鉴藏记》卷二:

> 《管子》廿四卷,题唐司空房玄龄注。前有刘向序,又《管子》书序一篇,称余求善本几二十年,始得之友人秦汝立氏。序末年月姓名书贾已剜去,不知何人所作。据《凡例》,此本悉从宋本刊定,不敢轻加改易,亦明刻之佳者。余又以黄荛圃孝廉所藏瞿源蔡潜道宅本校勘其上(《管韩合刻》本),与此本无大异。唯《幼官图》一篇,前后更易,稍为不同。每页十八行,行十九字。②

孙星衍校本《孙氏祠堂书目》著录,作"依宋蔡潜道残本校本"。③ 该校本今已不知去向。清代学者孙星衍及洪颐煊、王念孙曾用此校本校勘《管子》,部分信息保存在《管子义证》和《读书杂志》中。因所用为校宋本,非墨宝堂原本,所以多有遗漏。宋翔凤云:"王石渠、孙伯渊诸先生所据之宋本,皆从此本校于今所行本,不能无遗漏。"④冒广生曾就《读书杂志》举证:

---

① 陈奂校本影响颇广,莫友芝、谭献、吴眉孙等亦曾传录。

② 〔清〕孙星衍:《平津馆鉴藏记》,《丛书集成初编》本,中华书局1985年版,第27页。

③ 〔清〕孙星衍:《孙氏祠堂书目内编》,《丛书集成初编》本,中华书局1985年版,第46页。

④ 宋翔凤:《管子识误》,《续修四库全书》(1157册),上海古籍出版社2002年版,第537页。

今仅举《版法》一篇，如“象法无亲”，《杂志》据朱东光本作“象地”，今宋本正作“象地”。“佐于四时”，《杂志》据朱本作“伍于”，今宋本正作“伍于”。怀祖均未引。其他若《乘马》篇“非于太山之下”，怀祖谓“太”当作“大”，今宋本正作“大”。《法禁》篇“壶士以为亡资”，怀祖谓“壶”当作“壹”，今宋本正作“壹”。此类不胜枚举，则由其读书精细，故能暗合。①

2. 相关著作

保存墨宝堂本信息的著作主要有杨绍和《楹书隅录》和宋翔凤《过庭录》。

墨宝堂本入藏聊城杨氏海源阁，杨绍和曾用以校勘当时通行的《管韩合刻》本，称墨宝堂本“其中佳处，足正各本谬者实多”。②杨绍和的校勘成果收入《楹书隅录》，今录之如下：

《形势篇》：“虎豹讬幽而未可载也”，未误作“得幽”；“邪气袭内”，未误作“入内”；“莫知其泽之”，未误作“释之”；“其功逆天者天围之”，未误作“违之”。

《乘马篇》：“凡立国都，非于大山之下，必于广川之上”，未误作“太山”；“薮，镰、缨得入焉”，未误作“缠(纏)得”。

《版法篇》：“法天合德，象地无亲”，未误作“象法”。

《幼官篇》：“必得文威武官习胜”下，未衍“之”字；“则其攻不待权舆，明必胜则慈者勇”，未误作“权与(舆)”。

《宙合篇》：“内纵于美好音声”，未误作“美色淫声”。

---

① 冒广生著，冒怀辛整理：《〈管子〉跋十七则》，载《管子学刊》1987年创刊号。

② 〔清〕杨绍和：《楹书隅录》，《宋元明清书目题跋丛刊》(十)，中华书局2006年版，第481页。

《枢言篇》:“贤大夫不恃宗室”,未误作“宗至”。

《八观篇》:“故曰入朝廷观左右本朝之臣,“右”下未衍“求”字。

《法法篇》:“矜物之人”,未误作“务(務)物”;“内乱自是起矣”,未脱“矣”字。

《小匡篇》:“管仲诎缨捷衽”,未误作“插衽”;“维顺端悫,以待时使”注“待时,待可用之时也”,“也”上未衍“而使之”三字。

《霸言篇》:“冀之材,百马代之”,又“疆最一代”,均未误作“伐”。

《戒篇》:“东郭有狗嘊嘊”注“枷谓以木连狗”,未误作“猴谓”。

《形势解》:“臣下堕而不忠”,未误作“随”;“而弱子慈母之所爱也,不以其理”下,未衍“动者”二字;“乱主独用其智,而不任圣人之智”,未误作“众人”;“使人有理,遇人有礼”,“理、礼”二字未互倒。

《版法解》:“往事必登”,未误作“毕登”。

《海王篇》:“万乘之国人数开(開)口千万”,未误作“问(問)口”。

《山国轨篇》:“不籍而赡国为之有道乎”,未误作“道子”。①

---

① 〔清〕杨绍和:《楹书隅录》,《宋元明清书目题跋丛刊》(十),中华书局2006年版,第481～482页。

宋翔凤曾著《管子识误》，收入《过庭录》卷十四，其底本为花斋本，①校本为墨宝堂本的影抄本。② 宋翔凤用的影抄本，来自于当时的南昌太守张古馀，“嘉庆壬申岁(1812)，客南昌，就郡守张古馀丈借得影钞南宋初年本校对一过，绝多胜处”。③ 丁丙《善本书室藏书志》：“陆敕先有宋本，即毛斧季旧物，钱遵王影写，有张嵲跋，末有木记曰‘瞿源蔡潜道墨宝堂新雕印’。”④钱曾《述古堂书目》卷二著录有《管子》房玄龄注二十四卷抄本，当为此本。宋翔凤所用的影抄本是否即为钱曾之影抄本，已无从查考。

宋翔凤《管子识误》校释《管子》文字，今将其中以墨宝堂本影抄本校勘花斋本的内容，录之如下：

《形势》：道往者其人莫来，“来”，影宋本作“往”；道来着其人莫往，“往”，影宋本作“来”；莫知其释之，“释”，影宋本作“泽”；久而不忘焉可以来矣，“来”，影宋本作“往”。

《权修》：臣有杀其君子有杀其父，2“杀(殺)”字，影宋本

① 清代《管子》版本，通行的是赵用贤本及其衍生诸本。宋翔凤于《管子识误》中所举底本文字多有与赵用贤本不同而见于花斋本者，如《宙和》“诎信涅濡”之“濡”字、《重令》“故禁不行于亲贵”之“行”字等，可知宋翔凤所用校勘底本为在赵用贤本基础上形成的花斋本。

② 冒广生称王念孙、孙星衍、洪颐煊、宋翔凤均曾以影抄本校勘《管子》，“嘉道诸老王怀祖、孙渊如、洪筠轩、宋于庭，皆以影钞蔡潜道本校赵用贤本”，见冒广生著、冒怀辛整理《〈管子〉跋十七则》(《管子学刊》1987 年创刊号)。但王念孙、孙星衍、洪颐煊所见为校宋本，即以墨宝堂本校《管韩合刻》本，非为影抄本。王念孙晚年，曾让陈奂代抄墨宝堂本，但当时《读书杂志》已经成书，《管子杂志》中所云之宋本，来自于校宋本。

③ 〔清〕宋翔凤：《管子识误》，《续修四库全书》(1157 册)，上海古籍出版社 2002 年版，第 537 页。

④ 〔清〕丁丙：《善本书室藏书志》，《宋元明清书目题跋丛刊》(九)，中华书局 2006 年版，第 579 页。

作“弑”；朝廷不肃，“廷”，影宋本作“庭”，后“朝廷”字并同。

《立政》：兵主不足畏，“畏”，影宋本作“威”；草木不殖成，“殖”，影宋本作“得”；筦藏於里尉，“於”，影宋本作“于”，此篇“於”字并同；乡师以著於士师，“著”，影宋本作“箸”；然後可以布宪，“後”，影宋本作“后”，全书并同。

《乘马》：非於太山之下，“太”，影宋本作“大”；鎌纏得入焉，“纏”，影宋本作“缠”；则视货离之实，“货”，影宋本作“贷”。

《版法》：象法无亲，“法”，影宋本作“地”。

《幼官》：藏温濡，“濡”，影宋本作“儒”；七官饰胜备威，“七”，影宋本作“十”，刘绩本作“十”；富贵之终五，“贵”，影宋本作“贫”。

《五辅》：臣不杀其君，“杀(殺)”，影宋本作“弑”。

《宙和》：民之兴善也如此，“此”，影宋本作“化”；诎信浧濡，“濡”，影宋本作“儒”。

《枢言》：无俦类，“俦”，影宋本作“畴”；贤大夫不恃宗至，“至”，影宋本作“室”。

《法禁》：静而安，“安”，影宋本作“治”。

《重令》：故禁不行于亲贵，“行”，影宋本作“胜”；然则先生将若之何，“生”，影宋本作“王”。

《法法》：制轩冕所以著贵贱，“所”，影宋本作“足”；务物之人，“务(務)”，影宋本作“矜”。

《大匡》：其及岂不足以图我哉，“及”，影宋本作“反”；凡仕者近官，“公”，影宋本作“宫”。

《小匡》：耒相穀芨，“穀”，影宋本作“粄”；聪明质仁，“质”，影宋本作“贤”；人君唯优与不敏为不可优则亡众，2“优

(僾)”字,影宋本作“僾”。

《霸言》:均分以钧,“钧”,影宋本作“钓”。

《戒》:四肢耳目,“肢”,影宋本作“枝”;归吾其犹流水乎,“吾”,影宋本作“君”。

《君臣下》:饰食饮吊伤之礼而物属之者也,“属”,影宋本作“厉(厲)”。

《侈靡》:承弊而民劝之,“民”,影宋本作“名”。

《心术上》:扫除不洁、洁其宫,“洁(潔)”,影宋本作“絜”;义者谓名处其宜也,“名”,影宋本作“各”。

《四时》:斗译跽,“跽”,影宋本作“諅”;捕姦遁,“捕姦”,影宋本作“摄奸”。

《治国》:而乱国常贫,“常”,影宋本作“必”;春糶以束,“糶”,影宋本作“粜”。

《内业》:是谓内德,“德”,影宋本作“得”。

《小问》:桓公请问其说,“问”,影宋本作“闻”。

《入国》:凡国都皆有长老,“长”,影宋本作“掌”。

《度地》:终岁以毋败为固,“固”,影宋本作“故”。

《弟子职》:拼前敛祭,“敛”,影宋本作“板”;其仪不忒,“忒”,影宋本作“贷”。

《形势解》:弱子慈母之所爱也不以其理动者下瓦则慈母笞之,“其理”下,影宋本有“衍”字,无“动者”2字;乱主独用其智而不用众人之智,“众”,影宋本作“圣”。

《明法解》:疏远隔闭,“隔”,影宋本作“鬲”;任人而不官,“官”,影宋本作“言”。

《乘马数》:田筴相圆,“圆”,影宋本作“员”。

《事语》:则女事不泰,“女事”,影宋本作“士女”。

《海王》:万乘之国人数问口千万也,“问(問)”,影宋本作“开(開)”。

《国蓄》:夫民者亲信而死利,“亲信”,影宋本作“信亲”;种鑲糧食,“种”,影宋本作“钟”;“糧”,影宋本作“粮”;有功利不得卿,“卿”,影宋本作“乡(鄉)”。

《山国轨》:终岁绩其功业若干,“若干”2字,影宋本无;终岁人已衣被之後,“已衣”影宋本作“若衣”;十亩之壤,“亩(畒)”,影宋本作“鼓”;官室器械非山无所仰,“官室器械”,影宋本作“室宫械器”。

《山权数》:藏参之一不足以伤民,“藏”,影宋本作“岁”;则国不相被,“国”,影宋本作“问”;相困揲,“困”,影宋本作“因”。

《山至数》:熟榖之人,“熟”,影宋本作“孰”;泰秋田榖之存予者,“予”,影宋本作“子”;无不为榖筴,“榖”,影宋本作“国”。

《揆度》:毋曰用之用,“之用”,影宋本作“之使”。

《轻重甲》:不资者得振、不资者振之,2“资”字,影宋本作“訾”;次日薄芋,“芋”,影宋本作“芓”。

《轻重乙》:然后戴黄金而出,“戴”,影宋本作“载”;汶渊珠浩满三之,“浩”,影宋本作“沿”。

《轻重丁》:上斵轮轴,“斵”,影宋本作“断(斷)”。

《轻重戊》:以其不埍也,“埍”,影宋本作“捐”;公因令齐载其金以往,“因令”,影宋本作“曰今”。①

① 参见〔清〕宋翔凤:《过庭录》,《续修四库全书》(1157册),上海古籍出版社2002年版,第528~537页。

蒋光煦《斠补隅录》收录有许光清《管子校》,亦称以影抄本校花斋本。书前题:“花斋本,以影宋本校补,元本参,许光清校。影宋本每页二十行,行二十一字。”①《管子》版本中,行款为 20 行(半页 10 行)21 字且有注文者,仅有朱东光《中都四子集》(也称《中立四子集》)本。许氏《管子校》正文、注文并校,其所校文字,有的同于墨宝堂本(此据上海图书馆抄本),也有多处不同于墨宝堂本而同于朱东光本,则此所谓“每页二十行,行二十一字”之“影宋本”,实为“校影宋本”,即以影宋本校过的朱东光本。莫友芝《郘亭知见传本书目》所云“别下斋蒋氏藏许光清校影宋本,前亦有大宋甲申杨忱序,半页十行,行二十一字”者,②即为此本。许光清并非以影宋本校花斋本,他用的是影抄宋本校过的朱东光本,因此其《管子校》中,混合了墨宝堂本与朱东光本的信息。

《管子》墨宝堂原本及影抄本均无从得见,仅在一些校本及著作中保存了部分信息。幸运的是,上海图书馆保存有清代学者陈奂的家抄本,可以帮助我们较为全面地了解墨宝堂本的面貌。

二、上海图书馆藏墨宝堂本抄本

(一)抄本的形成与流传

上海图书馆收藏的墨宝堂本抄本,1 函 4 册,封面题“《管子》,旧依宋抄本,长洲陈奂校”。抄本卷一后有“瞿源蔡潜道宅,墨宝堂新雕印”双行牌记,卷末有“瞿源蔡潜道宅板行,绍兴壬申孟春朔

① 蒋光煦:《斠补隅录》,《丛书集成初编》本,中华书局 1985 年版,第 171 页。

② 莫友芝撰,傅增湘订补,傅熹年整理:《藏园订补郘亭知见传本书目》(二),中华书局 2009 年版,第 537 ~ 538 页。

题”双行牌记，此为墨宝堂本最典型标志。

上海图书馆墨宝堂本抄本，是陈奂受王念孙之托，自汪士钟艺芸书舍借得后请人抄录的。陈奂（1786—1863），字倬云，号硕甫①，晚号南园老人，江苏长洲人，著有《诗毛氏传疏》等。陈奂抄录墨宝堂本《管子》，时间在清道光九年（1829）。陈奂云：“己丑（1829）九月，王怀祖先生属钞，乃向汪氏借录。”②汪氏即汪士钟。当时，墨宝堂本《管子》收藏在汪士钟艺芸书舍。据抄本后陈奂跋文，“借抄颇费周折”，“出多金”方得以借录。从字体笔迹来看，抄本系由数名抄手分工抄录而成。卷七至卷十九，书写较为美观，脱误也较少，特别其中卷十五《任法》《明法》《正世》《治国》4 篇，点画端严，堪称精妙，为善书者所为。卷一至卷六、卷二十至卷二十一，书工较拙，笔力柔弱，不甚清朗，脱误亦较多。这可能是限于时日而造成的。

请人抄录完成后，陈奂用墨宝堂原本及黄丕烈校宋本、刘绩《管子补注》本对抄本进行了仔细的校理，并以不同符号分别标出。其跋文云：

> 既将原本对校一过，又从黄荛翁所藏校宋本对校一过。宋本与刘绩本显然误字，又将刘绩本略略校对一过。凡抄写之误字、脱字，每于本字之旁作“∟”以识之，凡云绩作某或云某字绩本有、某字绩本无，即作“、”以识之，以示别焉。

抄本中此类甚多，如《枢言》“贤大夫不恃宗室”，“恃”原抄作“待”，以“∟”标出，书眉写“恃”字；同篇“凡此七胜者贵众”，“此”字原抄

① 此据陈奂弟子管庆祺所作《徵君陈先生年谱》，《清史稿 · 儒林传》作“字硕甫”。

② 陈奂：《跋赵本管子》，载《三百堂文集》，《丛书集成续编》（134 册），上海书店 1994 年版，第 612 页。

脱漏,以“∟”标出,书眉写“‘此’脱”。此为陈奂以墨宝堂原本校抄胥之误。再如《八观》“地四削,入诸侯,被也”,“被”字以“、”标出,书眉云“‘被’绩作‘破’”;同篇“民倍本而求外势”,“本”字以“、”标出,书眉云“绩本‘本’下有‘行’字”。此为陈奂以刘绩本校抄本。

此后,陈奂又再次用墨宝堂原本和黄丕烈校宋本将抄本重校一过。跋文又云:“借荛翁校宋本阅毕后,又向汪姓重借原本《管子》与荛翁校宋本参互对校,有荛翁未尽校出而奂漫依改之者,今著之曰‘宋作某云’。此可见校书之难,精细若荛翁尚多遗漏如此也。奂又记。”抄本《法禁》“治事则不以官为王”,陈奂于书眉标“宋作‘王’绩作‘主’”;《中匡》“非一朝之莘”,陈奂于书眉标“‘萃’,宋作‘莘’”等,当为陈奂此再校时所书。

墨宝堂本原缺卷十三至卷十九,黄丕烈据陆贻典校宋本抄补,抄本亦据以抄录,并用刘绩本对校。抄本卷十九后有陈奂跋文:“自十三卷至十九卷原本缺,荛翁以校宋本补入成全帙,较俗本差胜矣。其云某校改者,仍敕先(陆贻典)之旧也。今奂复以刘绩《补注》对校一过,凡用墨笔或在上方或在字旁,皆雠正抄胥之误也;凡用黄笔,是刘绩本与校宋本之异同也。”

陈奂将墨宝堂《管子》抄本反复对校后,寄给了高邮王氏。道光九年(1829)陈奂致王引之信中说:“所钞《管子》,实无妥便,迟迟未寄。邵鱼竹兄服阕来京,须十一月中到苏,可以托寄带呈无误。”①年底,王引之收到陈奂抄校的《管子》,回信致谢:“兹连接手书二通并收到宋本《管子》钞本与尊校各条,极荷清心。雠校得免

① 陈奂:《陈奂致王引之书》,载《昭代经师手简二辑》,民国七年(1918)影印本。

舛,感颂不可言宣。尊校各条,容度岁后仔细领会也。”①陈奂曾问学于高邮王氏父子,与王念孙、王引之论学切磋,往来不绝。王念孙晚年校印《读书杂志》,曾嘱其代为抄校善本古籍多种,《管子》即其中之一。② 可惜的是王念孙见到抄本时,不仅《管子杂志》已于嘉庆二十四年(1819)成书,而且自己也已是85岁高龄,不能以此抄本细校《管子》了。③

陈奂寄给高邮王氏的墨宝堂《管子》抄本,后来归潘景郑收藏。书前有“高邮王氏藏书印”白文方印,又有“吴县潘氏郑庵藏”朱文长方印。潘景郑对此抄本非常重视,在书后作长篇跋文详加介绍,并特别指出抄本“行款墨记,面目俱存,为蔡本(墨宝堂本)留一种子,宜更重视”,“固不必以天水蒙古取重而已”。1956年,潘景郑曾将陈奂抄本寄给郭沫若参阅。可惜的是,郭沫若见到这一抄本时,《管子集校》已经出版,不能再采录此抄本之内容。后来,潘景郑先生将抄本捐赠给上海图书馆,化私为公,使我们得以睹见这一珍本的面貌。

(二)抄本的重要价值

陈奂家抄本《管子》,抄写虽不甚精,但经过陈奂的精心校理,又有名家印信题跋,自不同于寻常俗本。抄本经陈奂用墨宝堂原本一校再校,虽不能说完全等同原本,但文字上应基本可信。抄本不仅为《管子》文本校勘提供了重要参照,也可以帮助我们发现并

---

① 〔清〕王引之:《王文简公文集》,《续修四库全书》(1490册),上海古籍出版社2002年版,第396页。

② 参见柳向春:《高邮王氏父子与陈奂往来函件略考》,载《白云论坛》第4卷,北京图书馆出版社2007年版。

③ 《读书杂志》所举之宋本,为王念孙嘉庆九年至十五年官山东运河道时所见孙星衍之校宋本。

校正墨宝堂本诸家传录资料的错误之处,具有重要的版本价值。

1. 抄本可校勘《管子》其他版本

宋本古籍,历来为人所珍视。墨宝堂本《管子》,在清代很受重视。前文曾经提到,黄丕烈曾用以校勘刘绩本,顾广圻、袁廷梼、陈奂、吴志忠、杨绍和曾用以校勘赵用贤本,王念孙、孙星衍、洪颐煊、宋翔凤曾用其影抄本校勘赵用贤本或花斋本。

清代学者用墨宝堂本及其影抄本校勘过明代或清代的《管子》版本。限制条件,当时学者未曾将墨宝堂本与国图藏浙刻本这两种宋本《管子》进行对校。墨宝堂本不可得见,幸有上海图书馆抄本存在。笔者曾将抄本与国图藏浙刻本的正文与注文仔细对勘,校得异文若干。今将正文部分的异文列表如下,见表2-2-1。

表2-2-1

篇名	国图藏浙刻本	上图藏墨宝堂本抄本
牧民	管子卷第一	[注]管子卷第一
	政之宝[也]	政之宝[之]
形势	虎豹託幽而威可载[也]	虎豹託幽而威可载
	飞蓬之间不[在]所宾	飞蓬之间不[不]所宾
	久而不忘焉可以[来]矣	久而不忘焉可以[往]矣
权修	是以臣有[杀(殺)]其君子有[杀(殺)]其父者矣	是以臣有[弒]其君子有[弒]其父者矣
	班禄赐[予],使民之机也	班禄赐[民],使民之机也

续表

篇名	国图藏浙刻本	上图藏墨宝堂本抄本
权修	小礼不谨于国，而求百姓之行大礼不可得也。凡牧民者，欲民之有义也。欲民之有义，则小义不可不行。小义不行于国，而求百姓之行大义，不可得也	小礼不谨于国，而求百姓之行大义，不可得也（脱漏 40 字）
立政	城郭险阻不足守也	城郭险阻不足守
	故德厚而位卑者谓之过	故得厚而位卑者谓之过
	大臣不和同国之危也	大臣不和同国之危
	兵主不足畏国之危也	兵主不足威国之危也
	草木殖成国之富也	草木殖成国之富之
	分国以为五乡，乡为之师	分国以为五乡，乡为师
乘马	流水，网罟得入焉，五当一	流水，网罟得入焉，五而当一
幼官	秋行夏政叶行春政华	秋行夏政叶行
	审取予以总之	审取与以总之
	则其攻不待权与（舆）	则其攻不待权舆
	经不知故莫之能圉，发不意故莫之能应。莫之能应，故全胜而无害	经不知故莫能之圉，发不意故莫能之应。莫能之应，故全胜而无害
幼官图	爵材禄能	爵财禄能
	骄君使疲民则危国	骄君使疲民则国危
五辅	臣不杀（殺）君	臣不弑君

续表

篇名	国图藏浙刻本	上图藏墨宝堂本抄本
宙合	动静开阖诎信浧儒	动静开阖拙信浧儒
	内纵于美色淫声	内纵于美好音声
枢言	霸主积于将战士	霸主积于将士
	人之心悍	人之心悼
八观	其藏不足以共其费	其藏不足以供其费
	民倍本行而求外势	民倍本而求外势
法禁	治事则不以官为主	治事则不以官为王
重令	凡君国之重器莫重于令	凡右国之重器莫重于令
	为雕文刻镂足以辯贵贱	为雕文刻镂足以辨贵贱
大匡	譬之犹鼎之有足也	譬之犹鼎之有定也
	曹刿亦怀剑践坛	曹刿亦怀剑坛
	修于政不修于兵革	修于政不修于其革
	可游于楚	可游于是
	夫如是则始可以施政矣	夫如是则如可以施政矣
中匡	非一朝之萃	非一朝之莘
小匡	施伯谓鲁侯曰勿予	施伯谓鲁侯曰勿子
	少而习焉,其心安焉,不见异物而迁焉	少而习焉,不见异物而迁焉
	则足以补官之不善政	则足以补管之不善政
	政事其不治	政事衍不治
	甲不解垒(壘)	甲不解累(纍)
	诸侯以疲马犬羊为币	诸侯以疲马大羊为币
	无怵惕焉	无休惕焉

续表

篇名	国图藏浙刻本	上图藏墨宝堂本抄本
小匡	人君惟**優**与不敏为不可,**優**则亡众	人君惟**優**与不敏为不可,**優**则亡众
霸形	日杀数十**牛**者数旬	日杀数十**年**者数旬
霸言	化人易**代**	化人易**伐**
	诸侯皆**令**己独孤	诸侯皆**今**己独孤
	邻国皆险己独易,国非其国也	邻国皆险己独易,**国**国非其国也
	百马**伐**之/强最一**伐**	百马**代**之/强最一**代**
问	将帅之**载**几何乘	将帅之几何乘
戒	必则**朋**乎	必则**明**乎
	今夫易牙子之不能爱	夫易牙子之不能爱
	今夫竖**刁**其身不爱	今夫竖**刀**其身不爱
君臣上	是故**知**善人君也	是故善人君也
小称	我托**可恶**以来美名,又可得乎	我托以来美名,又可得乎
四称	仲父已语我**其善而不语我**其恶	仲父已语我其恶
侈靡	**即**此数之难得者也	**而**此数之难得者也
形势解	**莅**百官	**涖**百官
	故曰虎豹托**幽**而威可载也	故曰虎豹托**威**而威可载也
	人**惰**而侈则贫	人**情**而侈则贫
	号令**逆**民心	号令**道**民心
	众**理**相当	众**极**相当
	平原之隰奚有于**高**	平原之隰奚有于**深**
	谏者所以安**主**也	谏者所以安**王**也

续表

篇名	国图藏浙刻本	上图藏墨宝堂本抄本
形势解	故曰朝[忘]其事	故曰朝[志]其事
	与人[交]多诈伪	与人[佼]多诈伪
	初虽相欢后必相[咄]	初虽相欢后必相[吐]
	群臣多奸[立私]	群臣多奸[也利]
	而生又[养生]	而生又[养主]
	人君唯[无]听私议自贵	人君唯[毋]听私议自贵
	故曰金[玉]财货之说胜则爵服下流	故曰金[王]财货之说胜则爵服下流
版法解	释风而更有[所]仰动	释风而更有仰动
	上位乃[殆]	上位乃[始]
	往事[毕]登	往事[必]登
明法解	贵臣不得蔽贱	贵臣不得蔽[其]贱
	故明[主]之治也	故明之治也
臣乘马	有衡求[币(幣)]焉	有衡求[弊]焉
乘马数	此齐[力]而功	此齐[地]而功
	间壤守之[若]干	间壤守之[君]干
国蓄	然则岂财[物]固寡	然则岂财固寡
	布帛贱则[以]币[予]衣	布帛贱则币衣
	[讬]食之君	[记]食之君
山国轨	终岁度人[食]	终岁度人[其]
	泰春[民]之且所用者	泰春之且所用者
山权数	在君之决塞,[桓公曰:何谓决塞?]	在君之决塞
	民之[能]树瓜瓠荤菜百果[使]蓄衰者	民之树瓜瓠荤菜百果蓄衰者

续表

篇名	国图藏浙刻本	上图藏墨宝堂本抄本
山至数	某县之壤狭若干	某县之狭若干
地数	杀其身以衅其鼓	杀其身以衅其其鼓
国准	而用一也	而之一也
轻重甲	不守以物则物轻	不守之以物则物轻
	散积聚调高下	散积调高下
	握而不见于手	掘而不见于手
轻重乙	兼其地而虏其将	兼其地而虏其众
	此之谓春之秋	此之谓春之时
轻重丁	下惠高国	丁惠高国
	莊之于莱	莱之于莱
	新冠五尺请挟弹怀九游水上	新冠五以请挟弹怀九游水上
轻重己	此三人者皆就官	此三人者皆就宫
	夏尽而秋始而黍熟	夏尽而秋始而麦熟

国图藏浙刻本为《管子》善本,但其中也有讹误之处。上表所列异文,有些地方抄本明显优于国图藏浙刻本。国图藏浙刻本之误处,可据抄本校正。例如:

(1)《权修》:"是以臣有杀其君子有杀其父者矣。"《五辅》:"臣不杀君。"

按,"杀(殺)"均当从抄本作"弑"。

(2)《大匡》:"吾不早死,将胥有所定也,令既定矣。"

按,据上下文义,"令既定矣"当从抄本作"今既定矣"。

(3)《小匡》:"甲不解垒(壘)。"

按,当从抄本作"甲不解累(纍)"。王念孙云:"'垒',当依宋本(墨宝堂本)、朱本(朱东光本)、《齐语》作‘累’。韦注曰:‘累,所以盛甲也’。”①

(4)《霸言》:“百马伐之……强最一伐。”

按,当从抄本作“百马代之”,“强最一代”。王念孙云:“‘百马伐之’,‘伐’,当依宋本(墨宝堂本)作‘代’。代,迭也。言以骥之材,而百马迭与之逐,则骥必疲也。‘强最一伐’,‘伐’亦当依宋本作‘代’。言强为一代之最,天下共伐之,则国必弱也。‘代’‘伐’字相似,又涉上文诸‘伐’字而误。”②

(5)《戒》:“必则明乎。”

按,句中之“明”字,据上下文指的是齐国大臣隰朋,当从抄本“朋”。

(6)《轻重丁》:“下、惠、高、国。”

按,“下”文义不通,当从抄本作“丁、惠、高、国”,“丁”指“丁氏”。

上表所列异文,有些地方抄本不一定优于国图藏浙刻本,但可作为校勘国图藏浙刻本的重要参考。如:国图藏浙刻本《立政》“兵主不足畏国之危也”,“畏”,抄本作“威”;《幼官图》“骄君使疲民则危国”,“国危”,抄本作“危国”;《宙和》“内纵于美色淫声”,抄本作“内纵于美好音声”;《枢言》“霸主积于将战士”,“将战士”,抄本作“将士”;同篇“人心之悍”,“悍”,抄本作“悼”;《法禁》“荣其名而后止矣”,“荣”,抄本作“营”;《重令》“凡君国之重器”,“君”,抄本作“右”;《戒》“今夫竖刁其身不爱”,“竖刁”,抄本作“竖刀”;《小

① 〔清〕王念孙:《读书杂志》,江苏古籍出版社 1985 年影印本,第 447 页。

② 〔清〕王念孙:《读书杂志》,江苏古籍出版社 1985 年影印本,第 450 页。

称》"我托可恶,我托可恶,以来美名,又可得乎",抄本作"我托可恶,我托以来美名,又可得乎";《形势解》"初虽相欢后必相咄","咄",抄本作"吐";《版法解》"往事毕登","毕",抄本作"必";《明法解》"尺寸寻丈者所以得短长之情也","短长",抄本作"长短";同篇"是故忘主死佼以进其誉","死",抄本作"私";《乘马数》"此齐力地而功","力",抄本作"地";《国准》"禽兽众也","禽",抄本作"猛";《轻重乙》"兼其地而虏其将","将",抄本作"众"等。

国图藏浙刻本注文也有讹脱之处,可据抄本校补。例如:国图藏浙刻本《幼官》"事察伐胜之"下注文中"以得胜"前为墨块,据抄本,知墨块处当作"可"。卷八后所附音释脱"飕,七东反",可据抄本补。《问》"器物不失其具,淫雨而各有处藏"下注文:"器物遇雨不藏,必至高败,故当有藏处。""高败"当从抄本作"腐败"等。

特别需要注意的是,国图藏浙刻本与墨宝堂抄本书后所附张嵲《读管子》,文字有所不同。《四库全书》本《紫微集》卷三十二中也有张嵲《读管子》一文。今列三者异文如下,见表2-2-2。

表2-2-2

	国图藏浙刻本	上图藏墨宝堂本抄本	《四库全书》本《紫微集》
张嵲《读管子》	乃从人借得之后(後)而读者累月	乃从人借得之伏而读者累月	乃从人借得之伏而读者累月
	参以经史刑政	参以经史训故	参以经史训诂
	颇为改正其讹谬	颇为是正其讹谬	颇为是正其讹谬

三者比较,上图抄本与《四库全书》本文字基本一致,二者明显优于国图藏浙刻本。国图藏浙刻本所云"后而读者累月","参以经

史刑政”，文义不通，“后(後)”当为“伏”，“刑政”当为“训故”；“颇为改正其讹谬”，亦不如“颇为是正其讹谬”古雅。凡此，均当据上图抄本校正。

国图藏浙刻本张嵲《读管子》之讹误，并非宋本原有，而是由后人补抄所致。浙刻本《读管子》一文与正文均为欧体字，但仔细观察，我们会发现二者的字体是有差别的。正文原刻字体，笔画平正，字体端庄秀雅，而《读管子》的字体挺拔劲朗，笔画向右上侧倾斜。由此可知，浙刻本《管子》张嵲《读管子》，系出自后人的抄补。浙刻本《读管子》后有多家藏书印，最早的为季振宜之“季振宜印”“沧苇”，则其抄补不会晚于清初。《读管子》一文在书之末页，容易破损。后人重作抄补，部分文字残缺漫漶，不易辨认，只能约略为之，因此导致了诸多讹误。上图墨宝堂本抄本为我们校正其讹误提供了依据。

墨宝堂本抄本可以用来校勘浙刻本。当然，抄本也存在一些问题，其中多有讹脱衍倒之处。讹文如《牧民》“政之宝也”，抄本“也”误作“之”；《形势》“飞蓬之间不在所宾”，抄本“在”误作“之”；《立政》“草木殖成国之富也”，抄本“也”误作“之”；《大匡》“譬之犹鼎之有足也”，抄本“足”误作“定”；《小匡》“政事其不治”，抄本“其”误作“衍”；《形势解》“人惰而侈则贫”，抄本“惰”误作“情”等。脱文最典型的在《权修》篇中，国图藏浙刻本“小礼不谨于国，而求百姓之行大礼，不可得也。凡牧民者，欲民之有义也。欲民之有义，则小义不可不行。小义不行于国，而求百姓之行大义，不可得也”，抄本作“小礼不谨于国，而求百姓之行大义，不可得也”，脱中间40字。衍文如《霸言》“国非其国也”，抄本作“国国非其国也”，衍“国”字；《地数》“杀其身以衅其鼓”，抄本作“杀其身以衅其其鼓”，衍“其”字等。倒文如《幼官》“经不知故莫之能圉，发不意故莫之能应,莫之能应,故全胜而无害",三个"莫之能",抄本均作"莫能之"等。黄丕烈曾评价墨宝堂本"非最善之本也",①从抄本与浙刻本的比较来看,不为无据。

2. 抄本可校正墨宝堂本诸家传录资料

清代一些学者曾据墨宝堂本校《管子》其他版本,又有学者据校本过录。这些校本及过录本是墨宝堂本的重要资料。但因难以见到原本,诸家辗转传录,不免产生诸多讹误。将抄本与传录资料比照,可发现其中的问题。今以陈奂校本及其传校本为例说明。

陈奂校本今存国家图书馆,所用的底本为赵用贤《管韩合刻》本。书前题"陈硕甫先生用宋本校",书后有冒广生跋,称其为"陈硕甫以宋瞿源蔡氏刻《管子》校赵用贤《管韩合刻》本",则前人多以其所用校本为墨宝堂原本。不过,将陈校与抄本比照,我们发现其中有些与抄本相合,有些却与抄本不合而与刘绩《管子补注》本(下简称"刘本")相同。今举《大匡》篇之例说明,详见表2-2-3。

表2-2-3

	陈校底本(赵本)	陈奂所校	上图抄本	刘绩本	说明
1	召忽曰:不可	无"不"字	召忽曰:可	召忽曰:不可	陈校与抄本合
2	犹鼎之有足也	"足"作"定"	犹鼎之有定也	犹鼎之有足也	陈校与抄本合
3	与夫人皆行	"皆"作"偕"	与夫人皆行	与夫人偕行	陈校与刘本同

① 〔清〕黄丕烈著,潘祖荫辑,周少川点校:《士礼居藏书题跋记》,书目文献出版社1989年版,第83页。

续表

	陈校底本(赵本)	陈奂所校	上图抄本	刘绩本	说明
4	寡人愿生得之	无“之”字	寡人愿生得之	寡人愿生得	陈校与刘本同
5	公子纠可谓有死臣矣	“死臣”作“臣死”	公子纠可谓有死臣矣	公子纠可谓有臣死矣	陈校与刘本同
6	其及岂不足以图我哉	“及”作“反”	其反岂不足以图我哉	其及岂不足以图我哉	陈校与抄本合
7	异日公皆管仲曰	“皆”作“告”	异日公告管仲曰	异日公告管仲曰	陈校、抄本、刘本三者相同
8	告管仲曰请修兵革	无“兵”字	告管仲曰请修革	告管仲曰请修兵革	陈校与抄本合
9	践坛	无“践”字	坛	践坛	陈校与抄本合
10	不修于兵革	“兵”作“其”	不修于其革	不修于兵革	陈校与抄本合
11	可游于楚	“楚”作“是”	可游于是	可游于楚	陈校与抄本合
12	则始可以施政矣	“始”作“如”	则如可以施政矣	则始可以施政矣	陈校与抄本合
13	宾胥无为西土	“土”作“土”	宾胥无为西土	宾胥无为西土	陈校与抄本合
14	食其委	“其”作“以”	食其委	食以委	陈校与刘本同
15	上而见之于君	无“之”字	上而见之于君	上而见于君	陈校与刘本同

表中所列15条，陈校与抄本相合者9条，与抄本合且同于刘本者1条，而另5条即第3、4、5、14、15条不合于抄本而与刘本相同。据此可知陈校所用校本绝非墨宝堂原本。此校本后有陈奂跋文：

> 宋本《管子》向藏黄荛翁家，旧缺自十三卷之十九卷，影钞补足。荛翁殁，尽归汪君阆源家。己丑九月，王怀祖先生属钞，乃向汪氏借录……因自过录于明刻刘绩本上。明刻错误极多，乃知宋本之足贵。今为兰邻先生之嘱，录于此本。①

跋文末之"此本"，即陈奂校本所用的底本——赵用贤本。细审跋文中"乃向汪氏借录（墨宝堂本）"，"因自过录于明刻刘绩本上"，"今为兰邻先生之嘱，录于此本"，可知陈奂用以校勘的校本绝非墨宝堂原本，而只是校宋本，即以墨宝堂本校刘绩本。陈奂跋所署时间为"甲午三月"，知此校作于道光十四年（1834）。此前5年即1829年，陈奂从汪士钟处借抄墨宝堂本。1834年陈奂校勘赵用贤本《管子》时，墨宝堂原本早已归还汪氏，而抄本也寄给了高邮王氏。陈奂用以校赵用贤《管韩合刻》本的，只能是校宋本。陈奂在校录时，凡赵本与墨宝堂本及刘本之不同处，均出校，故其校混合墨宝堂本与刘本两种版本之内容。

陈奂校本流传颇广，莫友芝、谭献、吴眉孙等均曾传录。王欣夫曾购得吴眉孙传录本，并据以比较墨宝堂本与国图藏浙刻本之短长，见其《蛾术轩箧存善本书录》甲辰稿卷三。② 王欣夫所举墨

---

① 该跋文收入〔清〕陈奂：《三百堂文集》，《丛书集成续编》（134册），上海书店1994年版，第612页。

② 王欣夫撰，鲍正鹄、徐鹏标点整理：《蛾术轩箧存善本书录》，上海古籍出版社2002年版，第1274～1276页。墨宝堂本为蔡潜道所刻，国图藏浙刻本刻工多为南宋初浙江地区良工，故王欣夫书中称墨宝堂本为蔡本，杨忱本为浙本。

宝堂本胜于国图藏浙刻本之处共39条，多有误刘本为墨宝堂本之处。如其中所云《小匡》“五乡一帅”，“五”不作“三”；《霸言》“举大事用天心”，“心”不作“道”；《君臣上》“其大者有侵逼弑上之祸”，“弑”不作“杀”；《形势解》“主不易其则”，“则”不作“利”；《版法解》“故曰备长存乎任贤”，“任”不作“在”；《轻重丁》“天下高亦高”，不脱“天”字等，均与抄本不合而与刘绩本同。王欣夫所举墨宝堂本不如浙本之处有6条，亦有误刘本为墨宝堂本之处。如《兵法》“无设无形焉”下脱“无不可以成也”并注32字，此脱误者为刘绩本，抄本并不脱；《侈靡》“潭根之误伐”下脱“固事之毋入”并注20字，此亦刘绩本脱而抄本不脱。

吴眉孙校本辗转传录自陈奂校本，所校混合墨宝堂本与刘绩本2种版本之信息。王欣夫不知陈奂所用校本为校宋本（以墨宝堂本校刘绩本），误信陈校所用为墨宝堂原本，所以出现以刘本之长为墨宝堂本之长、以刘本之短为墨宝堂本之短的错误。今幸有上图墨宝堂抄本存在。如无抄本作参照，其中错误则难以明辨。

三、墨宝堂本与国图藏浙刻本的关系

（一）墨宝堂本刊行于浙刻本以后

墨宝堂本与浙刻本《管子》均刊行于南宋初年。前文已论，浙刻本系据北宋庆历四年（1044）刊本翻刻，大约刊行于绍兴己未即宋高宗绍兴九年（1139）或稍后不久。墨宝堂本卷一后有牌记“瞿源蔡潜道宅墨宝堂新雕印”，卷末有牌记“瞿源蔡潜道宅板行，绍兴壬申孟春朔题”，刊刻信息非常明确，为宋高宗绍兴二十二年（1152）蔡潜道墨宝堂“新雕印”。从版式来看，国图藏浙刻本刘向叙录与正文连在一起，保存了唐人卷子的旧式，而从上海图书馆抄本来看，墨宝堂本正文则另起一页开始。这也表明墨宝堂本的刊行年代要晚一些。

墨宝堂本刊行于浙刻本以后,但有学者却误以为墨宝堂本在浙刻本之前,乃至认为墨宝堂本是国图藏浙刻本的祖本。潘景郑云:"《管子》宋本凡二:一为绍兴二十二年瞿源蔡潜道宅刊十三行二十三字本;一为隆兴二年张嵲序十二行二十四字本。……蔡本虽出其(按:指浙刻本)前,仅赖南园翁校钞,绵一线之传。"①耿文光云:"墨宝堂本刻于绍兴壬申,有巨山跋,又十三年为甲申,则杨序本在后,且恐以蔡刻为祖本。黄氏以甲申本胜,未敢信其然也。"②美国学者李克也认为"杨忱本可能以另外一个宋本——墨宝堂本为祖本"。③

耿文光、潘景郑、李克所说的"杨忱序本""张嵲序本""杨忱本",均指国图藏浙刻本。他们认为墨宝堂本是浙刻本的祖本,都是误以杨忱序所署"甲申"在墨宝堂本刊刻的"绍兴壬申"之后的缘故。耿文光、潘景郑以"甲申"为"绍兴壬申"后十三年,即南宋孝宗隆兴二年(1164)甲申;李克则依郭沫若之说,以"甲申"为元世祖二十一年(1284)甲申。他们由此认为墨宝堂本刊刻在浙刻本之前。前文已论,杨忱序所署"甲申"为北宋仁宗庆历四年(1044)甲申,此"甲申"早于"绍兴壬申"100余年。最基本的论据有误,耿文光、潘景郑、李克之说自不能成立。

从上海图书馆藏陈奂家抄本以及国家图书馆藏顾广圻、袁廷

---

① 潘景郑:《著砚楼书跋》,上海古籍出版社2006年版,第169~170页。

② 〔清〕耿文光:《万卷精华楼藏书记》,《宋元明清书目题跋丛刊》(十六),中华书局2006年版,第651页。

③ [美]李克(W. Allyn Rickett):《管子引得导言》(*INTRODUCTION TO A CONCORDANCE TO THE KUAN－TZU*),载庄维斯编《管子引得》,《中文研究资料中心研究资料丛书》之九,1970年台北出版。

梼校本来看,墨宝堂本中有剜改之处。墨宝堂本中,有的地方正文1字空间内改作2小字并排,类似注文,如《形势解》“有难则死之主视民如土”之“之主”,《山权数》“十去九”之“十去”,《地数》“吾谨逃其蚤牙”之“逃其”,《揆度》“田野充则民财足”之“充则”,《轻重甲》“则正籍给事五其本”之“给事”,同篇“握而不见于手含而不见于口”之“手含”,均属于这种情况。这是由于原来漏刻1字,校对发现后再剜改补刻而造成的。浙刻本忠于祖本,祖本的避讳都原样保留。如以墨宝堂本为祖本,则上述正文2字并排亦当保留。但今浙刻本中,并没有这种情况。这也说明浙刻本非出自墨宝堂本。

(二)墨宝堂本与浙刻本属于同一系统

从上海图书馆抄本以及相关资料保存的信息来看,墨宝堂本与浙刻本有诸多相同之处。

其一,前后序跋相同。书前均有杨忱序,书后均有张嵲《读管子》。

其二,每卷卷首之内容及排列方式相同。均为第一行题管子卷数及唐司空房玄龄注,另起行依次列本卷内各篇篇名、篇次,篇名排列均为2篇占1行。

其三,各篇内换行分节处相同。例如《法禁》分3节,《法法》分3节,《大匡》分4节,《小问》分2节。以上各篇的分节,墨宝堂本与浙刻本完全相同,而与后来的明刘绩《管子补注》本不同。

其四,多处误文相同。以前六卷为例,国图藏浙刻本中:

《立政》“全生之说胜则则廉耻不立”,“廉”上衍“则”字;

《乘马》“聚者有市无市则民之”,“之”当为“乏”;

《乘马》“是故官虚而其敢为之请”,“其敢”当为“莫敢”;

《七法》“世主所贵者实也”,“实(實)”当为“宝(寶)”;

《版法》“兼爱无疑，谓君”，当为“兼爱无疑，是谓君心”，脱“是”字、“心”字；

《幼官》“君服青色味酸味听角声”下注文“故服青味酸听自”，“听自”当为“听角”；

《宙和》“乱俗数世”，“数世”当为“败世”；

《枢言》“善游者死于梁也”，“梁也”当为“梁池”；

《法法》“蹈白刃受矢后入水火”，“矢后”当为“矢石”。

以上浙刻本衍脱讹误，上图墨宝堂本抄本同样都存在。

墨宝堂本与浙刻本有诸多相同之处，特别是错误之处也多有相同，这说明二者关系非常密切。

当然，墨宝堂本与浙刻本也有一些不同之处，前文表2－2－1所列上海图书馆墨宝堂本抄本与国图藏浙刻本的异文有105条。《管子》为先秦诸子之巨帙，全书有15万多字。以全书来看，异文所占比例非常之小。而且，这些异文也有很多是音同或形近。音同者有：《立政》“德”与“得”、“畏”与“威”；《幼官》“予”与“与”、“与(舆)”与“舆”；《幼官图》“材”与“财”；《八观》“共”与“供”；《重令》“辩”与“辨”；《小匡》“官”与“管”、“垒”与“累”；《形势解》“交”与“佼”、“无”与“毋”；《版法解》“毕”与“必”等。形近者有：《五辅》“忘”与“志”；《宙合》“诎”与“拙”、“攻”与“政”；《枢言》“悍”与“悼”；《法禁》“主”与“王”；《中匡》“萃”与“苹”；《小匡》“予”与“子”、“犬”与“大”、“怵”与“休”；《霸形》“牛”与“年”；《霸言》“代”与“伐”、“令”与“今”；《戒》“明”与“朋”、“刁”与“刀”；《形势解》“莅”与“涖”、“玉”与“王”；《版法解》“殆”与“始”；《臣乘马》“币(幣)”与“弊”；《国蓄》“讬”与“记”；《轻重甲》“握”与“掘”；《轻重已》“官”与“宫”等。以上音同12则，形近21则，共33则，占了全部异文的近三分之一。音同、形近的异文非常多，这从一个侧面反映了墨宝堂本与浙刻本存在密切关系。

墨宝堂本与浙刻本关系密切。从时间上看，墨宝堂本在浙刻本之后，则墨宝堂本很可能是出自浙刻本，是以浙刻本为底本“新雕印”而成。

墨宝堂本与浙刻本相较，有一些脱漏之处，除了前文已经举出《权修》篇脱 40 字外，还有：

《幼官》“秋行夏政叶行春政华”，抄本脱“春政华”3 字；

《大匡》“曹刿亦怀剑践坛”，抄本脱“践”字；

《小匡》“少而习焉，其心安焉，不见异物而迁焉”，抄本脱“其心安焉”4 字；

《四称》“仲父已语我其善而不语我其恶”，抄本脱“善而不语我其”6 字；

《明法解》“故明主之治也”，抄本脱“主”字；

《山权术》“桓公曰何谓决塞”，抄本脱此 7 字。

墨宝堂本较浙刻本，文字多有脱漏，而浙刻本较墨宝堂本则几乎没有这种现象。这说明墨宝堂本是据浙刻本刊印的，刊刻时因为疏忽，有些文字脱漏了。需要进一步指出的是，《幼官》“秋行夏政叶行春政华”，墨宝堂本虽然正文“春政华”3 字脱漏了，但下面的仍然有与浙刻本相同的注文“少阳气乘之故卉木更华”。这更进一步说明墨宝堂本出自浙刻本，刊印时正文漏刻，而注文保存了下来。

《八观》篇的分节也很值得注意。浙刻本中，有 8 处换行，依次是：

“行其田野，视其耕芸，计其农事，而饥饱之国可以知也”；

“行其山泽，观其桑麻，计其六畜之产，而贫富之国可知也”；

“入国邑，视宫室，观车马衣服，而侈俭之国可知也”；

“课凶饥，计师役，观台榭，量国费，而实虚之国可知也”；

“入州里，观习俗，听民之所以化其上，而治乱之国可知也”；

“入朝廷，观左右，本求朝之臣，论上下之所贵贱者，而强弱之国可知也”；

“置法出令，临众用民，计其威严宽惠，行于其民与不行于其民可知也”；

“计敌与，量上意，察国本，观民产之所有余不足，而存亡之国可知也”。

其中，“课凶饥，计师役”前一段最后一句“故曰：入国邑，视宫室，观车马衣服，而侈俭之国可知也”，浙刻本正好占满了上 1 行，没有空字处。古人刻书，起段仅作提行，并不空 2 格，所以 2 段文字看起来就连在了一起。上海图书馆墨宝堂本抄本中，其他 7 处换行与国图藏本同，而“课凶饥，计师役”则与“而侈俭之国可知也”连在一起，没有换行。前文已经说明，墨宝堂本与浙刻本各篇的分节是一致的。此处《八观》篇墨宝堂本与浙刻本分节不同，并非有意为之，而是墨宝堂本误将浙刻本看似前后相连的 2 段文字当成一段造成的。墨宝堂本以浙刻本为底本，才导致出现了这一状况。

以上我们分析墨宝堂本出自浙刻本。但是，还不能排除另外一种可能性，即墨宝堂本也可能与浙刻本有共同的祖本，二者都是据北宋庆历四年（1044）本刊刻的。墨宝堂本书后也有张嵲的《读管子》，如果系据北宋庆历本刊印，其所依据的应该也是张嵲所校读过的本子。《楹书隅录》云：“潜道所刊，当据张氏抄藏之本。”①

---

① 〔清〕杨绍和：《楹书隅录》，《宋元明清书目题跋丛刊》（十），中华书局 2006 年版，第 481 页。

浙刻本据庆历刊本翻刻，基本保存了原本的面貌；墨宝堂本为“新雕印”，或有意校改，或疏忽致误，文字与原本有所不同，由此导致与国图藏浙刻本之间有诸多异文。

墨宝堂本是以浙刻本为底本刊印，还是与浙刻本有着共同的祖本，今难以确定。但这两种宋本《管子》有着诸多共同点，关系非常密切。二者属于同一版本系统，应该是可以确定的。[①]

① 王欣夫曾以陈奂校本的传录本为依据考察墨宝堂本，陈奂校本混合了墨宝堂本与刘绩本的信息。王欣夫误将混合了刘绩本与墨宝堂本信息的内容当作墨宝堂本的内容，因此误以为墨宝堂本与国图藏本来源不同，属于不同的版本系统，“《管子》传世有蔡潜道墨宝堂与浙刻两宋本，皆在南宋初，而非出一源”。见其《蛾术轩箧存善本书录》，上海古籍出版社 2002 年版，第 1274 页。

第三章　刘绩《管子补注》本系统

今天能见到的《管子》版本，年代较早者，宋本而外，便是明代刘绩《管子补注》本。元代《管子》可能曾有刊刻，①但今皆不传。丁日昌《持静斋书目》、莫友芝《郘亭知见传本书目》著录之"元刊本"，日本安井衡《管子纂诂凡例》所称之"元本"，实为明本。② 在赵用贤《管韩合刻》本出现以前，刘绩本颇为通行。明代多种《管子》版本，均以其为底本。本章对刘绩本及其衍生诸本进行考察。

第一节　刘绩本

刘绩《管子补注》本，前后无序跋，开篇即"管子卷第一"，题"唐司空房玄龄注，芦泉刘绩补注"，每半页9行，行20字，注文双行同，白口，四周双边。为行文方便，简称"刘绩本"。

一、刘绩本的刊刻

（一）《管子补注》作者为明江夏刘绩

刘绩本前后没有序跋，书中也没有牌记，其刊刻信息不明。欲

① 刘绩《管子补注》中，经常有"一本"作某，"别本注"如何，其文字与今存宋本《管子》不同，或为元代刊本。

② 丁氏、莫氏所称之元刊本为刘绩本，安井衡所称之元本为10行无注本，详见后文。

弄清刘绩本的刊刻年代,需先对《管子补注》的作者进行考察。

历史上有多个刘绩。郭沫若《管子集校叙录》举出4人。一为刘宋时人。一为辽人,辽圣宗开泰元年(1012)曾官吏部尚书。一为元明间山阴人,字孟熙,著有《霏雪录》。一为明江夏人,字用熙,弘治三年(1490)进士。郭沫若认为《管子补注》作者为辽吏部尚书刘绩。而根据各种资料,《管子补注》作者当为明弘治三年进士江夏人刘绩。

关于明朝江夏刘绩,文献多有记载,今列其要者如下:

(1)过庭训《本朝分省人物考》:"刘绩,字用熙,江夏人。幼聪明不羁,贯穿群籍,尤精于考究,凡所撰述,古雅冲淡,根极理要,负一时物望。弘治庚戌进士,历吏部员外,补镇江知府。所著有《礼记正训》《芦泉诗文集》。"①

(2)《四库全书总目》:"绩字用熙,号芦泉,江夏人。弘治庚戌进士,官至镇江府知府。"②

(3)民国《湖北通志·人物志·文学传》:"刘绩,字用熙,一字芦泉。江夏人,弘治庚戌进士,历官镇江府知府。绩凡所撰述,根极理要,贯穿群籍。著有《礼记正训》《三礼图》《六乐说》《管子补注》《芦泉诗文集》。"③

根据以上材料可知,"江夏刘绩"即"芦泉刘绩",江夏为刘绩之籍贯,芦泉为刘绩之号(《湖北通志》称"一字芦泉")。《管子补注》题"芦泉刘绩补注",则作者当为江夏刘绩。刘绩还著有《春秋左传

① 〔明〕过庭训:《本朝分省人物考》,《续修四库全书》(535册),上海古籍出版社2002年版,第256页。

② 〔清〕永瑢等:《四库全书总目》,中华书局1965年版,第176页。

③ 〔清〕张仲炘、〔清〕杨承禧纂:(民国)《湖北通志》,民国十年刊本,卷一五一,第27页。

类解》,亦标署“芦泉刘绩”。

刘绩以芦泉为号,是因其书屋位于江边芦苇秀茂、泉流旁出之处。明李东阳《芦泉铭》云:

> 芦泉者,武昌(明代江夏属武昌府)刘用熙所居。武昌地濒大江,江岸多芦,有泉出其旁,浸灌滋长,丛生而条达,其为物可爱,其德可取而比也。用熙葺屋而居之,且因以自名。性嗜经籍,讴吟著述之余,无所有事,日周旋其间,泠然而耳入,爽然而目接,盖将属其德而达之乎政,怡然而契之乎心。①

刘绩以芦泉为号,故其别集取名《芦泉诗文集》。

刘绩的著作很多,除上述几种外,还有《周易正训》《丧服传解》《大学集注》《太玄注》《春秋左传类解》《淮南子补注》等,见于《明史·艺文志》、黄虞稷《千顷堂书目》、朱彝尊《经义考》等书。其中最可注意的是《千顷堂书目》,其卷十二载:“刘绩《管子补注》二十四卷,又补注《淮南子》二十八卷”,并注明是“江夏人”。② 此明确记载《管子补注》与《淮南子补注》作者同为明代江夏刘绩。

关于辽吏部尚书刘绩,资料很少,仅见于《辽史·百官志》。③郭沫若认为该刘绩即为《管子补注》作者,但他并未举出直接证据,而是以否定作者为江夏刘绩作间接论证。他说:

> 考朱熹《仪礼经传通解》所收《弟子职》一篇,自言“此《管子》之全篇,今分章句,参以众说,补其注文”,其所补注文却往

---

① 〔明〕李东阳:《怀麓堂集》,影印文渊阁《四库全书》(1250册),上海古籍出版社1987年版,第769页。

② 〔清〕黄虞稷:《千顷堂书目》,上海古籍出版社1990年版,第324页。

③ 《东国通鉴》中有“穆宗宣让王二年(当辽统和十七年)冬十月,契丹遣右常侍刘绩加册王为尚书令”的记载。但这个刘绩是否就是《辽史·百官志》中的吏部尚书刘绩,没有明确证据。

往杂引尹《注》、刘《注》而混合之。庄述祖《弟子职集解序》有见及此，言"朱子所采旧注，间有与世所传刘绩《补注》同者，不能剔出"。如补注《管子》之刘绩果为明弘治间人，则南宋之朱熹何由采及其《补注》？由此可见，刘绩之注如非剿袭前人，则此一刘绩必非弘治年间之彼一刘绩。①

朱熹《弟子职》注文确实与《管子·弟子职》中刘绩的补注多有相同之处。但这有可能是刘绩袭用朱熹之注，也有可能朱熹和刘绩都是袭用前人《弟子职》注的成果，因为《弟子职》从汉代就单篇别行，多有注释。有什么证据能证明刘绩之补注一定"非剿袭前人"呢？因此罗继祖指出："郭先生想从朱熹《弟子职》注多与刘绩补注相同这一点来证明刘绩是辽人也相当勉强。"②

为了否定《管子补注》作者为江夏刘绩，郭沫若还称《春秋左传类解》署"芦泉刘绩"是书坊之误，《淮南子补注》与《管子补注》作者不是同一人。此均牵强作解，难以令人信服。罗继祖《"管子补注"作者刘绩的时代问题》、王欣夫《郭沫若先生"管子集校叙录"之商榷》驳之甚详，此不赘述。③

辽人的著作，《宋史·艺文志》多有著录，如《集部·别集类》即有辽杨吉(佶)《登瀛集》五卷、《刘京集》四十卷。如果《管子补注》果为辽吏部尚书刘绩所著，且为朱熹见过并采其内容入《弟子职》注，那么该书流传应相当广远，史书应有记载。但《宋史·艺文志》及《二十五史补编》中倪灿《宋史艺文志补》、缪荃孙《辽艺文志》、

---

① 郭沫若：《管子集校叙录》，《郭沫若全集·历史编》(第五卷)，人民出版社1984年版，第6～7页。

② 罗继祖：《"管子补注"作者刘绩的时代问题》，载《史学集刊》1956年第2期。

③ 罗继祖文载《史学集刊》1956年第2期，王欣夫文载《学术月刊》1957年第6期。

王仁俊《辽史艺文志补证》、黄任恒《补辽史艺文志》、钱大昕《补元史艺文志》(附见辽、金)、倪灿《补辽、金、元艺文志》、金门诏《补三史艺文志》,均不见该书著录。另外,缪荃孙《辽文存》、王仁俊《辽文萃》、黄任恒《辽文补录》、陈述《辽文汇》中也不见刘绩姓名。

辽吏部尚书刘绩著作无考,而明江夏刘绩著《管子补注》则明确见于文献记载。至于明朝的另一个著有《霏雪录》的山阴人刘绩,与《管子补注》作者不是一人,学界没有疑义;刘宋时期的刘绩,年代在唐代尹知章作注之前,自然更不可能为《管子》作《补注》。四个刘绩中,《管子补注》的作者当为明江夏刘绩。

郭沫若认为《管子补注》作者是辽人刘绩,是受了明人的误导。刊于明万历七年(1579)的朱东光《中都四子集》本《管子》卷首郭子章《管子题辞》云:“唐房氏有注,刘绩为之补。自宋人削去,鲜有刻本。”刊于明万历十年(1582)的赵用贤《管韩合刻》本《管子》卷首《凡例》云:“《管子》注出房玄龄,或云出唐国子博士尹知章。芦泉刘氏绩间为补定,第宋本俱不载。”郭子章、赵用贤均不知道《管子补注》作者为明代人,而误以为是唐人。郭沫若受此影响,认为《管子补注》作者不是明代人,而将其时代往前朝推论。

《中都四子集》本与《管韩合刻》本将刘绩误为唐人,日本学者猪饲彦博曾专门加以澄清:

> 诸本卷首刘绩与房玄龄同系于唐人。余尝读《心术上篇》曰:“非鬼神之力也,其精气之极也。”绩按:“此语极精,学者宜深味之。”窃疑此非唐人口气。检唐宋书目,不见刘绩增注,因益疑之。近得刘绩补注《淮南子》,注中有山东青州府、顺天府昌平县等地名,乃知刘绩是明人,系于唐者误也。①

① [日]猪饲彦博:《管子补正·题言》,《管子补正》,日本宽正十年(1798)刻本。

《中都四子集》为典型的书帕本,“刊板颇拙,校雠亦略”,“书帕本之最下者”。[①] 书中将刘绩和房玄龄误为同一时代,正说明其粗疏。赵用贤《管韩合刻》本刊于其后,又沿袭了该书的错误。王欣夫批评道:“明人多粗疏,所以来后人之讥也。”[②]

(二)刘绩本刊行于明弘治年间

刘绩本的刊刻年代,前人论说多有不同:王重民《中国善本书提要》称“大约刻于弘治、正德间”[③],傅增湘《藏园群书经眼录》著录为明弘治刊本,丁丙《善本书室藏书志》及陆心源《皕宋楼藏书志》认为是明成化刊本,丁日昌《持静斋书目》、莫友芝《郘亭知见传本书目》称其为元刊本,而郭沫若《管子集校叙录》则认为该书是“辽人著书入金翻刻,金本入宋再被翻刻”[④]。

郭沫若称刘绩本是“辽人著书入金翻刻,金本入宋再被翻刻”,其立论基础有二:一是《管子补注》作者为辽吏部尚书刘绩。前文已论,《管子补注》作者为明弘治进士江夏人刘绩,而非辽吏部尚书刘绩。二是书中有辽讳、宋讳、金讳。此一论据也不可靠,因为郭沫若所说的辽讳、宋讳、金讳,或是唐宋以来的俗字,或是沿用宋讳的结果,并不能用来作为判断版本年代的依据。

《管子集校》书末附有任林圃辑录的《刘绩〈管子补注〉本所见辽金宋讳考》,其中所列的辽讳字和金讳字,广泛见于唐宋以来各种著作,仅王欣夫所举就有清初刻《目莲记弹词》、清嘉庆济水太素

---

① 〔清〕永瑢等:《四库全书总目》,中华书局 1965 年版,第 1136 页。

② 王欣夫撰,鲍正鹄、徐鹏标点整理:《蛾术轩箧存善本书录》,上海古籍出版社 2002 年版,第 1273 页。

③ 王重民:《中国善本书提要》,上海古籍出版社 1983 年版,239 页。

④ 郭沫若:《管子集校叙录》,《郭沫若全集·历史编》(第五卷),人民出版社 1984 年版,第 8 页。

轩刻《金瓶梅奇书》、蒋氏密韵楼覆北宋本《李贺诗歌编》、明陈士元《古今字略》、阮福覆宋刻《古列女传》、唐《干禄字书》、缪荃荪影元抄本《京本通俗小说》、明金陵富春堂刊《岳飞破虏东窗记》等。因此王欣夫认为,所谓的辽讳和金讳,只不过是"唐宋以来俗字",并不能当作避讳来看。①

在《管子》的另一版本《中都四子集》本中,有很多字的写法也同于《刘绩〈管子补注〉本所见辽金宋讳考》所列金讳和辽讳,如《牧民》篇"守在仓廪"的"廪",《宙合》篇"若敖之在尧也"的"尧",《法法》篇"黄帝唐虞帝之隆也"的"隆"等。《中都四子集》编者为隆庆戊辰(1568)进士、分巡淮徐道朱东光,刊刻于明万历己卯(1579)。如果这些字都看成避讳,那就有明代万历年间的书避辽讳和金讳的奇闻了。

《管子补注》中同一避讳往往有不同写法,如"贤"避辽景宗讳,有4种不同写法,"隆"字避辽圣宗讳,有3种不同写法。同一书中同一避讳字有多种不同写法,于理难通。而看作一般的简笔俗写,则属正常。《管子补注》用字,多有不规范之处,书中有很多简笔俗字,如以"粮"为"糧",以"余"为"餘",以"谷"为"穀",以"尤"为"猶",以"未"为"味","號"省作"号","糴"省作"籴","聲"省作"声","遷"省作"迁","聽"省作"听"等。实际上郭沫若已经注意到了《管子补注》用字不规范的现象,并认为正规书中用这么多简笔俗字很罕见。他之所以把其中的某些俗字看作避讳,是出于为其论说服务的缘故。

古人刻书,沿用前代避讳的情况并不少见。如前文论及的浙

① 王欣夫:《郭沫若先生"管子集校叙录"之商榷》,载《学术月刊》1957年第6期。

刻本《管子》，其刻工皆为南宋绍兴年间杭州地区良工，其为南宋绍兴年间刊本无疑。但该版本中，"玄""敬""竟""镜""殷""匡""贞"字有缺笔，避讳从宋始祖玄朗到宋仁宗赵祯，宋仁宗以后则不避讳。这正是沿袭北宋刊本的结果。《刘绩〈管子补注〉本所见辽金宋讳考》中所列宋讳，可能是出于沿袭宋刻。罗继祖认为《刘绩〈管子补注〉本所见辽金宋讳考》中的宋讳"是从宋刻书里模仿下来的"，[1]正是考虑到这种情况。

《管子补注》作者并非辽人，书中也并不存在同时避辽讳、宋讳、金讳的情况，郭沫若所说"辽人著书入金翻刻，金本入宋再被翻刻"不能成立。

《管子补注》作者为明朝人，自然不会有元刊本。丁日昌《持静斋书目》、莫友芝《郘亭知见传本书目》称其为元刊本，实际是将"元(原)版"之"元"误解为"宋元"之"元"的结果。丁日昌所藏《管子补注》有王芑孙跋文："云台(阮元字)先生至杭，停泊胥江，过沤波舫，因出《管子》一书相赠。后同年黄荛圃(丕烈)见之，云是元版，市中不可多得，纹三十两，不为价重，因重装之。"[2]"元""原"二字，古多通用。唐尹知章《管子·封禅》注："元篇亡，今以司马迁《封禅》书所载管子言以补之。""元篇"即"原篇"。王芑孙跋文中黄丕烈所云"元版"，应为"原版"。冒广生云：

> 丁误于(王)芑孙跋文有"黄荛圃定是元板，市中不可多得"一语，余从铁琴铜剑楼借顾千里度陆敕先校之刘绩本即有补板，补板且有与原版异字，知荛圃所云元板，对补板言，元即

① 罗继祖：《"管子补注"作者刘绩的时代问题》，载《史学集刊》1956年第2期。

② 张元济：《涵芬楼烬余书录》，《张元济古籍书目序跋汇编》(中册)，商务印书馆2003年版，第560页。

原字，非宋元之元。丁遽改称元刊，则笑柄矣。子偲（莫友芝）或未见原书，就其所知者著录，遂又为禹生（丁日昌）所误耳。①

刘绩弘治庚戌（1490）成进士。弘治甲子（1504），刘绩从镇江知府任上返乡，专心著述。其《丧服传解自序》云：

> 绩承乏吏部。弘治甲子，太皇太后丧，因倡古反吉玄端为凶衰服制，无汉以后附会说，诸大臣从之。寻守镇江，治官三月即归，杜门成初志，以内外征不起。忘饮食宠辱死生，加百倍功。……是篇师徒述习，孔子既不易，则今日必不可易。今日必不可易，则后世又安能易哉？故绩特为训，又图以该之。使九族有等而不容毫发差，使五服皆同而但有粗细异。一本始乎父子，旁亲始乎兄弟。乱而有条，殊而可一。简易之道如指掌，非妄作也。正德癸酉（1513）秋七月。②

其《礼记正训自序》云：

> 弘治甲子迁镇江，遂奏归，成初志。僻居十三年，得以考订其谬而为之说。③

根据上述材料，弘治甲子（1504）以后，刘绩一直致力于撰写《丧服传解》《礼记正训》等礼学著作，则《管子补注》《淮南子补注》等诸子著作的撰著刊刻当在弘治甲子（1504）以前。《淮南子补注》书末题“弘治辛酉（1501）芦泉刘绩”，与此正相吻合。

---

① 冒广生著，冒怀辛整理：《管子跋十七则》（续），载《管子学刊》1987年第2期。

② 〔清〕朱彝尊：《经义考》，影印文渊阁《四库全书》（678册），上海古籍出版社1987年版，第712～713页。

③ 〔清〕朱彝尊：《经义考》，影印文渊阁《四库全书》（679册），上海古籍出版社1987年版，第59页。

《管子补注》与《淮南子补注》多有相同之处，两书都称“补注”，都是在前人旧注基础上循文补正，而且补注与原注都是用○隔开。国家图书馆有《淮南子补注》王溥校刻本，前题“汉太尉祭酒许慎记上，后学刘绩补注，后学王溥校刊”。笔者曾将此本与《管子补注》仔细比照，发现二者仅行款小异，字体风格完全相同。《淮南子补注》刻于弘治辛酉(1501)，《管子补注》与其行文与版刻多有相同之处，二者的刊刻时间相距应当不会太远。王欣夫怀疑二者为同时所刻，“愚尝疑《管子补注》之第一刻本，可能与《淮南子补注》同刻于弘治辛酉，如赵用贤《管韩合刻》之例”，“彼本既有弘治辛酉识语，不必此本有序记而始知其刊刻年代也”。① 所以，傅增湘《藏园群书经眼录》定其为明弘治刊本，最为切当。王重民认为大约刻于弘治、正德间，与此亦相吻合。

丁丙《善本书室藏书志》及陆心源《皕宋楼藏书志》，均著录刘绩本为明成化刊本。弘治为明孝宗年号，此前为明宪宗成化。科举时代，读书人在考中进士之前，多尽力于科举考试，无暇著述。刘绩弘治三年(1490)方成为进士，《管子补注》当撰著于此后。因此冒广生云：“绩刻《管子》，虽无年月可考，然必在弘治庚戌以后，不得云成化也。”②

(三)刘绩本不以今传宋本为底本

刘绩本与今国图藏南宋浙刻本《管子》文字差别很大。前文第二章表2-1-1中曾列举《小匡》篇中二者异文91条，今再举《侈

① 王欣夫：《郭沫若先生“管子集校叙录”之商榷》，载《学术月刊》1957年第6期。

② 冒广生著，冒怀辛整理：《管子跋十七则》(续)，载《管子学刊》1987年第2期。

靡》篇为例，以见二者之差异，见表 3－1－1。

表 3－1－1

序号	刘绩本	国图藏浙刻本
1	可与政诛	可与政其诛
2	其道非独出时也	其道非独出人也
3	山不用而童瞻	山不同而用掞
4	是以下名而上也	是以下名而上实也
5	则人可刑	则人可刑也
6	故曰天子藏珠玉	故天子藏珠玉
7	鳏寡独老不典得焉	鳏寡独老不与得焉
8	则少人使可乎	则少可使人乎
9	雨平而云不甚	云平而雨不甚
10	亲尤有用无用	亲左有用无用
11	犯诅渝盟伤	犯诅渝盟伤言
12	必因成形而论于人	必因成刑而论于人
13	此政者也	此政衍也
14	忽然易事而	忽然易事而化
15	承弊而民劝之	承弊而名劝之
16	民信死	民死信
17	用功之君	用功力之君
18	侈食者也	侈乐者也
19	伤心者不可以致力	伤心者不可以致功
20	故尝致味	故尝至味
21	丹砂之穴不塞	丹沙之穴不塞
22	父繫而伏之	父击(擊)而伏之

续表

序号	刘绩本	国图藏浙刻本
23	辨以辨辞	辩以辨辞
24	廉以标(標)人	廉以摽人
25	阴阳之理	阴阳理
26	开其国者	开其国门者
27	百姓谁敢敖	百姓谁衍敖
28	犹踈则数	犹踈则数之
29	吾欲患忧(憂)除害	吾欲优(優)患除害
30	潭根之毋伐	潭根之毋伐固事之毋入
31	是以为纪	是以为国纪
32	然后可以致诈	然后可以承致酢
33	轻国位者必国败	轻国位者国必败
34	毋事异国之人	毋仕异国之人
35	是为失经	是为经
36	比若者	比若是者
37	下苟令不治	令苟下不治
38	辍安而危也	辍安而危何也
39	殆兵强而无义残也	殆兵强而无义者残
40	兵者信	兵不信
41	犹有不利争名者	犹有争名者
42	供而后利之无害	供而后利之成而无害
43	令也利散而民察	令也利散而民察
44	必放之然后行	必放之身然后行
45	所以使也贫民	所以使贫民也

续表

序号	刘绩本	国图藏浙刻本
46	乡殊俗国异礼民则不流矣	乡殊俗国异礼则民不流矣
47	所流民俗也	所以留民俗也
48	乘马甸之众	乘马田之众
49	其无余地与他若者一	其君无余地与他一者
50	言是为十分禺免而不争	是为十禺分免而不争
51	食功而省	食功而省利
52	此知上贤无益也	此以知上贤无益也
53	吾欲致诸侯不至若何哉	吾欲致诸侯诸侯不至若何哉
54	女子不辨于致诸侯	女子不辩于致诸侯
55	布织不可得而衣	布职不可得而衣
56	故虽圣人恶用之	故虽有圣人恶用之
57	能靡故道新道	能摩故道新道
58	国富而鄙贫莫尽如是	国富而鄙贫莫尽如市
59	百夫无长不可临也	百夫无长衔可临也
60	天下有事之时也	天下有一事之时也
61	日其久临	其日久临
62	任之以事而因其谋	任之以事因其谋
63	春秋一日败事曰千金	春秋一日败曰千金
64	万世之国必有万世之宝	万世之国必有万世之实
65	无以为人也	无以为仁也
66	且君之属也	且君臣之属也
67	社事之于前易也	杜事之于前易也
68	求珠具者不令也	求珠贝者不令也

续表

序号	刘绩本	国图藏浙刻本
69	观危国危过君而弋其能者	观危国过君而弋其能者
70	得人者卑不可胜	得人者卑而不可胜
71	不务以文胜少	不务以多胜少
72	不可以一违日也	不可以一日违也
73	商人于国	商人于国
74	对曰鱼鳖之不食咡者	封曰鱼鳖之不食咡者
75	树木之胜霜雪者不听其天	树木之胜霜雪者不听于天
76	不择人而取之谓之好利	不择人而予之谓之好人不择人而取之谓之好利
77	齐以为行	节时于政与时往矣不动以为道齐以为行
78	而民不取	而民不杀
79	故知虚满之所在	是故王者谨于日至故知虚满之所在
80	满虚亡时	满虚时亡
81	且夫天地之气有五	且夫天地精气有五
82	位而观之	位之观之
83	是故天子之为图国具其树物也	是故天子之为国图具其树物也

上表所列《侈靡》篇中刘绩本与国图藏浙刻本异文共83条，前文表2－1－1中所举《小匡》篇中二者异文有91条。观一斑而窥全豹，由这2篇可以看出，刘绩本与浙刻本文字差异非常之大，二者应属于不同的版本系统。刘绩本的来源今不可考，但其底本肯定不是浙刻本，否则不会同一篇之中有如此多的异文存在。

国图藏浙刻本中，有些字下有反切音释，如《权修》“教训成俗而刑罚省，数也”，“数”音释“所角反”；《立政》“有所粉获”，“粉”音释“扶门反”；同篇“百工商贾不得服长鬈”，“鬈”音释“求圆反”等。这些反切音释，刘绩本均没有。浙刻本各卷卷末也音释，如卷一末有：“拘，九禺切；蜀，音犹；絟，七全切；暴，彼各切；比，必异切。”这些音释，刘绩本也没有。这是刘绩本与浙刻本的一项明显区别。

刘绩本中，间有校勘按语，其校语有些与国图藏浙刻本相合。如《宙和》“讉充，言心也，心欲忠”，绩按：“别本注：讉，远也。”《大匡》“若宿者令人养其马食以委”，绩按：“一作‘食其委’。”《国蓄》“然而人事不及用不足者何也，利有所并也”，绩按：“一本‘并’字下有‘藏’字。”以上刘绩按语中所举其他版本文字“讉，远也”“食其委”“有所并藏”，均与浙刻本相合。这更说明刘绩本的底本来源不是国图藏浙刻本。正因为不以浙刻本为底本，才会出现校语与浙刻本相合的情况。如果以浙刻本为底本，上述校语则根本不必列出。

宋本《管子》，墨宝堂本与浙刻本属于同一系统。以上所举刘绩本中按语，与上海图书馆墨宝堂本抄本也相吻合。因此，刘绩本也不以墨宝堂本为底本，该版本与墨宝堂本亦属于不同的版本系统。

二、刘绩本的优长与不足

（一）刘绩本的优长

1. 保存宋元《管子》旧本信息

刘绩在为《管子》作补注时，还据《管子》其他版本对底本进行对校，从而保存了宋元《管子》旧本的一些信息。

刘绩对校时所举其他版本文字,有的与今国图藏浙刻本相合,如上文所举"謏,远也""食其委""有所并藏"等。还有很多与浙刻本不同,例如:

《宙和》:"以琅汤,凌轹人",绩按:"汤",一本作"璘"。

《八观》:"万家之众可食之地方五十里",绩按:"方",一本作"百"。"私情行而公法毁",绩按:一本作"公道"。

《小匡》:"公曰施伯",绩按:一本有"夫"字。"君何不杀而授之其政",绩按:一作"杀之而授其尸"。"非敝邑之君所谓也",绩按:一作"非敝邑之所请也"。"管仲诎缨插",绩按:"插",一本作"摄",《弟子职》所谓"摄衽盥漱"。"服牛辂马",绩按:"辂"一作"轺"。"休德维顺",绩按:一作"慎"。"方舟设附",绩按:一作"投附"。

《四称》:"临官则治,酒食则慈",绩按:一作"辞"。"唯趣人诏",绩按:一本作"讼"。

《侈靡》:"绩者立余",绩按:"余",一作"为"。

《五行》:"得奢龙而辩于西方",绩按:一本"奢"作"苍",下仿此。

《揆度》:"动左右以重相因,二十国之策也",绩按:别本"二十"作"世",下仿此。

以上刘绩所举"一本""别本"文字,出自其他宋元《管子》旧本。这些版本今已失传,刘绩在校勘按语中保存了其吉光片羽,甚为宝贵。

刘绩在校勘正文的同时,也据其他版本对注文进行了校勘。例如:

(1)《幼官》:"君服黄色,味甘味,听宫声",原注:"此土王之时,故服黄、味甘、听宫也。然土虽均王四季,而正位在六月也。"

绩按:别本注:"用土之物也。"

(2)《幼官》:“君服青色,味酸味,听角声”,原注:“此木王之时,故服青、味酸、听角。”

绩按:别本注:“用木之物也。”

(3)《幼官》:“君服赤色,味苦味”,原注:“此火王之时,故服赤、味苦也。”

绩按:别本注:“用火之物也。”

(4)《幼官》:“君服白色,味辛味,听商声”,原注:“此金王之时,故服白、味金、听商。”

绩按:别本注:“用金之物也。”

(5)《幼官》:“君服黑色,味咸味”,原注:“此水王之时,故服黑、味咸。”

绩按:别本注:“用水之物也。”

(6)《幼官》:“立于谋故能实不可故也”,原注:“其所建立皆用深谋,故常坚实不复衰故。”

绩按:别本注:“立谋能有实效,不使衰故也。”

(7)《幼官》:“计缓急之事,则危危而无难”,原注:“缓急之事,皆已计定,则二者之危无所难。缓急之事,皆有可危之理,故曰危危。”

绩按:别本注:“缓急之事,已有定计,虽危其可危,终无所难也。”

(8)《宙合》:“夫成轴之多也,其处大也不究,其入小也不塞”,尹注:“究,穷也。大轴用大处,小用小故,因物施宜,故有大小也。”

绩按:别本注:“成轴既多,因物施宜,随大小而用之也。”

(9)《八观》:“什三之师,三年不解,非有余食也,则民有鬻子矣”,原注:“既师十一,三年而不解比,当有余食而不余,则以遇岁凶故也,所以人有鬻子者。”

绩按:别本注:“什三之税,三年不解弛,若非蓄积有余,又遇岁凶,则民必鬻子矣。”

(10)《法禁》:“君人而不能知立君之道,以为国本,则大臣之赘下而射人心者必多矣”,原注:“越职行恩曰赘。福下者,君之事也。今臣为之,故曰赘。臣之作福,所邀射人心,必使归已也。”

绩按:别本注:“君既失德,则大臣必作福作威以射人心,使之归己也。”

(11)《法禁》:“王官私君事去”,原注:“王之官私事则营之,君事则去之也。”

绩按:别本注:“王官既私,君事去矣。”

(12)《大匡》:“兄与我齐国之政也,受君令而不改,奉所立而不济,是吾义也”,原注:“召忽称管仲为兄。与我齐国之政谓使知政也。今受君令而立子纠,不改其所奉,更有所立,不济而死,是为臣之义。”

绩按:别本注:“虽许我齐国之政,然受君令而立子纠,若不济以死继之,是为臣之义。”

(13)《戒》:“心不动,使四肢耳目,而万物情”,原注:“心亦常无为,故曰不动。然四肢耳目使,万物莫不得其情也。”

绩按:一本作:“万物而得之,所以然者,必以情得是也。”

(14)《小称》:“我亦托焉,圣人托可好,我托可恶,我托可恶以来美名,其可得乎”,原注:“我虽托,气浊而不神,所行皆可恶,用此找来美名,其可得乎?”

绩按:别本注:“圣人托之而可行善故好,我托之所行皆可恶,又安能美名招来乎?”

(15)《小称》:“甚矣,百姓之恶人之有余忌也”,原注:“恶人不善,更有余忌。”

绩按:别本注:“百姓见恶人之所忌。”

(16)《四称》:“若有事,必图国家,遍其发挥”,原注:“良臣皆私其所有,必能为国家,及其发又普遍之也。”

绩按:别本注:“尽已之能发挥于政事。”

(17)《侈靡》:“故尝至味而罢至乐”,原注:“谓富者先奏至乐,及食至味而罢之。”①

绩按:别本注:“罢至乐谓耳倦丝竹也。”

(18)《侈靡》:“择其好名因使长民”,原注:“其有好虚誉之名者,则择之使为兴利者之长。”

绩按:别本注:“好名之人必尽知竭能以干虚誉,故使为民之长也。”

(19)《侈靡》:“然后可以独名”,原注:“众共言此人有名。”

绩按:别本注:“独擅名誉。”

(20)《侈靡》:“亡国之起,毁国之族,则兵远而不畏”,原注:“先有疏国之宗族,渐有至三者,若此则兵皆逃远。无兵则威息,故不畏也。”

绩按:别本注:“宗族,国之藩屏,若毁之则国弱,兵寇远而不畏也。”

(21)《侈靡》:“天地不可留,故动,化故从新”,原注:“天施地化,日夜不息,故能生成不已。以天地变化不可留停,故动化其故以就其新,然亦循故之四时,周而复始,无所易之也。”

绩按:别本注:“天地变化生成不息,不可留停云。”

(22)《势》:“夫静与作,时以为主人,时以为客,贵得度”,原注:“静作得度而为主人,其失度者则为客也。”

---

① 及食至味,刘绩本原作“及味至食”,据国图藏浙刻本改。

绩按:别本注:“静作得度,或为主人,或为客,皆利也。”

(23)《势》:“逆节萌生,天地未形,先为之政,其事乃不成,缪受其刑”,原注:“言将为篡弑凶逆之节,虽萌芽而生,然天地寂泊,不见征应,无从已之形。此则先天而政,天乃为之,故其事不成,则被诛戮,受其刑罪也。”

绩按:别本注:“天因人事而生变,圣人应天变而兴也。”

(24)《势》:“慕和其众,以修天地之从。人先生之,天地形之,圣人成之,则与天同极”,原注:“将建大事,必慕和其众,天地既已从,但当修天地之意。人先生是心,天地又见其修意有从顺之形,圣人则发动而成,如此者可谓与天同极也。”

绩按:别本注:“若汉武之兴是也。”

(25)《明法》:“不生粟之国亡,粟生而死者霸,粟生而不死者王”,原注:“王者积粟既多,故人保其生,无复致死者也。”

绩按:别本注:“霸者或不能广蓄积,故有时而竭也,王者之民积之广,而生之不已也。”

以上所列刘绩引别本注文字,与原注有较大差别。总体来看,原注多迂曲做解,而别本注则简洁明畅。《管子》原注出唐国子博士尹知章,颇为浅陋,宋代张嵲《读管子》、黄震《黄氏日抄》对其多有批评。宋元间,可能有人不满于《管子》原注,而对其进行了一些修改。刘绩在校勘时征引了这些注文,使我们能够了解到这一情况。这是刘绩本的一大贡献。

2. 不轻易校改原文

刘绩本的校勘,除上举版本对校外,还有本校、他校与理校。本校即以《管子》书内其他篇章文字校勘,如“管子解”诸篇与《形势》《版法》《明法》互校,《幼官》与《幼官图》互校,《心术下》与《内业》互校等;他校即以其他古籍文本校勘,如以《国语》校《小匡》篇,以《通典》校《国蓄》篇等;理校则是根据上下文义进行校勘。刘绩本中校勘很多,但底本原文则很少直接改动。上文所举对校各例,均只以按语说明异同,未改动原文。本校、他校、理校各例,也多是如此。刘绩本校改原文,主要存在于理校,而且所占比例很小。以下是刘绩本中理校各例:

(1)《幼官》"治和气"下刘绩本补"用五数"3 字,绩按:诸本脱此一句,非。

(2)《幼官》"听羽声"下刘绩本补"治阳气"3 字,绩按:诸本无此句,非。

(3)《幼官图》"庶人之守也"下刘绩本补"动而无不从,静而无不同"10 字,绩按:此二句旧缺。

(4)《五辅》"上弥残苟",绩按:当作"残苛",字之误也。

(5)《宙合》"政易民利,利乃劝,劝则告",绩按:"告"当作"吉",对下"凶"字。

(6)《宙合》"听不慎",绩按:衍此"不慎"二字。

(7)《宙合》"散之于无间不可名而山",绩按:"山"乃"止"字误。

(8)《八观》"天下之所生,生于用力",绩按:(天下)当作"夫财",字之误也。

(9)《法法》"毋赦者痤睢之矿石也",绩按:"睢"恐"疽"或"痈"字。

(10)《兵法》"宝不独入,故莫之能止",绩按:"宝"疑"实"字误。谓虽曰独入实与众俱入,非独也,故不能止。下放此。

(11)《小匡》"权节具备其械器用",绩按:当作"权节具用备其械器",乃字误乱,注皆非。《齐语》作"权节具用"是也。

(12)《小匡》"济汝水逾方地",绩按:"地"乃"城"字误,后亦作"方城"。

(13)《小匡》"曹孙宿其为人也小廉而苛忲,足恭而辞结",绩按:《大匡》作"博于教,而又巧于辞,不好立大义,而好结小信",则"辞结"当作"辞给"。"苛",微细也。

(14)《霸形》"市书而不赋",绩按:"书"乃"廛"字误。

(15)《君臣上》"威罚之制无逾于民",绩按:"威"当作"赏",注非。

(16)《侈靡》"略近臣合于其远者立",绩按:据文当作"事立而坏"。

(17)《四时》"五政苟时,冬事不过,所求必得,所恶必伏",绩按:自"是故"至此旧本误在"暴虐积则亡"下。

(18)《正》"令之以终其欲,明之毋径",绩按:当作"勿使民径",字之误也。

(19)《正》"致政,其民服信以听",绩按:缺"致法"一句。

(20)《任法》"故圣君失度量置仪法",绩按:"失"乃"以"字误,谓圣君以度量置仪法。或曰当作"一"。

(21)《七臣七主》"好佼反而行私请",绩按:疑作"交友"。

以上理校21条,仅有4条即前3条及第19条系刘绩根据上下文补原文之缺漏,其他17条仅作说明,不改动原本。刘绩本他校例中,也仅有1条改动了原文,即《水地》"心发为舌"句,系刘绩据《文子》补之。其他也是仅作说明而已。由此可见,刘绩对底本非常尊重,这在明代非常难得。冒广生云:"明人刻书喜改古书,绩则至为矜慎,其所考订及所见别本异同,均加按语在原注后,较之赵文毅本遽改原文为胜。"①

---

① 冒广生著,冒怀辛整理:《管子跋十七则》(续),载《管子学刊》1987年第2期。

3. 可校正宋本《管子》

刘绩本与今传宋本《管子》属于不同的版本系统，为校正今传宋本《管子》的讹误提供了重要的版本依据。最典型的如《重令》篇“则是教民邪途也”下，浙刻本脱1页，包括“如此则巧佞之人”至“则便辟得进毋功”454字，刘绩本此处完好，可据以补足。再如《小问》“桓公与管仲阖门谋伐莒，未发也”之下，浙刻本脱去“而已闻于国矣。桓公怒，谓管仲曰：‘寡人与仲父阖门而谋伐莒，未发也’”。刘绩本有此27字，可补浙刻本之缺。

刘绩本可以校正浙刻本的地方还有一些，此举前4卷中10例如下：

(1)《形势》：“飞蓬之问，不在所宾。”浙刻本“问”误作“间”，可据刘绩本改。闻一多云：“《广雅·释诂》三‘问，遗也’，赠遗曰问。飞蓬言其轻也。以礼迎接曰宾。……‘飞蓬之问，不在所宾’，言客来所遗者薄，则不接受之也，与下‘燕雀之集，道行不顾’，语意相仿。”①

(2)《权修》：“舟车饰台榭广。”浙刻本作“舟车台榭广”，脱“饰”字，可据刘绩本补。许维遹云：“此复举上文，‘车’下当有‘饰’字。”②

(3)《乘马》：“聚者有市，无市则民乏。”浙刻本“民乏”误作“民之”，可据刘绩本改。许维遹云：“‘之’当为‘乏’，字之坏也。下文云‘岁有市，无市则民乏’可证。”③

(4)《乘马》：“是故官虚而莫敢为之请。”浙刻本“莫敢”误作

① 郭沫若等：《管子集校》，科学出版社1956年版，第22页。
② 郭沫若等：《管子集校》，科学出版社1956年版，第38页。
③ 郭沫若等：《管子集校》，科学出版社1956年版，第71页。

“其敢”,可据刘绩本改。许维遹云:“‘其’当作‘莫’。”下文云“君有珍车珍甲而莫之敢有”,文同一例。①

(5)《版法》:“兼爱无疑,是谓君心。”浙刻本作“兼爱无疑,谓君”,脱“是”字、“心”字,可据刘绩本补。后《版法解》作“是谓君心”。郭沫若云:“古本、刘本、朱本皆作‘是谓君心’。心与下风、任为韵。”②

(6)《版法》:“罚罪有过以惩之。”浙刻本“有过”误作“宥过”,可据刘绩本改。王念孙云:“‘宥过’当从朱本作‘有过’。此谓‘怠倦’者‘顿卒’之,‘有过’者‘罚罪’之,‘犯禁’者‘杀修’之也。后《解》正作‘有过’。”③

(7)《幼官》:“莫之能圉,故必胜而无敌。”浙刻本“圉”误作“害”,可据刘绩本改。安井衡云:“‘圉’诸本误‘害’,今从古本。”戴望云:“后图(《幼官图》)亦作‘圉’,此涉上文‘无害’而误。”④

(8)《幼官图》:“考之以言。”浙刻本“考(攷)”误作“攻”,可据刘绩本改。戴望云:“‘攻’当从一本作‘考’,‘攻’字误。”⑤

(9)《宙合》:“乱俗败世。”浙刻本误作“乱俗数世”,可据刘绩本改。许维遹云:“‘数’字为‘败’字之误。”⑥

(10)《枢言》:“善游者死于梁池。”浙刻本“梁池”误作“梁也”,文义不通,可据刘绩本改。

刘绩本不仅可以校正浙刻本的正文,浙刻本注文中也有一些

---

① 郭沫若等:《管子集校》,科学出版社1956年版,第78页。
② 郭沫若等:《管子集校》,科学出版社1956年版,第99页。
③ 郭沫若等:《管子集校》,科学出版社1956年版,第101页。
④ 郭沫若等:《管子集校》,科学出版社1956年版,第135页。
⑤ 郭沫若等:《管子集校》,科学出版社1956年版,第141页。
⑥ 郭沫若等:《管子集校》,科学出版社1956年版,第174页。

讹误,可据刘绩本校正,今举前3卷中10例如下:

(1)《牧民》“上服度则六亲固”下注文:“服,行也。”浙刻本“服”误作“留”,与正文无法对应,可据刘绩本校改。

(2)《权修》“妇言人事,则赏罚不信”下注文:“妇者所以职其蚕织。此之不为,辄言人事。妇人之性险诐,故赏罚不信矣。”浙刻本“职其蚕织”误作“休其蚕织”,“险诐”误作“险诀”,文义不通,可据刘绩本校改。

(3)《权修》“一树百获者,人也”下注文:“人有百年之寿,虽使无百年,子孙亦有嗣之而报德者。”浙刻本“无百年”误作“充百年”,文义不通,可据刘绩本校改。

(4)《七法》“谓之象”下注文:“义者,所以合宜也。……不徒然也。”浙刻本“徒然”误作“徙然”,形近而误,可据刘绩本校改。

(5)《七法》“其要必出于计数”下注文:“谓山河陂泽所以营作而生利者也,必计数其多少之要。”浙刻本“多少”误作“多步”,形近而误,可据刘绩本校改。

(6)《七法》“故不明于敌人之政不能加也”下注文:“不明敌政未可加兵。”浙刻本“不明敌政”作“不明敌故”,“故”形近而误,可据刘绩本校改。

(7)《幼官》“君服青色,味酸味,听角声”下注文:“此木王之时,故服青,味酸,听角。”浙刻本“听角”误作“听自”,与正文不合,可据刘绩本校改。

(8)《幼官》“毋有一日之师役”下注文:“玄帝北方之帝。”浙刻本误作“玄帝北帝之帝”,文义不通,可据刘绩本校改。

(9)《幼官》“慎十号”下注文:“兵既数动,必慎十号九章等。”浙刻本“十号”误作“一号”,与正文不符,可据刘绩本校改。

(10)《宙合》“大贤之德长”句下标:“第三举目。”浙刻本将“第三举目”误置于“大贤之德长”句上,可据刘绩本校改。

(二)刘绩本的不足

刘绩本刻印颇为粗疏。其表现:

一是字体不够严整。其所用字体为当时通行的赵体字,但笔画不够谨严,结构较为松垮,尤其是有些注文小字,笔画生硬,排列不齐,很不美观,与国图藏浙刻本之挺拔秀雅及后来赵用贤本之方正端庄,相差甚远。

二是多用俗体字简笔字。《管子集校》书末附有任林圃辑录的《刘绩〈管子补注〉本所见辽金宋讳考》,其所谓的辽金宋讳,据王欣夫分析,实际上多为当时的俗体字。① 郭沫若也注意到刘绩本多用简笔字的情况,他初步统计有 54 字之多,如以余为餘,以谷为穀,以尤为猶,以未为味,號省作号,糴省作籴,聲省作声,遷省作迁,聽省作听等,并称“正规书用简笔字如此多,实所罕见”。②

三是文字讹误较多。这是刘绩本最大的缺点。前文第二章第一节中,曾将《小匡》篇刘绩本与国图藏浙刻本文字相较,发现刘绩本讹脱衍倒之处甚多。本章表 3－1－1 列举《侈靡》篇刘绩本与浙刻本异文 83 条,亦可发现刘绩本多处误文。今再列举其他篇中较典型脱漏之处如下:

(1)浙刻本《幼官》:“修道路,偕度量,一称数,薮泽以时禁发之。”刘绩本脱“薮泽以时禁发之”7 字并注文“偕,同也。称,斤两也。数,多少也”11 字。

---

① 王欣夫:《郭沫若先生“管子集校叙录”之商榷》,载《学术月刊》1957 年第 6 期。

② 郭沫若:《管子集校叙录》自注,《郭沫若全集·历史编》(第五卷),人民出版社 1984 年版,第 8 页。

(2)浙刻本《兵法》:“无设无形焉,无不可以成也;无形无为焉,无不可以化也。”刘绩本作“无设无为焉,无不可以化也”,脱“无形”至“无形”11 字并中间注文“无策可以设,无形可以寻,所向皆无,故不可以成功也”21 字。

(3)浙刻本《大匡》:“管仲辞于君曰:‘君免臣于死,臣之幸也;然臣之不死纠也,为欲定社稷也。社稷不定,臣禄齐国之政而不死纠也,臣不敢。’”刘绩本脱其中“不死纠也,为欲定社稷也。社稷不定,臣禄齐国之政而”21 字。

(4)浙刻本《大匡》:“管仲曰:‘吾君惕,其智多诲,姑少胥其自及也。’鲍叔曰:‘比其自及也,国无阙亡乎?’管仲曰:‘未也……’。”刘绩本脱其中“吾君惕”至“鲍叔曰”17 字并其中注文“智多则可试诲之也”,“胥,待也,待其自能及道”17 字。

(5)浙刻本《大匡》:“桓公乃告诸侯,必足三年之食,安以其余修兵革。兵革不足,以引其事告齐,齐助之发。”刘绩本脱“以其余修兵革。兵革不足,以引其事告齐,齐助之发”20 字。

(6)浙刻本《问》:“问理园圃而食者几何家?人之开田而耕者几何家?士之身耕者几何家?”刘绩本脱“人之开田而耕者几何家?士之身耕者几何家”18 字。

(7)浙刻本《问》:“子弟以孝闻于乡里者几何人?余子父母存,不养而出离者几何人?士之有田而不使者几何人?”刘绩本脱“余子父母存,不养而出离者几何人”14 字。

(8)浙刻本《戒》:“鲍叔牙之为人也好直,宾胥无之为人也好善,宁戚之为人也能事,孙在之为人也善言。”刘绩本脱“好善,宁戚之为人也”8 字。

(9)浙刻本《参患》:“今交刃接兵而后利之,则战之自胜者也。”刘绩本脱“后利之则战之自胜者也”10 字并注文“交刃接兵,必卒丧刃折货财空，耗虽未被敌胜，先已自胜”22 字。

(10)浙刻本《参患》：“器滥恶不利者，以其士予人也；士不可用者，以其将予人也；将不知兵者，以其主予人也；主不积务于兵者，以其国予人也。”刘绩本脱“士不可用者，以其将予人也；将不知兵者，以其主予人也”22 字。

(11)浙刻本《四称》：“桓公又问曰：‘仲父，寡人幼弱惛愚，不通四邻诸侯之义，仲父不当尽告我昔者有道之君乎？吾亦鉴焉。’管子对曰：‘夷吾闻之于徐伯曰，昔者有道之君，敬其山川、宗庙、社稷，及至先故之大臣，收聚以忠而大富之。’”刘绩本脱其中“乎？吾亦鉴焉。管子对曰：夷吾闻之于徐伯曰，昔者有道之君”23 字。

(12)浙刻本《任法》：“植固而不动，奇邪乃恐，奇革而邪化，令往而民移。”刘绩本脱“奇革而邪化，令往而民移”10 字并注文“君之齐邪，能有革化，则令才往而人已移心而从善也”21 字。

(13)浙刻本《禁藏》：“冬收五藏，最万物，所以内作民也。四时事备，而民功百倍矣。”刘绩本脱“四时事备，而民功百倍矣”10 字并上句注文“凡此皆冬作”5 字。

(14)浙刻本《臣乘马》：“起一人之繇，百亩不举；起十人之繇，千亩不举；起百人之繇，万亩不举；起千人之繇，十万亩不举。”刘绩本脱其中“百亩不举；起十人之繇，千亩不举；起百人之繇”18 字。

(15)浙刻本《轻重丁》：“桓公问管子曰：‘此其何故也？’管子曰：‘成囷京者二家……民何不为也？’”刘绩本脱“此其何故也，管子曰”8 字。

刘绩本虽然刻印粗率，讹误较多，但它在明代《管子》诸刻中刻印较早，仍有很高的版本价值，可以用来订正他本。正如郭沫若所说：“精审处虽不如杨本（即国图藏浙刻本），然亦有所存字句较杨本为优者。”①

三、刘绩本的收藏与流传

(一)各图书馆收藏之刘绩本

刘绩本《管子》,传世稀少。大陆各图书馆所藏,仅有7部。国家图书馆收藏5部:一为陆贻典、黄丕烈校跋本,索书号00896;一为顾广圻校跋本,索书号06611;一为王芑孙、冒广生题跋本,索书号07495;一为佚名朱笔圈点本,索书号A00434;一为12卷残本,缺第13至24卷,仅存前12卷,索书号00695。此外,中国科学院图书馆藏有1部,无批校;南京图书馆藏有1部,有丁丙跋。以上各本,《中国古籍善本书目》《中国古籍善本总目》均有著录。

台湾也藏有1部刘绩本残本,缺前12卷,存13至24卷。该书原为海源阁旧藏。《海源阁宋元秘本书目补遗》:“《管子》二十四卷,房玄龄注,明刘绩补注,明刻本,存十二卷(卷十三至二十四),八册(此本散出后一九二九年先归王贡忱,转归北图,《北平图书馆善本书目》《中国善本书提要》著录,现存台湾‘中央图书馆’)。”②王重民《中国善本书提要》著录该书:“原题‘房玄龄注,刘绩补注’,卷内有‘琅環别馆藏书记’‘东郡杨氏海源阁藏’‘止适斋藏书’等印记。此为《补注》原刻本,大约刻于弘治、正德间,传本极少。此仅存卷十三至二十四,为一九二九年济南王贡忱氏购得,卷端有王氏手跋,止适斋即其藏印也。”③该残本今已收入《原国立北

---

① 郭沫若:《管子集校叙录》,《郭沫若全集·历史编》(第五卷),人民出版社1984年版,第10页。

② 王绍曾、崔国光等整理订补:《订补海源阁书目五种》,齐鲁书社2002年版,第752页。

③ 王重民:《中国善本书提要》,上海古籍出版社1983年版,239页。

平图书馆甲库善本丛书》。①

国家图书馆收藏的刘绩本前12卷残本,有“安乐堂藏书记”“明善堂珍藏书画记”“琅環别馆藏书记”等藏书印。台湾所藏的后12卷残本,有“琅環别馆藏书记”“东郡杨氏海源阁藏”“止适斋藏书”等藏书印。二者均有“琅環别馆藏书记”藏书印,知二者本为一部,后一分为二,被分别收藏。

各图书馆收藏之刘绩本,多有残缺。国家图书馆收藏的陆贻典、黄丕烈校跋本缺卷九最后1页。顾广圻批校本缺16页,分别是:卷一第27页,卷二第4页,卷四第5页,卷六第9页,卷七第15页,卷八第7页,卷九第16页,卷十第18、22页,卷十二第3、23、24页,卷十六第19页,卷二十四第9、27、28页。王芑孙、冒广生题跋本缺24页,分别是:卷三第4、9、13、24、25页,卷四第16、17页,卷五第13页,卷七第14、15页,卷八第20页,卷九第19、20页,卷十第17页,卷十三第1页,卷十五第16页,卷二十第18页,卷二十二第22页,卷二十三第9、10页,卷二十四第4、9、25、26页。佚名朱笔圈点本缺20页,分别是:卷一第1至7页,卷二第4页,卷三第3页,卷九第1至5页,卷二十三第5、6页,卷二十四第25至28页。另有数页残破。12卷残本缺5页,分别是:卷三第3页,卷七第14、15页,卷八第21页,卷九第20页。中国科学院图书馆藏本缺7页,分别是:卷三第3页,卷七第14、15页,卷八第21页,卷十三第17页,卷二十三第5、6页。其中陆贻典、黄丕烈校本仅缺卷九最后1页,在传世各本中最为完好。郭沫若编撰《管子集校》,所用的刘绩本即为此本。

① 《原国立北平图书馆甲库善本丛书》共1000册,国家图书馆出版社2014年出版。

存世各刘绩本，卷一第 12 页《权修》"其食多其积"下有墨块；卷十二第 25 页《侈靡》"则周律之废矣"前 1 行无字，上方有墨块；卷二十三第 6 页《揆度》篇"大夫失"下有墨块。此 3 处均有墨块，可知各本均为同一版。不过，有本子有补版，需要注意。如国家图书馆藏顾广圻校本，卷一第 14 页、19 页，卷三第 3、5 页，卷九最后 1 页，均为补版，字体与原版不同。

存世各刘绩本，刷印有先后。国家图书馆藏王芑孙、冒广生题跋本，字迹笔画清晰完好，为最早刷印者。① 中国科学院藏本、国家图书馆藏佚名朱笔圈点本、12 卷残本，也比较清晰，为稍后刷印者。这 3 部书多有相同之处，如卷三第 3 页均缺失，卷九最后 1 页均为补版，且字体笔迹完全相同，可见这 3 种刷印于同时。国家图书馆藏陆贻典、黄丕烈校跋本，字画基本完好，亦为稍后刷印者。国家图书馆藏顾广圻校本，字画脱落较多，多有模糊不清处，是邋遢本，为最后刷印者。有些版断烂或缺失，所以多有补版。卷二之第 8 页《七法》"雷电之战者士不齐也"之"齐（齊）"字，末页《版法》"避祸在除怨"之"除"字，"修长在乎任贤"之"贤（賢）"字，王芑孙、冒广生题跋本，字迹非常清晰；中国科学院藏本、佚名朱笔圈点本及 12 卷残本，笔画完好，字迹较为清晰；陆贻典、黄丕烈校跋本字迹不太清晰，但可辨认；顾广圻校本笔画多有脱落，"齐（齊）"字几乎无

---

① 该本经过重装，卷次页码较为凌乱，冒广生曾详细举其颠倒错误之处："卷十第五叶应改为卷七之第十七叶，又第四叶应改为卷九之第十九叶，卷十五之第九叶应改为卷十三之第五叶，第六、七、八叶应改为卷十三之六、七、八叶，卷十六之第十五叶应改为卷十四之第十六叶，卷十三之六、七、八叶应改为卷十五之第六、七、八叶，第五叶应改为卷十五之第九叶，卷十四之第十六、十七、十八、十九叶应改为卷十六之第十五、十六、十七、十八叶，卷十八之第十一叶应改为第十叶，第十叶应改为第十一叶。"见冒广生著、冒怀辛整理《管子跋十七则》（续），载《管子学刊》1987 年第 2 期。

法辨认。由此可见各本刷印之先后。

（二）刘绩本之明抄本

刘绩本有明抄本，今存国家图书馆，共 8 册，半页 9 行，行 20 字，小字双行同，白口，四周单边。《中国古籍善本书目》著录。

此抄本卷首有“邢之襄印”“南宫邢氏珍藏善本”藏书印，知为近代藏书家邢之襄旧藏。邢之襄（1880—1972），字赞廷，一作赞亭，一作詹亭。直隶南宫人，早年留学日本，曾供职国民政府，新中国成立后任北京文史馆馆员。邢之襄喜收藏古籍图书，与张元济、傅增湘齐名，编校刊印古籍甚多，有《吉金文录》《桐城先生评点唐诗鼓吹》《吴评史记》《唐诗鼓吹》《吴门弟子集》《桐城吴先生日记》《南宫县志》等。邢之襄曾将多种善本古籍赠予国家图书馆，此明抄本刘绩《管子补注》即为其中之一。

该抄本抄写精到，卷一至卷六为瘦金体，卷七以后为颜体，笔画一丝不苟，为善书者所写。郭沫若著《管子集校》时曾借阅该抄本，《〈管子集校〉所据〈管子〉宋明板本》：“书无序跋，字迹颇工，盖即出于黄棉纸刘绩《补注》本，行数字数大抵相同，原刻错误处时有改正。”①

（三）刘绩本之《四库全书》抄本

清乾隆间编纂《四库全书》，收入刘绩《管子补注》，底本为编修励守谦家藏本。《四库全书》曾抄写 7 部，分别收藏在北京紫禁城皇宫文渊阁、京郊圆明园文源阁、奉天故宫（今沈阳）文溯阁、承德避暑山庄文津阁、镇江金山寺文宗阁、扬州大观堂文汇阁和杭州西湖圣因寺文澜阁。其中文渊阁《四库全书》影响最大，有台湾商务

① 郭沫若：《〈管子集校〉所据〈管子〉宋明板本》，《郭沫若全集·历史编》（第五卷），人民出版社 1984 年版，第 20 页。

印书馆影印本、上海古籍出版社影印本。

《管子补注》原刻本讹误甚多,《四库全书》收入时,对其讹误之处作了校正。据王太岳《四库全书考证》,《四库全书》本所用校本为朱长春《管子榷》本,间用《左传》《国语》等其他古籍。《四库全书考证》系汇录《四库全书》进呈本之黄签内容而成,为四库馆臣校勘成果之精华。今将《四库全书考证》所举《四库全书》本《管子补注》校改之处详列如下。个别地方,加按语说明。

卷一

《阴阳》篇"有余不可损,不足不可益也"注"虽有尧汤之圣,不能免之,故不可损益也",刊本脱"损"字,据朱长春本增。

按,此《阴阳》指的是《乘马》篇"阴阳"一节。查国图藏刘绩《管子补注》原刻本,《乘马》"阴阳"一节正文"天地莫之能损益也"脱"损"字。注文"虽有尧汤之圣,不能免之,故不可损益也",并未脱"损"字。

卷二

《七法》第六注"谓则象法化决塞心术计数",刊本缺此十一字,据朱本补。

按,此"谓则象法化决塞心术计数"注文在《七法》篇标题下。《丛书集成初编》本《四库全书考证》不明此情况,改为"《七法》篇六谓注'则象法化决塞心术计数'",误。

卷三

《幼官》篇"偕度量,一称数"注"偕同也,称斤两也,数多少也",刊本脱此十一字,据朱本增。

卷七

《大匡》篇"齐侯怒飨公",刊本脱"公"字,据《左传》增;又"免公子者为上",刊本"公"下衍"其从于鲍叔而言"七字;又

“于父兄无过”注“虽无过于父兄，而州里不称”，刊本脱“里”字，并据朱本删增。

卷八

《小匡》篇“工商之乡六，士农之乡十”，刊本脱“六”字；又“十轨为里”，刊本“十轨”讹“五乡”；又“使贡丝于周室”，刊本脱“周”字，并据《国语》改增。

卷九

《霸形》篇“君若将欲霸王举大事乎，则必从其本事矣”，刊本脱“本”字；又“因以郑城与宋水为请于楚”，刊本“楚”讹“水”，并据朱本增改。

卷十一

《君臣》篇“君子食于道则义审而礼明”，刊本“义”“礼”二字互讹，据朱本改。

卷十二

《侈靡》篇“山不童而用赡，泽不弊而养足”，刊本“童”“用”二字互讹，据朱本改。

卷十三

《白心》篇“发于名声”注“名声之至耳听之”，刊本“听”讹“能”，据朱本改。

卷十四

《水地》篇“地之血气”注“言水材美具备”，刊本“言”“水”二字互倒，据朱本改。

《四时》篇“其德善赢而发出节”，刊本“节”下衍“时”字，据朱本删。

《五行》篇“命左右司徒内御”注“命司徒御理夏政也”，刊本“夏”讹“复”，据朱本改。

卷十五

《任法》篇“直固而不动，奇邪乃恐，奇革而邪化，令往而民移”，刊本脱“奇革而民化，令往而民移”二句，据朱本增。

卷十六

《小问》篇“公当召叔牙而问焉”，刊本“叔”讹“易”，据朱本改。

卷十七

《七臣七主》篇“夫上好本则端正之士在前”，刊本脱“士”字，据朱本增。

卷十九

《地员》篇“有三分去其乘，适足以是成角”，刊本脱“成”字，据朱本增。

卷二十三

《揆度》篇“为开口十万人”，刊本复衍“口”字，据朱本删。

卷二十四

《轻重》篇“十钟之家”注“六斛四斗为钟”，刊本“六”讹“次”，据朱本改。①

需要注意的是，《四库全书》抄本对《管子补注》原刻本的校改之处非常多，《四库全书考证》所举仅是其中很少的一部分。以《大匡》篇为例，《四库全书考证》列举补脱文2处，删衍文1处，而《四库全书》抄本实际校改尚有多处，如：

“文姜通于齐侯”，原刻本脱“侯”字；

“反，诛屦于徒人费”，原刻本脱“反，诛屦”3字；

---

① 〔清〕王太岳：《钦定四库全书考证》，影印文渊阁《四库全书》（1499册），上海古籍出版社1987年版，第48～49页。

“得管仲与召忽则社稷定矣”，原刻本脱“得”字；

“必令忽相齐之右”，原刻本脱“齐”字；

“管仲曰：‘吾君惕，其智多诲，姑少胥其自及也。’鲍叔曰：‘比其自及也，国无阙亡乎？’管仲曰：‘未也……’”，原刻本脱其中“吾君惕”至“鲍叔曰”17字并其中注文“智多则可试诲之也”，“胥，待也，待其自能及道”17字；

“乃游公子开方于卫”，原刻本脱“开”字。

以上6处脱文，《四库全书》抄本均已校补。

再如：

“虽得贤，庸必能用之乎”，原刻本“用之”误倒，作“之用”；

“高子识工贾之有善者”原刻本“贾”误，作“价(價)”。

以上2处倒文与讹文，《四库全书》抄本亦已校改。

《四库全书》抄本对刘绩本原刻本的校改也有不当之处，如原刻本《小匡》篇：“君有征之事，则小国诸侯之臣有守圉之备矣，然则难以速得意于天下。”此“君有征之事”，宋本、赵用贤本作“君有征战之事”，四库馆臣用以校勘刘绩本的朱长春本也作“君有征战之事”。而《国语·齐语》作“君有攻伐之器”。《四库全书》本没有依据《管子》的其他版本校作“君有征战之事”，而是依据《国语·齐语》在“征”下补“伐”字，校作“君有征伐之事”，这是不恰当的。

《四库全书》抄本对刘绩本原刻本进行了仔细的校订，虽有个别不当之处，但原刻本的明显的讹脱衍倒得以校正，在文字上要优于原刻，为刘绩《管子补注》提供了一种较好的读本。但是，《四库全书》抄本对原刻本作了较多改动，与原刻本文字有较多差别。因此，从版本学上研究刘绩《管子补注》本，需要依据原刻本，而不能用《四库全书》抄本。

第二节 刘绩本系统诸本

明代《管子》版本,分属于刘绩本系统和赵用贤本系统。属于刘绩本系统的主要有10行无注古本、安正书堂重刊本、朱东光《中都四子集》本等。明人沈津《百家类纂》所选《管子》,用的也是刘绩本。

一、10行无注古本与安正书堂重刊本

《管子》10行无注古本,每半页10行,行21字,白口,左右双栏,前有司马迁《管子传》。郭沫若《〈管子集校〉所据〈管子〉宋明板本》著录,称其为"十行无注古本"。该版本又有安正书堂重刊本。

(一)10行无注古本的刊刻

10行无注古本出自刘绩本,系据刘绩本削去注文专刻白文而成。郭沫若云:"经仔细对校,发现此本与朱东光本同出于刘本。三本夺误既几于全同,如'节怒莫若乐'句,在此本则'节'字夺去。盖因削去注文,故此误窜入注文中之'节'字亦被削去也。此例尚多,凡刘本中误同注文之小字在此本中均被削去。"①

今查刘绩本中,《幼官》篇"饮于黄后之井"之前,刘绩本添"用五数"3字,并称"诸本脱此一句,非",10行无注古本亦有此句。《枢言》篇"有气则生,无气则死"之下,刘绩本增"生者以其气"5字,称"诸本无'生者以其气'5字,非",10行无注古本亦有此5字。

---

① 郭沫若:《管子集校叙录》,《郭沫若全集·历史编》(第五卷),人民出版社1984年版,第10页。

《兵法》篇“无设无形焉,无不可以成也;无形无为焉,无不可以化也”,刘绩本作“无设无为焉,无不可以化也”,脱“无形”至“无形”11 字,10 行无注古本亦脱。《大匡》篇“桓公乃告诸侯,必足三年之食,安以其余修兵革。兵革不足,以引其事告齐,齐助之发”,刘绩本无“以其余修兵革。兵革不足,以引其事告齐,齐助之发”20 字,10 行无注古本亦无。《霸言》“兵威而不止,命曰武满,三满”之后,“之时,视先后之称,知祸福之门”至“折节事强以避罪,小国之形也,自古以”335 字,与“而不止国非其国也”至“夫神圣,视天下之形,知动静”332 字,前后颠倒。10 行无注古本此处也前后颠倒,与刘绩本同。这些都说明 10 行无注古本出自刘绩本。

10 行无注古本前后没有序跋,其刊刻年代,多有异说。日本学者安井衡《管子纂诂·凡例》中称其为元板。清代莫友芝《宋元旧本书经眼录》称其“似元、明间刻”。[①] 傅增湘《藏园群书经眼录》称“其刻工要是正、嘉间风气”。[②]

10 行无注古本出自刘绩本,自然不可能是元本。安井衡在《管子纂诂》书中改称“古本”,莫友芝为疑似之词,二者持论都不坚定。10 行无注古本字体方正朴拙,既不同于明代前期的赵体字,也不同于明代后期的匠体字。傅增湘根据其字体风格判断其为正德、嘉靖间刊本,是正确的。

傅增湘为藏书大家,收藏古籍善本甚多。除 10 行无注本《管子》,其藏品中还有一种杨守敬(惺吾)旧藏《韩非子》。此《韩非子》刊于明正德、嘉靖年间,与 10 行无注本《管子》版式字体相同。《藏园群书经眼录》:“《韩非子》二十卷。明正、嘉间刊本,十行二

---

① 〔清〕莫友芝:《宋元旧本书经眼录》,中华书局 2008 年版,第 76 页。

② 傅增湘:《藏园群书经眼录》,中华书局 2009 年版,第 483 页。

十一字，白口，左右双栏。标题下有‘亏四’二字，源出道藏。钤有‘森氏开万册府之记’‘一桥府学校印’‘惺吾海外访得秘笈’各印。按，此书与前记《管子》无注本版式悉同，当是同时所刊。”①王欣夫云：“余尝统校诸本，则当以傅氏指为正、嘉间刻者为最真。……盖正、嘉间刘本盛行，故即据之也。”②

称10行无注古本为正、嘉间刊本，自然不错，但稍显笼统。该版本第4卷第1页（《五辅》第十）中缝底端，刻有“谢元庆”3字。据《明代刊工姓名索引》，谢元庆曾刻印过嘉靖十一年（1532）本《朱文公集》100卷、嘉靖二十年（1541）本《建宁府志》21卷（8行20字）和嘉靖间刻本《礼记集说》30卷（9行17字）等书。参与这3种书刊刻的刻工还有：谢元林、余欢、余成广、熊山、熊文林、江元真、江元通、江元寿、江元贵、江文高、陆文晋、陆文清、陆记青、陆景德、吴长春、吴永成、吴元清等。③ 查瞿冕良《中国古籍版刻辞典》，这些人与谢元庆同为明嘉靖间闽中地区刻字工人。由书中刻工判断，10行无注古本为明嘉靖间闽刻本，它与《朱文公集》100卷、《建宁府志》21卷和《礼记集说》30卷，同出于谢元庆等嘉靖时期闽中刻工之手。

10行无注古本在刊印中产生了一些新的脱误。较明显的如《问》“所捕盗贼，除人害者几何矣”下，脱“制地”至“度必明失经常”220字。《任法》“此先圣之所以一民者也”下，脱“周书曰”至“有守法”320字。《版法解》“爵贵有名以休之”下，“不行施报不得”至“然则明君奈何”345字与“凡人君者”至“民若殃民（民苦殃

---

① 傅增湘：《藏园群书经眼录》，中华书局2009年版，第484～485页。

② 王欣夫撰，鲍正鹄、徐鹏标点整理：《蛾术轩箧存善本书录》，上海古籍出版社2002年版，第1269页。

③ 李国庆：《明代刊工姓名索引》，上海古籍出版社1998年版，第17、287～288、330～331、413页。

令)”294 字,两段文字前后颠倒。这些错误,刘绩本都没有。

10 行无注古本虽然多有脱误,但其出自刘绩本,与后来的赵用贤本属于不同的版本系统,可以校勘赵用贤本及其衍生诸本讹误。傅增湘云:“今以虞山瞿氏书目所纪宋本异同证之,有赵本误而此本不误者十之七八。”①日本学者安井衡撰《管子纂诂》,曾用以校勘。其《凡例》云:“昌平学有一本,无注及序目。首载管仲传,脱误颇多。而其粹者胜今本远甚矣。……明赵用贤校《管子》,自云所改三万余言,正其脱误,几为全书。然参考其说,殊少所发明,安知其无误改哉? 幸有是本得以订正赵本之误,亦右文之余泽也。”②

(二)10 行无注古本的收藏

10 行无注古本存世稀少。据《中国古籍善本书目》,仅国家图书馆、上海图书馆、山西省文物局、吉林省图书馆有收藏。另台湾“中央图书馆”也有收藏,为近人沈曾植旧藏,有沈曾植手书题记:“此书得之龙舒,以校明刻注本及瞿翻宋本,时有异文,足资研味。后检莫氏《经眼录》有此本,邵亭定为元、明间刻,亦为胧统语耳。顷见杨惺吾所藏《道藏》本《韩非子》,匡阑行字,与此一同,乃知此是《道藏》本也。”③《韩非子》有《道藏》本,但《管子》并未收入《道藏》。沈曾植认为10 行无注古本是《道藏》本,误。

近世以来,除傅增湘外,郭沫若、王欣夫亦曾收藏有 10 行无注古本《管子》。郭沫若云:“余曾得一无注古本,半页 10 行,行 21 字,卷首有缺,无题记目录,不知何时刊印。举与安井衡《管子纂

① 傅增湘:《藏园群书经眼录》,中华书局 2009 年版,483 页。

② [日]安井衡:《管子纂诂凡例》,《历代管子版本丛刊》(四),齐鲁书社 2014 年版,第 2309 页。

③ 沈曾植:《海日楼题跋》,第 18 页,见沈曾植撰、钱仲联辑《海日楼札丛(外一种)》,中华书局 1962 年版。

诂》所据日本昌平学所藏无注古本相校,内容不异。纸质颇佳,乃所谓'麻纸'。莫友芝《宋元旧本书经眼录》有'《管子》无注本,半页10行,行21字,似元明间刻',当即此本之见诸著录者。"①王欣夫之藏本缺1卷,《蛾术轩箧存善本书录》:"《管子》二十四卷,四册。明正德、嘉靖间刊本。白文无注本《管子》,每半叶十行,行二十一字。白口单边,皮纸印。卷一至二十初印本,卷二十二至二十四配以后印本,尚阙卷二十一一卷。"②

王欣夫所收藏10行无注古本《管子》本来已缺第二十一卷,后来卷一至卷六、卷十四至卷二十也不知去向,仅存卷七至十三、卷二十二至二十四,收藏在复旦大学图书馆。李庆说:"先生在'文革'开始后不久便去世。所藏之书,在'文革'时期,被视为'无用',不准存放在复旦大学的原住所,要'处理'掉。开始时,连以先生的名义捐赠给复旦大学图书馆都不被接纳。后由徐鹏师多方努力,才使得半数以上的书归入复旦大学图书馆。而三分之一以上的书则散佚了,这不能不说是一大损失。"③王欣夫所藏无注本《管子》能有残本保存下来,亦属侥幸。

(三)安正书堂重刊本

10行无注古本后来又有安正书堂重刊本。郭沫若云:"上海历史文献图书馆藏安正书堂《管子》,乃此本(10行无注古本)之翻刻,其第二十四卷末有'太岁癸巳安正书堂重刊'木牌墨记。举以

---

① 郭沫若:《管子集校叙录》,《郭沫若全集·历史编》(第五卷),人民出版社1984年版,第9页。

② 王欣夫撰,鲍正鹄、徐鹏标点整理:《蛾术轩箧存善本书录》,上海古籍出版社2002年版,第1268页。

③ 李庆:《蛾术轩箧存善本书录·前言》,《蛾术轩箧存善本书录》,上海古籍出版社2002年版。

相校,仅字画较细为异。第一卷第五页中缝下有一'谢'字,乃原板刻工姓氏,亦复存在。唯古本有夺字待刻未补而遗留墨印处,在安正堂本则为空白,示于刻板中已剜去其字位而无待刻之意,即此已可见板之先后。"①

安正书堂又称安正堂,为明弘治间建阳人刘宗器的书堂名。其后人刘朝琯、刘莲台继承祖业,世代刻书,尤以正德、嘉靖、万历间刻书为多,经史子集四部均有。如正德十三年(1518)刻印过《周礼集注》7 卷,正德十五年(1520)刻印过《分类补注李太白集》25 卷,嘉靖三年(1524)刻印过吕祖谦《东莱吕太史全集》40 卷,嘉靖二十一年(1542)刻印过《四明先生续资治通鉴节要》20 卷,万历七年(1579)刻印过《名医指掌图》前集 5 卷后集 5 卷,万历三十九年(1611)刻印过《新编事文类聚翰墨大全》125 卷等。由于安正书堂历时较长,有些书籍板坏,则有重刊。如弘治七年(1494)刻印过元阴时夫《新增说文韵府群玉》20 卷(11 行 21 字),嘉靖四十四年(1565)又有重刊。嘉靖九年(1530)刻印过明胡广等《礼记集说大全》30 卷(11 行 21 字),嘉靖三十九年(1560)又有重刊。② 太岁癸巳安正书堂重刊的《管子》,当属其中之一。

"太岁癸巳",不详何年。冒广生云:"其家所刻书见著录者最早为弘治甲子之《针灸资生经》七卷,最晚为万历辛亥之《新编事文类聚翰墨大全》一百二十五卷,盖世其业者百余年矣。癸巳为嘉靖十二年,前一年壬辰有安正堂刻本刘可达编《璧水群英待问会元选要》八十二卷,万历二十一年亦为癸巳,前一年壬辰有安正堂刻秦

① 郭沫若:《管子集校叙录》,《郭沫若全集·历史编》(第五卷),人民出版社 1984 年版,第 9 页。

② 参见瞿冕良《中国古籍版刻辞典》,齐鲁书社 1999 年版,第 185 ~ 186 页。

观《淮海集》四十卷，《后集》六卷。此癸巳不知为嘉靖，为万历。"①潘承弼、顾廷龙《明代版刻图录初编》定其为嘉靖十二年癸巳年(1533)刊本，"其间有两癸巳，一为嘉靖十二年，一为万历二十一年，不知谁属。惟验其刻工，当嘉靖时物也"②。但其刻工系原版刻工姓氏，不能用以确定重刊本年代。王欣夫认为："若以为嘉靖十二年癸巳，则距正、嘉间甚近，且其板已有后印，可见传本尚多，似无需重刊。"③所以安正书堂重刊本刊于万历之癸巳，即万历二十一年(1593)，时间上较为合理。

安正书堂重刊本存世绝少，《中国古籍善本书目》仅著录1部，存上海图书馆，有冒广生、郭沫若跋。冒广生云："刘绩补注本脱误之字，十九与此本合，其所祖之本虽不如今常熟瞿氏、聊城杨氏所藏两宋本之佳，然亦致难得矣。"④

二、朱东光《中都四子集》本

朱东光《中都四子集》本《管子》，题"唐临淄房玄龄注释，芦泉刘绩增注，明临川朱东光辑订，宁阳张登云参补，修宁吴子玉翻校"，每半页10行，行21字，注文双行细字，白口，单鱼尾，四周双栏，版心标卷数和页数。前有司马迁《管子传》和郭子章《管子题辞》。

---

① 冒广生著，冒怀辛整理：《管子跋十七则》(续)，载《管子学刊》1987年第2期。

② 潘承弼、顾廷龙编：《明代版本图录初编》，台北文海出版社1971年影印本，第431页。

③ 王欣夫撰，鲍正鹄、徐鹏标点整理：《蛾术轩箧存善本书录》，上海古籍出版社2002年版，第1270页。

④ 冒广生著，冒怀辛整理：《管子跋十七则》(续)，载《管子学刊》1987年第2期。

(一)《中都四子集》的编纂与刊刻

《中都四子集》包括《老子》《庄子》《管子》《淮南子》4 种。之所以将这 4 种书汇编在一起,是因为老子在亳,庄子在濠梁,管子在颍,淮南子在寿春,都是当时中都所辖地。中都即安徽凤阳,明初设置中立府,定为"中都"。

《中都四子集》每书版心题"中立四子集"5 字,故也称《中立四子集》。《中国古籍善本书目》即著录为"中立四子集"。不过,书前朱东光自序称"中都四子集",《千顷堂书目》《四库全书总目》《中国丛书综录》亦均著录为"中都四子集",本书沿用"中都四子集"这一称呼。①

《中都四子集》由朱东光汇编。朱东光,字元曦,号存敬,福建蒲城人。隆庆二年(1568)进士,授祁门知县,选户科给事中,历河南佥事、广东参政,累官分巡徐淮道。《中都四子集》共 64 卷,其中《老子道德经》2 卷,用河上公注;《庄子南华真经》10 卷,用郭象注,陆德明音义;《管子》24 卷,用房玄龄注及刘绩补注;《淮南鸿烈解》26 卷,用许慎、高诱注。

《中都四子集》前有朱东光《刻中都四子集序》,交代编纂缘起甚详,序云:

> 万历丁丑,余承乏颖昌,已张攀龙来守中立,郭相奎来治方中祖陵,隟与扬榷中都文献。相奎曰:"中都古涂山国,神禹会诸侯所。后数千年高皇帝龙兴,始复为都,天府也。夫帝王

① 《中国丛书综录》著录为《中都四子集》,括注"一名中立四子集"。阳海清以为《中都四子集》与《中立四子集》为不同的刻本:"《中都四子集》一时风行,书帕翻刻成是书后,因张登云曾为中立守,即起名'中立四子集'。"见其《中国丛书综录补正》,江苏广陵古籍刻印社 1984 年版,第 186 ~ 187 页。

其大者，即贤儒文藻，遄遄雄千古，在亳《老子》，在濠梁《庄子》，在颍《管子》，在寿《淮南子》，今皆辖中立，非至之至者与！”余曰：“四子故有刻，繄中都亡？”攀龙曰：“守臣责也。惟注脱漏则义难晓畅，本漫漶则文成齐立，如读者何？”相奎曰：“四子注无虑百家，惟河上丈人注《老》，郭子玄注《庄》，房仆射玄龄注《管》，许孝廉叔重注《淮南》，乃中窾肯。”余与攀龙搜集四家注。注具是，又手分订补，而命休宁吴生校之。逾年竣，始梓。①

序中所说之“张攀龙”即张登云。张登云，字攀龙，宁阳人。隆庆辛未(1571)进士，万历五年(1577)官凤阳府知府，累官辽海道副使。序中所说之“郭相奎”即郭子章。郭子章(1542—1618)，字相奎，号青螺，泰和人。隆庆辛未(1571)进士，出官福建建宁府推官，后督榷南直隶太平府，领凤阳山陵(即明祖陵)事，迁潮州知府、浙江参政、山西按察使、湖广右布政、福建左布政，以功封兵部尚书、右都御史。著有《易解》《郡县释名》《平播始末》《豫章书》《圣门人物志》《阿育王山志》《马记》《剑记》《豫章诗话》《粤草》《蜀草》《晋草》《楚草》《家草》《黔草》《闽草》等。

郭子章喜好读书，长于著述，留意地方文献。万历五年(1577)，郭子章领凤阳山陵事，“治方中祖陵”，当时朱东光“承乏颍昌”，张登云为凤阳知府。三人同在中都凤阳为官，相与谈论中都历史文献，故有汇刊《老子》《庄子》《管子》《淮南子》之动议。于是朱东光与张登云搜集注本，订补审校，编成《中都四子集》。

《中都四子集》刊刻于明万历七年(1579)。朱东光《刻中都四

① 本节所引《中都四子集》本文本，除个别说明外，均据国家图书馆藏明万历七年(1579)刻本。

子集序》:"'四子'附于孔则孔矣,附于朱则朱矣。吾二夫子未绝'四子'也,'四子'之绝于二夫子也,则孔子、朱子之徒而为之,而非二夫子意也。余为孔子、朱子之徒而未敢绝'四子'也,故刻其书而序论之若此。万历己卯岁三月丙午朔,考亭里人朱东光元曦甫撰。"

《中都四子集》后有凤阳府通判李太和跋,其文云:"中都刺长张君攀龙求得高注本于郭工部相奎,得房注本于王博士凤翎,遂汇为《中都四子集》。"①《管子》卷前郭子章《管子题辞》云:"即藏书如杨用修,以不见房氏注为恨。余于闽见之,然亦略矣。……既攀龙得刻本于博士王生而遂为参补之。"由此可知《中都四子集》本《管子》之底本为张攀龙从博士王凤翎处获得。

《中都四子集》本《管子》出自刘绩本,张攀龙于王凤翎处所得之《管子》为刘绩《管子补注》。郭沫若《管子集校叙录》云:"朱东光'中都四子'本所根据者即为黄棉纸刘绩《补注》本,其字句夺误几于全同。最可注意者,如《心术下篇》'节怒莫若乐'句,'节'字刘本误刻为小字,混入上句注文,而朱本亦如是。"②另外,朱东光本与刘绩本一样,《霸言》中"兵威而不止,命曰武满,三满"之后,"之时视先后之称"至"小国之形也自古以"335 字与"而不止国非其国也"至"视天下之形知动静"332 字,两段文字也前后颠倒。《禁藏》"必是士斗",刘绩本中"必是"2 字为小字平列,类似注文。朱东光本与古本均将"必是"当作注文删去,仅余"士斗"2 字。这也说明朱东光本出自刘绩本。

---

① 转引自王欣夫撰,鲍正鹄、徐鹏标点整理:《蛾术轩箧存善本书录》,上海古籍出版社 2002 年版,第 1270 页。

② 郭沫若:《管子集校叙录》,《郭沫若全集·历史编》(第五卷),人民出版社 1984 年版,第 8 ~ 9 页。

(二)《中都四子集》本的优长与不足

《中都四子集》本对刘绩本的讹误之处有所校正,如:《幼官》“十二清明发禁”,刘绩本重此 6 字,朱东光本不重;《五辅》刘绩本“田畴垦而园邑实”,“园邑”误,朱东光本校作“国邑”。《大臣》刘绩本“鲁人伐纳公子纠”,朱东光本作“鲁人伐齐纳公子纠”,补“齐”字;《侈靡》刘绩本“断满稽”,朱东光本作“断指满稽”,补“指”字。《白心》刘绩本“四壁而知请”,朱东光本“壁”作“璧”等。

《中都四子集》本在刊印中,也产生了一些新的讹误,如:《君臣上》“是故道德出于君,制令傅于相”,朱东光本“傅”误作“传(傳)”;《禁藏》“夫冬日不滥非爱冰也”,朱东光本“冰”误作“水”;《地员》“其阴则生之楂梨”,朱东光本“楂”误作“柤”等。

《中都四子集》本于《管子》旧注多有刊落。冒广生云:“于房注(按,尹知章注)《牧民》篇夺一条,《形势》篇夺一条,《权修》篇夺八条,《立政》篇夺六条,《七法》篇夺十二条,《版法》篇夺一条,《幼官》篇夺十五条,《五辅》篇夺七条,《宙合》篇夺三条,《法法》篇夺十五条,《兵法》篇夺一条,《大匡》篇夺一条,《小匡》篇夺四条,《戒》篇夺一条,《君臣上》篇夺一条。……其沿刘本所夺之误者,尚不在此数。”①

《中都四子集》本对《管子》旧注有所补正,以阴文“补(補)”字标出。其补充之处并不很多,而且质量也不甚高。如《形势》“飞蓬之问,不在所宾”,尹注云:“蓬飞因风动摇不定,喻二三之声问,明主所不宾敬。”朱东光本于此下补充曰:“问,声问也。飞蓬之问,乃飞扬不根之誉也。明主在所必察,不轻信之,以为宾客而礼之也。”

---

① 冒广生著,冒怀辛整理:《〈管子〉跋十七则》(续),载《管子学刊》1988 年第 1 期。

尹注与后文《形势解》的解释基本一致，而朱东光本的补充解释则牵强迂漫。另如《权修》"观其交游，则其贤不肖可察也。二者不失，则民能可得而官也"，本无须注释，尹知章、刘绩在此处也没有加注。朱东光本于此补充注释"二者，贤不肖能察"，失之于浅显。《四库全书总目》批评说："其书刊版颇拙，校雠亦略，又于古注之后时时妄有附益，殆类续貂，遂全失古本之面目，书帕本之最下者也。"①

王欣夫不太同意《四库全书总目》的说法，《蛾术轩箧存善本书录》著录他收藏的朱东光本《管子》："此本镌刻朴质，棉纸初印，开卷骤视，古色古香，一似成化、弘治间刻，亦不如《提要》所谓刊板颇拙。故在清初即为乐善堂所珍藏也。"②

(三)《中都四子集》本的收藏与流传

《中都四子集》全书，传世颇多。据《中国古籍善本书目》，北京大学图书馆、中国人民大学图书馆、中央党校图书馆、中央民族大学图书馆、上海图书馆、复旦大学图书馆、天津图书馆、南开大学图书馆、吉林大学图书馆、山东省图书馆、天一阁文物保管所、武汉大学图书馆、重庆市图书馆均有收藏，南京图书馆藏有1部朱印本。

《中都四子集》之《管子》零种，各图书馆亦多有收藏。国家图书馆藏有一部蓝印本，有"乾隆四十有七年遂初堂初氏记""开县张氏鉴藏""张氏珍藏书画印"等藏书印。山东省图书馆藏有《中都四子集》本《老子》之蓝印本，亦钤"乾隆四十有七年遂初堂初氏记"。知其当初均为遂初堂初氏收藏，后分散各处。

---

① 〔清〕永瑢等：《四库全书总目》，中华书局1965年版，第1136页。

② 王欣夫撰，鲍正鹄、徐鹏标点整理：《蛾术轩箧存善本书录》，上海古籍出版社2002年版，第1272页。

《中都四子集》本《管子》,日本京都大学人文科学研究所、美国国会图书馆、美国哈佛大学哈佛燕京图书馆亦有收藏。《美国哈佛大学哈佛燕京图书馆中文善本书志》:"《管子》二十四卷,唐房玄龄注、明刘绩补注。明万历刻《中立四子集》本。六册。半页十行二十一字,四周双边,白口,单鱼尾,书口上刻'中立四子集'。框高21.4厘米,宽14.3厘米。……此本也初印,天头极高。钤印有'四明卢氏抱经楼藏书印'。"①《中国善本书提要》著录美国国会图书馆藏本:"《管子补注》二十四卷,十二册(国会)。明刻《中都四子》零本。十行二十一字(21×14)。……卷内有'陈亮采字师古''椅村书画图记'等印记。"②

著名藏书家莫友芝曾收藏有《中都四子集》,其书今藏国家图书馆。《老子》书前有莫友芝题记:"余旧有中都刊本《管》《淮南》二种,是善徵弟同治癸亥取于祁门者。丙寅秋,于役常熟,又获《庄子》。丁卯冬初,又获此册于阊门。于是'中都四子'以全。"有"莫友芝印"白文方印、"子偲"朱文印。

朱东光《中都四子集》本有《湖北先正遗书》影印本传世。《湖北先正遗书》由沔阳卢靖、卢弼兄弟编校,民国十二年(1923)影印。刘绩为湖北江夏人,故《湖北先正遗书》收《中都四子集》之《管子》,其他三子则不收。因仅收《管子》1种,影印时删去版心"中立四子集"字样。

《湖北先正遗书》本又有上海书店《丛书集成续编》影印本、台湾新文丰《丛书集成续编》影印本及齐鲁书社《历代管子版本丛刊》

---

① 沈津:《美国哈佛大学哈佛燕京图书馆中文善本书志》,上海辞书出版社1999年版,第307页。

② 王重民:《中国善本书提要》,上海古籍出版社1983年版,第240页。

影印本。

三、《百家类纂》节选本

《百家类纂》40卷，明沈津编。沈津，浙江慈溪人，嘉靖中官含山县教谕。

《百家类纂》系节选诸子百家著作而成，刊于明隆庆元年(1567)。沈津《百家类纂凡例总叙》云：

经、史、集各有成书，学士所共睹。独子书散逸不全，咸以为恨。津幼而失恃，盖龇然蒙也。先君子膝而授之经，颇了大义。比长，习艺文之暇，则偷取百家书读之，若有契会者。先君子偶见之，恚曰："儿只取六经《语》《孟》读之足矣，独奈何泛览《庄》《老》《淮南》诸书，以乱心目乎？"已迺徐诲之曰："学非博之难，而约为贵也。诸家书诚各有理，要在读之者择精抉微总之，不诡于圣人，固六经之羽也。不然，弊竭精神，犹为徒博，岂善读诸子者乎？"余受命而退，则益尽取百家书读之，积有岁年，抄录成帙。盖藏之箧笥以备忘，非以斗奇也。①

张思忠《刻百家类纂叙》云：

曩余为诸生时，每盟同志，搜采艺林，尚友千古，则私相叹曰："士诚病于寡陋哉！"……诸子言虽人人殊，固皆六籍之旁流，而百家之要径也。自司马迁、刘歆、班固之徒，故尝录有《辑略》《艺文志》，讫于今则湮没散逸，士尠睹全书。兹岂非博综者之一缺事乎？比承乏历阳……暇日辄与郡邑博士弟子讲道较艺，评骘往昔，稍稍以旧盟于同志者示之诸生，亦皆脉脉

① 本节所引《百家类纂》本文本，均据《四库全书存目丛书·子部》(127册)影印明隆庆元年(1567)含山县儒学刻本，齐鲁书社1995年版。

感动兴起。越明年秋，含谕沈子持所集名曰《百家类纂》者谒余，余见而重有契焉。……余曰："……是纂也，扬六籍之旁流，寻诸子之要径，殆可附之孔子知之之次，而有俾于博综之士者非浅鲜也。盍付之梓以贻同志?"沈子避席而再谢不敢。余因给诸学官，令博士诸生相与校正而刻之。

此可见《百家类纂》编纂经过及刻印缘起。

《百家类纂》所选书籍非常广泛，分儒家类、道家类、法家类、名家类、墨家类、纵横家类、杂家类、兵家类等。《管子》在法家类，所选文字涉及《牧民》《权修》《立政》《乘马》《七法》《五辅》《宙和》《枢言》《八观》《法禁》《重令》《法法》《兵法》《霸言》《问》《戒》《参患》《制分》《君臣》《小称》《四称》《心术上》《白心》《水地》《四时》《正》《九变》《任法》《正世》《治国》《内业》《小问》《七臣七主》《禁藏》《入国》《九守》《桓公问》《形势解》《立政九败解》《版法解》《明法解》《事语》《国蓄》《山权数》《地数》《揆度》46 篇。①

《百家类纂》节选之《管子》，出自刘绩本。其文字多与刘绩本合，而与国图藏浙刻本差别较大。如国图藏宋本"地辟举则民留处"(《牧民》)，刘绩本作"地举辟则可留处"；"是谓圣王"(《牧民》)，刘绩本作"是谓贤王"；"檐杆而欲定其末"(《七法》)，刘绩本"檐"作"擔"。这些地方，《类纂》节选本均不同于国图藏宋本而与刘绩本相同。刘绩本系统尚有 10 行无注古本和朱东光《中都四子集》本。朱东光本刊于万历七年(1579)，在《百家类纂》之后。10 行无注古本虽刊刻于其前，但《立政》"草木不殖成"，10 行无注古本"殖"下有"於"字，而类纂本无"於"字，与刘绩本同。因此，《类纂》本出自刘绩本，并非出自同系统的十行无注古本，也不可能

① 其中选录《七法》篇的内容，但漏掉了《七法》标题，今补之。

出自朱东光《中都四子集》本。

《类纂》节选本出自刘绩本，有个别地方与刘绩本不同。如刘绩本《权修》“而求大邪之无伤国不得也”，《类纂》本作“而求大邪之无伤不得也”，脱“国”字；刘绩本《乘马》“非于太山之下”，《类纂》本“太山”作“大山”，与刘本不同。此当为《类纂》刊印时疏忽所致。

隆庆元年（1567）刊本《百家类纂》，今国家图书馆、上海图书馆、复旦大学图书馆、大连图书馆、吉林图书馆、南京图书馆、浙江图书馆、宁波天一阁、武汉大学图书馆、四川图书馆有藏。其中浙江图书馆藏本收入《四库全书存目丛书》。①

---

① 《百家类纂》另有明万历七年（1579）胡氏书坊刻本、明万历四十年（1612）万卷楼改题叶向高刊《百子类函》本及清康熙三十一年（1692）朝鲜闵昌道刊本。前一种天津图书馆收藏，后两种严灵峰《周秦汉魏诸子知见书目》著录。

第四章　赵用贤《管韩合刻》本系统

刘绩本以后,《管子》最为重要的版本是赵用贤《管韩合刻》本(简称"赵用贤本")。明代后期以来的《管子》版本,绝大多数出自该本。本章对赵用贤本及其衍生诸本进行考察。

第一节　赵用贤本

赵用贤本《管子》,与《韩非子》合刻,每半页9行,行19字,白口,单鱼尾,四周单栏,上有眉栏,列刘绩补注及赵用贤自注,刘注加"按"字以区别,①版心下方间有刻工姓名。书前有王世贞《合刻管子韩非子序》,赵用贤序,刘向叙录,杨忱序,张嵲《读管子》,管子文评(列刘勰、傅玄、孔颖达、晁公武、苏轼、叶适、陈振孙、黄震等人有关《管子》的评论),管子凡例等。书后附有写工、刻工姓名。

一、赵用贤本的刊刻

(一)赵用贤本的刊刻缘起

赵用贤(1535—1596),字汝诗,号定宇,常熟人,隆庆五年

① 眉栏中所列刘绩注文,有些未加"按"字。

(1571)进士,选翰林院庶吉士,官至吏部侍郎、礼部侍郎、侍读学士。谥文毅。著有《松石斋集》等。赵用贤嗜好藏书,勤于校勘,家藏丰富,《赵定宇书目》著录其藏书3300余种,其中宋版大字图书就有50余种,元版书30余种。赵用贤长子赵琦美,亦以藏书知名,藏书室名脉望馆,有《脉望馆书目》。

《管子》是经世致用之书,刘向称《管子》“务富国安民,道约言要”。但有些学者囿于一家之见,斥《管子》为权谋功利之书。赵用贤不同于一般的儒生,史书记载:“用贤长身耸肩,议论风发,有经济大略。”①他有感人们不能充分认识《管子》的重要价值,于是刊印《管子》,使其道“明于天下”。其《管子书序》云:

> 夫五伯莫盛于桓公,而管仲特为之佐。自其事羞称于圣门,而其言悉见绌,以为权谋功利,学者鲜能道之。……世之谭者,曰帝降而王,王降而霸,自仲之说行,一变而入于夸诈之习。其末极于秦鞅,尽去先王之籍而流毒天下,遂以管、商为功利之首。夫商君惨礉少恩,卒受恶名于秦。而仲之政,饰四维,固六亲,其论《白心》《内业》,不可谓无窥于圣人之道而徒以刀锯绳民如商君者。故虽吾夫子,亦且大其功,而以“如其仁”归之,奈何跻鞅于仲也。余思夫读是书者,不揆其修政立事之原,而徒辱之以权谋功利,使管子之所以善用周公者,其道不明于天下也。故为之梓其书,而复论著其大略于篇首云。②

① 〔清〕张廷玉等:《明史》,中华书局1974年版,第6002页。

② 本节所引赵用贤本文本,均据《历代管子版本丛刊》(一)影印明万历十年(1582)刻本,齐鲁书社2014年版。

《管子》善本，流传稀少。明代中期通行刘绩本及其他版本，讹误脱漏甚多，让人难以卒读，这也是促成赵用贤刊刻《管子》的重要原因。他说："《管子》书文辞古奥，既不易读。而近板数家，皆承讹袭谬，杂乱支离。读者至一二卷后往往厌弃，几成废书。"王世贞《合刻管子韩非子序》："汝师之为诸子，于道好庄周、列御寇，于术好管子、韩非子，谓其文辞亡论高妙，而所结撰之大旨，远者出人意表，而迩者能发人之所欲发于所不能发。顾独《管子》《韩非子》不甚行世，即行而其传者多遗脱谬误，读之使人不胜乙，往往不尽卷而庋之高阁。于是悉其赀力，后先购善本凡数十，穷丹铅之用，而后授梓。"《管子》传本"多遗脱谬误"，"杂乱支离"，影响了人们的阅读与利用。于是赵用贤搜求众本，详加校勘，刊行《管韩合刻》本。

赵用贤《管韩合刻》本刊刻于万历十年(1582)，其序署"万历壬午春三月前史官吴郡赵用贤序"。万历五年(1577)，赵用贤因为检讨疏论张居正夺情一事，与吴中珩同被杖。《管韩合刻》本《管子》刻于万历十年赵用贤家居时，故序中自称"前史官"。

(二)赵用贤本的底本与校本

据赵用贤自序，《管韩合刻》本的底本，为其友人秦汝立之"古善本"。《管子书序》："近世所传，往往淆乱至不可读。余行求古善本，庶几遇之者几二十年，始得之友人秦汝立氏。其大章仅完整，而句字复多纠错。乃为正其脱误者逾三万言，而阙其疑不可考者尚十之二，然后《管子》几为全书。"

按，秦汝立即秦柱，无锡人，以藏书知名，家有绣石书室。秦汝立所藏之"古善本"，前人多以为是宋本。但如果该本为宋本，则

"正其脱误者逾三万言"没有着落。王欣夫曾以赵用贤本校刊清张瑛影刻宋本,发现二者之异文并没有那么多,"与其自序所谓'正其脱误者三万言'者悬殊"。[①] 同时,如果该本是宋本,也与《凡例》所称"今据宋本校定"相矛盾。赵用贤《管子凡例》第二则云:

《管子》注出房玄龄,或云出唐国子博士尹知章。其讹谬穿凿,《日抄》论之甚详矣。芦泉刘氏绩间为补定,简明贯穿,多所发明,第宋本俱不载。而近刻舛错,每每至不可句。今据宋本校定。而刘绩所注,其最切当者列之篇首,皆冠以"按"字。其间有愚见所标注者,亦杂见篇首,特百一耳。

既然是"据宋本校定",则其底本自然不会是宋本。仔细推敲此则凡例,知赵用贤本所用的校本为宋本,而底本则为刘绩《管子补注》本。刘绩是明朝人,弘治年间进士,官镇江知府,详见前文。赵用贤误以为刘绩是唐朝人,由此将其《管子补注》视为出自唐朝的"古善本",并且以宋本中没有刘绩补注为憾。刘绩《管子补注》刊于明弘治年间,赵用贤看到的《管子补注》当然是明刻本,所以称为"近刻"。"近刻舛错,每每至不可句",于是赵用贤"据宋本校定"。底本中有刘绩补注,赵用贤选其精华,列于书眉,"其最切当者列之篇首"。刘绩本与宋本文字差别很大,且脱漏甚多,赵用贤据宋本校定刘绩本,"正其脱误者逾三万言"是可信的。

赵用贤《管子凡例》中还说:"《管子》新本,每遇长篇文字至更端处,皆别为一行,其间不能无分析太过之弊。今皆按宋本校正,

---

① 王欣夫撰,鲍正鹄、徐鹏标点整理:《蛾术轩箧存善本书录》,上海古籍出版社2002年版,第1290页。

其文义当隔别者，止为‘一’其处，以识章目所分。其新本应合而分、应分而合者，悉为厘定。”刘绩本及10行无注古本、安正书堂本、朱东光《中都四子集》本，每篇中往往分节。“分析太过”，正是刘绩本系统诸本的特点。如《五辅》篇，今传宋本全篇首尾贯一，不分节，而刘绩本则分为7小节：

第1小节，开篇“古之圣王”至“则政不可不慎也”；

第2小节，“德有六兴义有七体”至“故曰德不可不兴也”；

第3小节，“曰民知德矣而未知义”至“故曰义不可不行也”；

第4小节，“曰民知义矣而未知礼”至“故曰礼不可不谨也”；

第5小节，“曰民知礼矣而未知务”至“故曰力不可不务也”；

第6小节，“民知务矣而未知权”至“故曰权不可不度也”；

第7小节，“故曰五经既布”至文末“故无用之物守法者不失”。

赵用贤本中，《五辅》篇全篇贯通，但在刘绩本分节之处，用“—”标示。“德有六兴义有七体”“曰民知德矣而未知义”“曰民知义矣而未知礼”“曰民知礼矣而未知务”“民知务矣而未知权”“故曰五经既布”之前，皆有“—”，即《凡例》所说“‘一’其处，以识章目所分”。这也可以看出，赵用贤本是以刘绩本为底本，以宋本为校本，厘定章节，对于刘绩本“分析太过之弊”，“皆按宋本校正”。

今知宋本《管子》有2种，国图藏浙刻本与墨宝堂本。二者属于同一系统，而文字小有不同。其不同处，赵用贤本与浙刻本相同而与墨宝堂本相异。今举前六卷数例，列表如下。见表4-1-1。

表 4-1-1

篇名	国图浙刻本	上图墨宝堂本抄本	刘绩本	赵用贤本
形势	"山高而不见地不易也"注文"是地多[崄]阻"	"山高而不见地不易也"注文"是地多[险]阻"	同墨宝堂本	同浙刻本
幼官	审取[予]以总之	审取[与]以总之	同墨宝堂本	同浙刻本
幼官图	骄君使疲民则[危国]	骄君使疲民则[国危]	同墨宝堂本	同浙刻本
宙合	内纵于[美色淫声]	内纵于[美好音声]	同墨宝堂本	同浙刻本
枢言	霸主积于将[战士]	霸主积于将[士]	同墨宝堂本	同浙刻本
八观	其藏不足以[共]其费	其藏不足以[供]其费	同墨宝堂本	同浙刻本
八观	时[无]会同	时[毋]会同	同墨宝堂本	同浙刻本
法禁	[荣]其名而后止矣	[营]其名而后止矣	同墨宝堂本	同浙刻本
重令	为雕文刻镂足以[辩]贵贱	为雕文刻镂足以[辨]贵贱	同墨宝堂本	同浙刻本
兵法	远用兵[而]可以必胜	远用兵[则]可以必胜	同墨宝堂本	同浙刻本

上表所列刘绩本与墨宝堂本相同而与浙刻本不同处,赵用贤本均与浙刻本相同。这说明赵用贤所说"今据宋本校定""皆按宋本校正"之"宋本",为国图藏南宋浙刻本,而非墨宝堂本。

赵用贤本眉栏中,间有校勘按语。这些按语,有的来自于刘绩本,也有一些不见于刘绩本,为赵用贤以其他版本校勘《管子》,如:

《四称》"谗贼与斗,不弥人争",眉栏:"贼"一本作"贱"。

《侈靡》:"智运谋而杂(雜)",眉栏:"杂(雜)"一作"离(離)"。

《揆度》“则中内摲民也”，眉栏：“摲”一作“漸”，音衫，芟也。

《国准》“立施以守五谷”，眉栏：一本“施”作“驰”，“驰”上有“杀”字，“五谷”下又有“之所生也”。

《轻重丁》“鹅鹜含馀粖”，眉栏：“粖”一作“秣”。

《轻重戊》“千谷也”，眉栏：“千”，一本作“子”。

《轻重戊》“女子居涂”，眉栏：一本“涂”上有“内”字。

《轻重己》“无功者皆称其位而立沃有功者”，眉栏：“沃”一本作“汏”。

以上所录赵用贤所作校勘按语，其“一本作”“一作”之文字，与宋浙刻本《管子》不同，也不见于今传《管子》其他各版本。这说明赵用贤除以宋浙刻本为校本外，还有其他一些今天已经失传的版本作参校本。王世贞所说“于是悉其赀力，后先购善本凡数十，穷丹铅之用，而后授梓”，非为虚语。今查《赵定宇书目》中，有“《管子》四本”，内府板书“《管子》二本”，①《脉望馆书目》昃字号有“《中都四子集》十本（老、庄、管、淮），《管子》四本、又四本，《管子钞》二本（内少九之十六）”，律字号有旧板书“《管子》二本”。② 这些版本，当为赵用贤刻书所资。除《中都四子集》本外，其他版本信息不明。其中有些版本，当已失传。

赵用贤虽以诸本参校，但参校仅列异同，文字则以宋本为主，其《凡例》云：

> 《管子》书多古字，如专作抟，忒作貣，宥作侑，况作兄，释作泽，此类甚众。《大匡》载召忽语曰“百岁之后，吾君下世，犯

① 〔明〕赵用贤：《赵定宇书目》，《宋元明清书目题跋丛刊》（四），中华书局2006年版，第831、847页。

② 〔明〕赵琦美：《脉望馆书目》，《宋元明清书目题跋丛刊》（四），中华书局2006年版，第930、934页。

吾命而废吾所立，夺吾纠也，虽得天下，吾不生也，兄与我齐国之政也”，而注乃谓“召忽呼管仲为兄”。曰“泽命不渝”，而注乃以为“泽恩之命”。甚陋，不可遍举。书既雅奥难句，而为之注者复缪于训释，故益使后人疑惑，不能究知。今悉从宋本刊定，不敢轻加更易。其古文字间有不可考者，皆为标识篇首，以俟有识者共订正焉。

赵用贤本据宋浙刻本对《管子》进行了仔细的校勘，“悉从宋本刊定”，因此文字与浙刻本多有相似，而与刘绩本有较大不同。所以，虽然赵用贤本是以刘绩本为底本，但由于校勘时多以宋本为准，从而导致校本淹没了底本，赵用贤本与宋本文字更为接近，关系更为密切。因此，说赵用贤本出自浙刻本，也无不可。前人即多以赵用贤本出自浙刻本。瞿镛云：“明万历间赵文毅刻本即从此（浙刻本）出。”① 丁丙云：“文毅刻本，即从杨序宋本（浙刻本）而出。”②

二、赵用贤本的贡献与不足

（一）赵用贤本的贡献

赵用贤本出现以前，通行的《管子》各本，刻印粗疏，讹误甚多，而宋本《管子》又难以寻觅。赵用贤本以刘绩《管子补注》为基础，以宋浙刻本为准绳，参照其他版本，校订文字、厘定章节、详加句读、增补注释，从而形成了一个文字可靠、方便实用的新版本，对

---

① 〔清〕瞿镛：《铁琴铜剑楼藏书目录》，《续修四库全书》（926 册），上海古籍出版社 2002 年版，第 236 页。

② 〔清〕丁丙：《善本书室藏书志》，《宋元明清书目题跋丛刊》（九），中华书局 2006 年版，第 579 页。

《管子》一书的广泛传播起到了巨大作用。

《管子》的校勘整理，以校订文字最为重要。宋浙刻本与明刘绩本，是赵用贤本以前《管子》最为重要的两个版本。二者各有优长与不足。赵用贤本在文本上吸取了这两种版本的优长，弥补了二者的不足，此为赵用贤本最重要的贡献。

浙刻本从总体上来看，要优于刘绩本，但也有不足之处，最典型的如前文提到的《重令》篇"则是教民邪途也"下缺1页，包括"如此则巧佞之人"至"则便辟得进毋功"454字；《小问》"桓公与管仲阖门谋伐莒，未发也"之下，脱去"而已闻于国矣。桓公怒，谓管仲曰：'寡人与仲父阖门而谋伐莒，未发也'"27字。这两个地方刘绩本均完好无缺。再如《四时》篇"是故冬三月"至"所恶必伏"一段，浙刻本置于"暴虐积则亡"下，文义不顺。刘绩本此段置于"行秋政则旱"之下，文义顺畅。以上文字，赵用贤本均与刘绩本相同，弥补了浙刻本的不足。刘绩本《幼官》"治和气"下补"用五数"3字，"听羽声"下补"治阳气"3字，《幼官图》"庶人之守也"下补"动而无不从，静而无不同"10字，赵用贤本亦全部采纳。

刘绩本讹误很多，如前文第三章第一节曾经提到，《幼官》"修道路，偕度量，一称数，薮泽以时禁发之"，刘绩本脱"薮泽以时禁发之"7字并注文"偕，同也。称，斤两也。数，多少也"11字；《兵法》"无设无形焉，无不可以成也；无形无为焉，无不可以化也"，刘绩本脱"无形"至"无形"11字并中间注文"无策可以设，无形可以寻，所向皆无，故不可以成功也"21字；《问》"子弟以孝闻于乡里者几何人？余子父母存，不养而出离者几何人？士之有田而不使者几何人"，刘绩本脱"余子父母存，不养而出离者几何人"14字；《参患》"器滥恶不利者，以其士予人也；士不可用者，以其将予人也；将不知兵者，以其主予人也；主不积务于兵者，以其国予人也"，刘绩本脱“士不可用者，以其将予人也；将不知兵者，以其主予人也”22字；《轻重丁》“桓公问管子曰：‘此其何故也？’管子曰：‘成围京者二家……民何不为也’”，刘绩本脱“此其何故也，管子曰”8字。以上5处，浙刻本均不脱漏。赵用贤本与浙刻本同，弥补了刘绩本的不足。

赵用贤本吸取浙刻本与刘绩本优长之处，除上述各例外还有很多。今再以《大匡》篇为例说明。见表4－1－2。

表4－1－2

序号	浙刻本	刘绩本	赵用贤本	说明
1	召忽曰：可	召忽曰：不可	同刘绩本	浙刻本讹
2	吾君卜世	吾君卜也	同浙刻本	刘绩本讹
3	公令连称、管至父戍葵丘	公令连称、管至父戍葵	同浙刻本	刘绩本脱
4	文姜通于齐侯	文姜通于齐	同浙刻本	刘绩本脱
5	齐侯怒，飨公	齐侯怒，飨	同浙刻本	刘绩本脱
6	又力成吾君之祸	又力威吾君之祸	同浙刻本	刘绩本讹
7	祸理属焉	祸理属然	同浙刻本	刘绩本讹
8	二月鲁人告齐曰	二月鲁人告曰	同浙刻本	浙刻本优
9	请以彭生除之	请以彭除之	同浙刻本	刘绩本脱
10	反，诛屦于徒人费	于徒人费	同浙刻本	刘绩本脱
11	鲁人伐齐，纳公子纠	鲁人伐，纳公子纠	同浙刻本	刘绩本脱
12	战于乾时	战于乾	同浙刻本	刘绩本脱
13	使鲁杀公子纠	使鲁人杀公杀公子纠	同浙刻本	刘绩本衍
14	得管仲与召忽则社稷定矣	管仲与召忽则社稷定矣	同浙刻本	刘绩本脱

续表

序号	浙刻本	刘绩本	赵用贤本	说明
15	夷吾不受	齐吾不受	同浙刻本	刘绩本讹
16	虽得贤，庸必能用之乎	虽得贤，庸必能之用乎	同浙刻本	刘绩本倒
17	今彼反齐天下皆乡之	今彼天下皆乡之	同浙刻本	刘绩本脱
18	将咠有所定也	将胥有所定也	同刘绩本	浙刻本讹
19	令既定矣	今既定矣	同刘绩本	浙刻本讹
20	必令忽相齐之右	必令忽相之右	同浙刻本	刘绩本脱
21	公子纠可谓有死臣矣	公子纠可谓有臣死矣	同浙刻本	刘绩本倒
22	夫国之乱也，智人不得作内事	夫国之糺也，智人不得作内事	同浙刻本	刘绩本讹
23	事之不济也，免公子者为上，死者为下	事之不济也，免公其从于鲍叔而言子者为上死者为下	同浙刻本	刘绩本衍
24	管仲辞于君曰：君免臣于死，臣之幸也；然臣之　不死纠也，为欲定社稷也。社稷不定，臣禄齐国之政而不死纠也，臣不敢	管仲辞于君曰：君免臣于死，臣之幸也；然臣之不死纠也，臣不敢	同浙刻本	刘绩本脱
25	夫人荡舡而惧公	夫人荡公而惧公	同浙刻本	刘绩本讹
26	公不听，果伐宋。诸侯兴兵而救宋，大败齐师	公不听，果伐宋。诸侯兴兵而伐宋，大败齐师	同浙刻本	刘绩本讹

续表

序号	浙刻本	刘绩本	赵用贤本	说明
27	告管仲曰请修革	告管仲曰请修兵革	同刘绩本	浙刻本脱
28	管仲曰：吾君惕，其智多诲，姑少胥其自及也。鲍叔曰：比其自及也，国无阙亡乎？管仲曰:未也……	管仲曰:比其自及也，国无阙亡乎？鲍叔曰:未也……	同浙刻本	刘绩本脱并讹
29	朝之争禄相刺裚而刎颈者不绝	朝之争禄相刺裚领而刎颈者不绝	同刘绩本	浙刻本脱
30	君果弱鲁君	君鲁弱于君	同浙刻本	刘绩本讹
31	桓公不听，管仲又谏曰	桓公不听，果与之遇，庄工自怀剑。管仲又谏曰	同浙刻本	刘绩本衍
32	鲁胡不用兵	鲁何用不兵	同浙刻本	刘绩本倒
33	公乃命曹孙宿使于宋	公乃命曹孙叔使于宋	同浙刻本	刘绩本讹
34	桓公筑缘陵以封之	桓公缘令以封之	同浙刻本	刘绩本脱
35	今君薪封亡国	今君近封亡国	同浙刻本	刘绩本讹
36	君有行之名，安得有其实	君有行之实，安得有其名	同浙刻本	刘绩本讹
37	弛关市之征	弛市之征	同浙刻本	刘绩本脱

续表

序号	浙刻本	刘绩本	赵用贤本	说明
38	管仲又请曰诸侯之礼	管仲又请曰请诸侯之礼	同浙刻本	刘绩本衍
39	乃游公子开方于卫	乃游公子方于卫	同浙刻本	刘绩本脱
40	齐车千乘，卒可致缘陵	齐车千乘，卒先致缘陵	同刘绩本	浙刻本讹
41	其车甲与货	其甲与货	同浙刻本	刘绩本脱
42	遇山戎	过山戎	同刘绩本	刘绩本优
43	诸侯之兵不足者，君助之发	诸侯之兵不足者，君助之发诸侯之兵不足者，君助之发	同浙刻本	刘绩本衍
44	桓公乃告诸侯，必足三年之食，安以其余修兵革。兵革不足，以引其事告齐，齐助之发	桓公乃告诸侯，必足三年之食，安	同浙刻本	刘绩本脱
45	士庶人毋专弃妻，毋曲隄	士庶人毋专弃妻，毋曲妻	同浙刻本	刘绩本讹
46	高子识工贾之有善者	高子识工价(價)之有善者	同浙刻本	刘绩本讹
47	凡仕者近公	凡仕者近宫	同刘绩本	刘绩本优
48	野原又多发	野原及多发	同浙刻本	刘绩本讹
49	三大夫既已选举	三大夫既已选得	同浙刻本	刘绩本讹

上表所列49条,有8条即第1、18、19、27、29、40、42、47条,浙刻本有误或不如刘绩本合理。这8条赵用贤本均与刘绩本相同。其他的41条,刘绩本有误或不如浙刻本优。这41条赵用贤本均与浙刻本相同。赵用贤本吸取浙刻本与刘绩本的优长,于此清晰可见。

上表所列49条中,浙刻本讹误较少而刘绩本讹误较多,浙刻本的讹误占了不到五分之一,而刘绩本的讹误占了五分之四还多。赵用贤本"据宋本校定",因此与浙刻本相同之处多而与刘绩本文字差异大。《大匡》篇1篇之中,刘绩本讹脱衍倒,触目皆是。窥一斑而知全豹,赵用贤《管子书序》所说"正其脱误者逾三万言",非为虚语。

除校订文字外,厘定章节、详加句读、增补注释,也是赵用贤本的重要贡献。《凡例》云:"《管子》新本,每遇长篇文字至更端处,皆别为一行,其间不能无分析太过之弊。今皆按宋本校正,其文义当隔别者,止为'一'其处,以识章目所分。其新本应合而分、应分而合者,悉为厘定。"此为厘定章节。《凡例》云:"是书之讹谬难读,其来久矣。今详定句读,悉通融上下文义。间有房注误句而芦泉氏(刘绩)所更正者,皆列疏于上,使览者易以研解云。"此为详加句读。《凡例》云:"《管子》注出房玄龄,或云出唐国子博士尹知章。其讹谬穿凿,《日钞》论之甚详矣。芦泉刘氏绩间为补定,简明贯穿,多所发明。……今据宋本校定,而刘绩所注其最切当者,列之卷首(眉栏),皆冠以'按'字。其间有愚见所标注者,亦杂见篇首,得百一耳。"此为增补注释。

厘章节、加句读、增注释,对于人们阅读《管子》很有帮助。而赵用贤本详加句读,尤其值得称道。古籍刊本,多不加句读。读者阅读时,自己以笔标注于行间。《管子》文字古奥,不易研读。人们往往废书而叹。赵用贤本于全书详加句读，个别有歧见处于眉栏说明，这大大方便了人们的阅读。后来凌汝亨朱墨套印本、沈鼎新花斋本、吴勉学《二十子》本以及朱长春《管子榷》、梅士享《诠叙管子成书》等均有句读，都是受了赵用贤本的影响。

赵用贤本版刻精良，美观大方，展卷赏心悦目。其书后有写工刻工姓名："吴郡顾檈书，顾时中、章掖、顾植、刘廷惠、何承德、章扦、顾贤、何承业、吴丙初、顾文、邑人吕廉仝刻。"这些人都是当时的良工，"盖当时写刻均选良工，故颇不苟"①。赵用贤本字体端庄俊朗，点画一丝不苟，与刘绩本之粗疏草率截然不同。就行款来说，浙刻本每半页 12 行，行 23、24 字不等，注文注约 4 字抵正文 3 字不等。赵用贤本则每半页 9 行，行 19 字，注文双行同。与浙刻本相比，字大行疏，排列齐整，更为清朗可观。赵用贤本刊行以后，广受欢迎，成为明末以来《管子》最为通行的版本，与此不无关系。

（二）赵用贤本的不足

赵用贤本对《管子》文字进行了仔细校订，《凡例》中虽然称"悉从宋本刊定"，但实际并非如此，很多地方保存了刘绩本的面貌。刘绩本中的有些讹误，赵用贤本未加校正。如《形势》浙刻本"虎豹讬幽而威可载也"，刘绩本"讬幽"作"得幽"，赵用贤本与刘绩本同。王念孙云："此涉上句'得'字而误，后《形势解》正作'讬幽'。"②"邪气袭内正色乃衰"，刘绩本"袭"作"入"，赵用贤本与刘绩本同。王念孙云："后解及《文选·长门赋注》《七发注》引此并

① 王欣夫撰，鲍正鹄、徐鹏标点整理：《蛾术轩箧存善本书录》，上海古籍出版社 2002 年版，第 1273 页。

② 郭沫若等：《管子集校》，科学出版社 1956 年版，第 18 页。

作‘袠’,袠即人也。无须改‘袠’为‘人’。”①其他如《法法》“象地无亲”,刘绩本“地”误作“法”;《法法》“矜物之人,无大士焉”,刘绩本“矜”误作“务”;《四称》“不讳其辞”,刘绩本“讳”误作“毁”;《小问》“发仓廪、山林、薮泽以共其财”,刘绩本“仓(倉)”误作“食”;《海王》“人数开口千万也”,刘绩本“开(開)”误作“问”;《轻重甲》“釜鏂之数”,刘绩本“釜”误作“金”等,赵用贤本均与刘绩本同误。

赵用贤本在刊刻中,也产生了一些新的错误。如浙刻本、刘绩本中,《形势》“訾讆之人,勿与任大”下注文“如此之人任之则乱大邦也”,赵用贤本作“如此之人则乱大邦也”,脱“任之”;《版法》“安高在乎同利”,赵用贤本“安高”作“高安”,误倒;《幼官》“劝勉以迁众”,赵用贤本作“劝勉以选众”,“迁(遷)”误作“选(選)”;《小匡》“小罪入以金钧分”下注文“三十斤曰钧”,赵用贤本“斤”误作“金”;《大匡》“令国子以情断狱”下注文“定罪罚者贵得其情”,赵用贤本作“定罪罚者贵得其罪”,“情”误作“罪”;《小匡》“中国诸侯,莫不宾服”,赵用贤本“中国诸侯”作“中诸侯国”,误倒。

赵用贤本刻成后,又据别本校补。限于原来版面,只能剜去原来正文大字,改作双行小字。如《小问》“而已闻于国矣。桓公怒,谓管仲曰:寡人与仲父阖门而谋伐莒,未发也”等字为后来补充。郭沫若:“明刻赵本初亦依据杨忱本夺此二十八字,后乃剜去补刻。为地位所限,故以双行刻之,如注也。”②

需要注意的是,赵用贤在校订过程中,调整了《幼官图》篇的顺序。在浙刻本中,《幼官图》篇的顺序是西方本图、西方副图、南方本图、中方本图、北方本图、南方副图、中方副图、北方副图、东方本

① 郭沫若等:《管子集校》,科学出版社 1956 年版,第 31 页。
② 郭沫若等:《管子集校》,科学出版社 1956 年版,第 819 页。

图、东方副图。刘绩《管子补注》本、无注古本、安正书堂本、朱东光本与杨忱本次序相同。赵用贤不知当初图是以圆周顺序排列，依照《幼官》篇改其次序为中方本图、中方副图、东方本图、东方副图、南方本图、南方副图、西方本图、西方副图、北方本图、北方副图。戴望云："恐宋本为是。此必有意义存乎其中，今本特以其不同前篇，而移其先后耳。"①冒广生云："用贤依《幼官》篇易其次序，则未知《管子》当日盖为圆图。后来梅士享、凌汝亨、朱长春、吴中珩、张榜所刻《管子》皆祖用贤，非复宋本之旧矣。"②

赵用贤调整《幼官图》的次序，有失古本面貌，本不可取。不过，由于其次序与浙刻本及刘绩本系统诸本均不相同，而成了赵用贤本的重要特征之一。查看《幼官图》篇的次序，是判断某一版本属于赵用贤本系统还是其他版本系统的简便方法。

赵用贤本吸收了刘绩《管子补注》的成果。《凡例》云："刘绩所注其最切当者，列之篇首（眉栏），皆冠以'按'字。其间有愚见所标注者，亦杂见篇首，得百一耳。"赵用贤本眉栏中所列刘绩补注，有的加了"按"字，有的则没有加"按"字，例如：

《形势》：篇题上，书眉有注"此注多非，当依后《形势解》自明"；同篇"衔命者君之尊也，受辞者名之运也"上，眉栏有注"受辞谓君出言顺理而民受之无异也，名运谓名声彰于四方也"；

《立政》："修火宪，敬山泽林薮积草"上，眉栏有注"敬同儆，戒也"；"人不敢以燕以飨庙将军"上，眉栏有注"此有阙文误字"等。

以上所举全为刘绩补注，但均未加"按"字。冒广生云："书眉

① 郭沫若等：《管子集校》，科学出版社1956年版，第141页。
② 冒广生著，冒怀辛整理：《〈管子〉跋十七则》（续），载《管子学刊》1987年第2期。

所列,据用贤自言,刘注皆冠以‘按’字。今以刘绩注本校之,则所列刘注,未加‘按’字甚多。花斋沈氏所刻,则并以有‘按’字者亦作用贤标注,几使用贤有攘夺之名,非用贤本旨也。”①

赵用贤本虽然有些不足之处,但总体来看,该版本校勘严谨,刻印精良,为明代《管子》最好的版本。郭沫若云:“赵刻确较精核,在明刻本中最为完善”,“明刻以此书为最精,以后各种板本均脱胎于此”。②

三、赵用贤本的收藏与流传

(一)赵用贤本的收藏

赵用贤本《管子》传世较多。据《中国古籍善本书目》,首都图书馆、北京大学图书馆、中国科学院图书馆、上海图书馆、复旦大学图书馆等25家图书馆均收藏有赵用贤《管韩合刻》全帙。《管韩合刻》之《管子》零本,各大图书馆亦多有收藏,其中不乏名家批校题跋本,详见第五章第三节。

赵用贤本《管子》流传广远,日本、欧美亦多有收藏。美国哈佛大学哈佛燕京图书馆有叶氏旧藏本,有日本人君山题识:“是书有‘叶氏藏书’‘叶君赐藏书’二印记,秘阁所藏元刻本《乐府诗集》亦有此二印记,见乎善本目录。昭和七年五月中九,君山。”③普林斯顿大学葛思德东方图书馆有翁方纲旧藏本,有“文渊阁校理翁方纲

---

① 冒广生著,冒怀辛整理:《〈管子〉跋十七则》(续),载《管子学刊》1987年第2期。

② 郭沫若:《郭沫若全集·历史编》(第五卷),人民出版社1984年版,第11、22页。

③ 沈津:《美国哈佛大学哈佛燕京图书馆中文善本书志》,上海辞书出版社1999年版,第307页。

藏"印记。①

（二）赵用贤本的翻刻

赵用贤本校、印俱精，很受欢迎，坊间很早就有翻刻。翻刻本字体与原刻很相似，但笔画僵硬呆板，不如原刻饱满圆润。原刻本版心下方有刻工，翻刻本中原版刻工多有刊落，仅部分页下偶有刻工。国家图书馆收藏赵用贤本《管子》多种，其中有原刻本，如顾广圻批校本，也有翻刻本，如吴志忠批校本。今将顾广圻校本与吴志忠校本第五卷中刻工情况，列表如下（见表4－1－3），以见二者之不同。

表4－1－3

卷五页码	原刻本（顾广圻校本）	翻刻本（吴志忠校本）
1	章掖刊	章掖刊
2	章掖	章掖
3	章掖	章掖
4	掖	掖
5	廷惠	无
6	廷惠	无
7	刘廷惠	刘廷惠
8	廷惠	廷惠
9	德	德
10	德	德

① 屈万里：《普林斯顿大学葛思德东方图书馆中文善本书志》，台湾艺文印书馆1975年版，第237页。

续表

卷五页码	原刻本（顾广圻校本）	翻刻本（吴志忠校本）
11	无	无
12	无	无
13	顾文	无
14	玄	无
15	顾言刻	无
16	顾言刻	无
17	奎	无
18	奎	无
19	无	无

上表可见，卷5共19页，顾广圻校本除第11、12、19页外，其他16页均有刻工，而吴志忠校本仅1、2、3、4、7、8、9、10页有刻工，其他11页即5、6页及11至19页无刻工。

吴志忠校本卷五还保存了部分页码的刻工，而有的卷中，则全无刻工。如第20卷，顾广圻校本每页均有刻工，依次为：吕玄刻、玄刻、章掖、掖、中、中、初、初、成、成、顾言、言、何、何、中、中、中、中、吕、吕、吕。这21处刻工，吴志忠校本中全部没有。由此可见，吴志忠校本所用底本为翻刻本无疑。

国家图书馆所藏陈奂校赵用贤本，刻工情况与吴志忠校本相同，也是翻刻本。陈奂与吴志忠均为清代学者，他们用的赵用贤本均为翻刻本，这说明翻刻本在清代流传颇广。潘承弼、顾廷龙《明代版本图录初编》卷六，收录《管韩合刻》本《管子》与《韩非子》卷一首页之图版。《韩非子》图版有刻工，《管子》图版无刻工，且字画僵硬。知其中之《韩非子》为原刻,《管子》为翻刻本。

目前大陆各图书馆收藏的赵用贤本《管子》,有原刻,也有翻刻,但很少加以区分。台湾这方面做得较好。台湾"国家图书馆"收藏有赵用贤本多种,有的注明是明万历十年(1582)吴郡赵用贤刊本,有的则注明是翻刻。如其中索书号 30305790、30305791 两种,均注明是"明翻刻万历壬午(1582)吴郡赵用贤刊本"。另有《合刻管子韩非子》,索书号 30305825,其版本项亦注明是"明翻刻万历本"。

(三)赵用贤本之《四库全书》抄本

《四库全书》收入《管子》及《管子补注》。《管子补注》用编修励守谦家藏明刻刘绩本,前文已论。《管子》用大理寺卿陆锡熊家藏赵用贤《管韩合刻》本。

《四库全书》抄本《管子》据赵用贤本缮写,基本保存赵本原貌,但也有所不同:一是赵用贤原刻本卷前有王世贞序、赵用贤序、刘向叙录、杨忱序、张嵲《读管子》、管子文评、管子凡例等,《四库全书》抄本仅保留赵用贤序、刘向叙录、杨忱序及张嵲《管子跋》,删去王世贞序、管子文评及管子凡例。二是赵用贤原刻本有眉栏,列刘绩及赵用贤释注及按语,《四库全书》抄本全部删去。三是赵用贤本部分文字,《四库全书》抄本进行了校改。

《四库全书》抄本对赵用贤原刻本文字的校改,王太岳《四库全书考证》曾举出数十条,今录之如下:

《幼官》篇"莫之能圉",刊本"圉"讹"害",据后文改。

《幼官图》篇"若因夜虚守静",刊本"夜"讹"处",据前文改。又"务本饬末则富",刊本"饬"讹"餝",据前文改。又"攻之以官",刊本"官"讹"言",据前文改。又"劝勉以选众",刊本"选"讹"迁",据前文改。又"信利周而无私",刊本"周"讹

"害",据前文改。又"十年重适入",刊本"十"讹"七",据前文改。

《宙合》篇"此言君之所出令无妄也",刊本"妄"讹"安",据注改。

《八观》篇"《泰誓》曰",刊"泰"讹"秦",今改。

《大匡》篇"甲三千",刊本"三"讹"五",据《左传》改。

《小匡》篇"服牛轺马",刊本"轺"讹"辂",据《国语》改。又"属退而修县,县退而修乡",刊本"县"并讹"连",据前文及《国语》改。又"游士八十人",刊本"十"讹"千",据《国语》改。又"渠弥于有陼",刊本"弥"讹"瀰",据上文改。又"握粟而筮者屡中",刊本"筮"讹"茎",今改。又"通齐国之鱼盐于东莱",刊本脱"于"字;又"所以示权于中国也",刊本"权"作"劝",并据《国语》改。

《霸形》篇"车三百乘,卒三千人",刊本"三"并讹"五",据《左传》改。

《君臣》篇"耳目不壅",刊本"目"讹"自",今改。

《心术》篇"版法形势之属",刊本脱"形"字,据本书增。又"则刘向编校之日",刊本讹作"刘向编援之由曰",今改。

《四时》篇"我既诚信",刊本"诚"讹"诫",今改。

《任法》篇"犹埴之在埏也",刊本"埏"讹"斑",据《道德经》改。

《小问》篇"桓公二十年",刊本脱"二十年"三字,据《水经·濡水注》所引增。

《封禅》篇"悬钩其车也",刊本"钩"讹"钓",据《史记集解》改。

《弟子职》篇"衣带必饬",刊本"饬"讹"饰"。又"问何所趾”,刊本“何所”二字互倒,并据《古诗纪》改。

《地员》篇“其种蘪忍”注“蘪忍草名”,刊本“蘪忍”二字互倒,据《尔雅》及《本草纲目》改。

《形势解》篇“此贱人之所以忘其卑也”,刊本“忘”讹“亡”;又“牺牲圭璧不足以享鬼神”,刊本脱“神”字;又“异趣而同归”,刊本“趣”讹“起”。并据卷一《形势》篇改。

《立政九败解》篇“请谒任举”,刊本“举”讹“誉”,据卷一《立政》篇改。

《版法解》篇“置不能图”,刊本“置”讹“寡”,又“修长存乎任贤”,刊本“修”讹“备”,并据卷一《版法》篇改。

《明法解》篇“则明务交而不求用矣”,刊本“交”讹“佼”,据卷十五《明法》篇改。

《山国轨》篇“为之有道乎”,刊本“乎”讹“于”,今改。

《轻重甲》篇“泲水所流入海之处”,刊本“泲”讹“沛”,今改。

《地数》篇“夫玉起于禺氏边山”,刊本“禺”作“牛”,据卷二十二《国蓄》篇改。

《轻重丁》篇“斗二升八合曰鏂”,刊本“升”讹“胜”,今改。①

赵用贤本中,有些正文文字刻为双行小字,《四库全书》抄本改作大字正文。《四库全书考证》举出数则:

《宙合》篇“而轻其末用”,刊本“末用”二字讹作分注,今改。

---

① 〔清〕王太岳:《钦定四库全书考证》,影印文渊阁《四库全书》(1499册),上海古籍出版社1987年版,第45~47页。

《小匡》“夷吾一不如”，刊本“一不”两字讹作分注，今改。

《侈靡》篇“强而可使服事”，刊本“而可”讹分注，今改。

《小问》“桓公怒”至“有执席食以视上者”十余句，刊本讹作分注，今改。

《形势解》“弱子下瓦，慈母操棰”，刊本“下瓦慈母操棰”六字讹作分注，今改。

《地数》篇“受水者八千里，出铜之山四百六十七山”，刊本“受水”至“四百”十二字讹作分注，据《广雅》所引改。①

《四库全书》抄本的校改，有的是理校，也有的是本校，据本书前后相关文字校改，还有他校，据其他文献校改。赵用贤本的一些讹误，经过校改得以订正。赵用贤本个别正文作双行小字，类似注文，眉栏也没有说明，很容易让人误解。《四库全书》抄本将其改为正文大字。这些都非常有必要。

不过，《四库全书》抄本也有些不当改而改之处。如《版法》“众之所忿，置不能图”，《版法解》作“众之所忿，寡不能图”。二者相较，《版法解》更为合理。刘绩云：“当依后《解》作‘寡不能图’。”②《四库全书》抄本却据《版法》改《版法解》“寡不能图”为“置不能图”，不当。再如《幼官》“攻之以官”，《幼官图》作“攻之以言”。二者相较，《幼官图》更为合理。刘绩云：“当依后作‘攻之以言’。”猪饲彦博云：“‘官’作‘言’为是。”③《四库全书》本却据《幼官》改《幼官图》“攻之以言”为“攻之以官”，不当。

---

① 〔清〕王太岳：《钦定四库全书考证》，影印文渊阁《四库全书》（1499册），上海古籍出版社1987年版，第45～47页。

② 郭沫若等：《管子集校》，科学出版社1956年版，第98页。

③ 郭沫若等：《管子集校》，科学出版社1956年版，第109页。

第二节 赵用贤本系统诸本

赵用贤本刊布以后，迅速通行，并且衍生出诸多版本。明代吴勉学《二十子》本、朱长春《管子榷》本、凌汝亨朱墨套印本、黄汝亨《先秦十五种》本、朱养纯花斋本、梅士享《诠叙管子成书》本、葛鼎《合刻管韩二子》本，清代姑苏聚文堂《十子全书》本、崇文书局《子书百家》本、浙江书局《二十二子》本，民国中华书局《四部备要》本、世界书局《诸子集成》本以及日本和刻《管子全书》本、《管子纂诂》本等，均直接或间接出自赵用贤本；凌登嘉《管子治略窾言》、魏时应编次《管子》、张榜《管子纂》、方苞《管子删评》等节选本，清末民初的众多石印本，也都属于赵用贤本系统。这其中有白文本，有注本，有评本，也有评注本。今择要介绍如下。

一、白文本

赵用贤本《管子》出现后，被收入一些丛书中。有的丛书本仅刻正文，不收注文，也不列评语，代表性的有明代吴勉学《二十子》本和清代湖北崇文书局《子书百家》本。

（一）吴勉学《二十子》本

吴勉学《二十子》，也称《二十子全书》或《二十家子书》，共收子书20种169卷，包括：老子《道德经》2卷、《文子》2卷、关尹子《文始真经》1卷、列子《冲虚真经》8卷、庄子《南华真经》3卷《难字音义》1卷、《司马子》1卷、《管子》24卷、《晏子春秋》4卷、《孙子》1卷、《吴子》1卷、《鬼谷子》1卷《外篇》1卷、《黄石公素书》1卷、《韩非子》20卷、《商子》5卷、《荀子》20卷、扬子《法言》10卷、谭子《化书》6 卷、《淮南子》21 卷、《吕氏春秋》26 卷、《文中子》10 卷。①

吴勉学字肖愚，号师古，安徽歙县人。晚明藏书家、刻书家，明隆庆、万历间徽州书坊“师古斋”主人，以刻书著称于世。其子吴中珩，字延美，继承父业，刊刻图书也很多。吴氏所刻图书内容广泛，经史子集、丛书、都有，《二十子》为其较著者。

吴勉学《二十子》本《管子》刊于万历年间，每半页 9 行，行 18 字，白口，左右双栏，首刘向《管子叙录》，次目录，次正文。每卷卷首题“明新安吴勉学校”。

吴勉学本出自赵用贤本，赵用贤本的行间注释及眉栏按语全部删去，仅保留正文。赵用贤本卷前各家序言仅保留刘向《管子叙录》，其余全部删去。《管子》之《牧民》《立政》等篇，内有子目。赵用贤本于篇题下具列子目名称，《二十子》本将此删去。赵用贤本中，篇内子目名称置于本节文字之后，标“右某某”。此保存传统样式，宋浙刻本、明刘绩本均如此。《二十子》本将子目标题移每节文字之前，标“某某”，与赵用贤本不同。此为晚明风气，凌汝亨朱墨套印本亦如此。冒广生云：“其书祖赵文毅本，惟删去尹注及总目中《牧民》《立政》《乘马》《七法》《幼官图》《九守》《轻重丁》诸篇下所有子目，篇中子目则用大字低一格列正文前，为稍异耳。”②

吴勉学本刻印颇为讲究，版式大方，字体端庄。但该版本白文

① 明谢汝韶曾辑《二十家子书》，明万历六年吉藩崇德书院刊本，包括老子《道德经》1 卷、关尹子《文始真经》1 卷、亢仓子《洞灵真经》1 卷、文子《通玄真经》1 卷、《尹文子》1 卷、《子华子》1 卷、《鬻子》1 卷、《公孙龙子》1 卷、《鬼谷子》1 卷、列子《冲虚真经》2 卷、庄子《南华真经》4 卷、《荀子》3 卷、扬子《法言》1 卷、文中子《中说》1 卷、《抱朴子外篇》2 卷、《刘子》1 卷、《黄石公》1 卷、《玄真子》1 卷、《天隐子》1 卷、《无能子》1 卷，与吴勉学《二十子》不同。

② 冒广生著，冒怀辛整理：《〈管子〉跋十七则》（续），载《管子学刊》1988 年第 1 期。

无注，仅刻《管子》原文，尹知章注、刘绩补注以及赵用贤所作释解全部删去，赵用贤本原序及包含大量学术信息的《管子》文评亦全无保留。从版刻来看，该本固然清爽悦目，但从方便实用角度来看，则远逊于其祖本赵用贤本。

据《中国古籍善本书目》，吴勉学《二十子》之全帙，国家图书馆、上海图书馆、吉林省图书馆、吉林市图书馆、宁夏回族自治区图书馆、南京大学图书馆、浙江图书馆、武汉大学图书馆、四川省图书馆、重庆市图书馆 10 家图书馆有收藏。其中浙江图书馆藏本之《老子》《文子》《韩非子》《淮南子》《荀子》，有朱骏声批校。国家图书馆藏本为张寿镛约园旧藏，由其夫人蔡瑛捐赠。《北京图书馆善本书目》卷四著录该书，注明是"蔡捐"。钤有藏章："四明张氏约园图籍"朱文长方印、"张寿镛印"白文方印、"经腴堂章"朱文方印、"王毓秀印"白文方印、"曾在南云蔡氏听郦山馆群签之内"朱文长方印、"南云蔡氏藏书"朱文方印等。该本之卷 3、5、8、10、12、14、16、18、20、22、24，仍题"明新安吴勉学校"，卷 1、2、4、6、7、9、11、13、15、17、19、21、23，则题"明新安吴中珩校"。吴中珩为吴勉学之子，此部分卷中改题"吴中珩校"，当为后印本。

吴勉学《二十子》本之《管子》零本，各大图书馆多有收藏。其中复旦大学图书馆藏本有沈大成批校，天津图书馆藏本收入齐鲁书社《历代管子版本丛刊》。

（二）所谓"黄刻《二十子》本"

郭沫若《〈管子集校〉所据〈管子〉宋明板本》著录吴勉学《二十子》本，为其中之第 11 种。又著录"明新安黄之寀校刻《管子》"，为其中第 15 种。实际上，黄之寀校刻《二十子》与吴勉学《二十子》，为同一版本。吴勉学《二十子》的书版，后来归黄之寀。黄之寀将每卷卷首之“明新安吴勉学校”改题“明新安黄之寀校”,①于是有了所谓“黄刻《二十子》本”。

美国国会图书馆藏有“黄刻《二十子》”,为汉阳周贞亮旧藏本。王重民《中国善本书提要》著录。其书卷端有民国三年(1914)周贞亮题语,考证黄刻《二十子》与吴勉学《二十子》为同一版本甚详。周贞亮云:“明季人好汇刻子书,其卷帙多者,以万历间吉藩及吴勉学刻两种《二十子》为最著。……近得吴刻零本,仅《管》《韩》《淮南》《商君》《晏子》五种,谐价每本一圆,犹未肯售。喜其刊印甚工,拟勉收之。忽见此本,亦称《二十子》,题明新安黄之寀校刻。各家书目都未著录,仅邵氏目载其《管子》一种。以与吴本零种对勘,则尺寸、框廓、行款、字画,无一不同。即剜阙处,亦毫发不异,竟是出于一版。其种类则同者十九,只较吴刻少《吕氏春秋》,而以《楚辞》一种代之耳。细审其题衔处,竟似将吴勉学三字剜去,补人黄之寀三字者。再加检阅,则《庄子》《楚辞》二种又与各种题衔不同,每卷首无校刻姓名,篇末则有‘明新安吴勉学校刻’一行。检《郘亭书目》,《楚辞》一种载有吴勉学本,而不入所刻《二十子》中。此书全帙题黄刻,而庄、屈二书仍存吴名,其即为吴刻,殆无疑义。窃疑此书乃吴氏原刻,后其版为黄所得,因剜去吴名,改题已名。其《吕氏春秋》一种或当时版已无存,故将吴刻《楚辞》足成,仍题为《二十子》耳。”②

《二十子》中亦收入《韩非子》。周勋初曾对吴勉学《二十子》与黄刻《二十子》中的《韩非子》进行比照。他说:“把两种‘二十子全书’本比较,就可发现二者实为一物,只是前书署‘明新安吴勉学

① 吴勉学为徽州歙县人,徽州古称新安,故题“明新安吴勉学校”。

② 王重民:《中国善本书提要》,上海古籍出版社1983年版,第218页。

校'，后者署'明新安黄之寀校'。大约吴氏原刻板片后为黄氏所得，黄氏利用旧板重印，而将'吴勉学'三字剜去，补入'黄之寀'三字。"①

黄刻《二十子》本《管子》，中国科学院图书馆有收藏，各卷题"明新安黄之寀校"，书前钤"绍南氏"朱文印，中有佚名墨笔圈点及旁批眉评。《中国科学院图书馆善本书目》著录为"明刻吴勉学校二十子全书后印本"，正是基于黄之寀《二十子》与吴勉学《二十子》为同一版本的认识。

（三）《子书百家》本

清末各省官书局刊印了大量古籍丛书，其中湖北崇文书局汇集先秦至明代的子书 101 种，称为《子书百家》。《子书百家》包括：儒家 23 种，兵家 10 种，法家 6 种，农家 1 种，术数 2 种，杂家 28 种，小说家 16 种，道家 15 种，古代重要诸子著作多网罗其中。《子书百家》搜罗广泛，便于查阅，但校勘不甚精审。郭象升云："湖北局《百子全书》部次凌杂，校雠粗疏，远不及浙江局，徒以搜罗广博胜耳。"②

《子书百家》本《管子》，白文无注，半页 12 行，行 24 字，黑口，左右双边，双鱼尾。该本始刊于清光绪元年（1875），扉页有牌记，题"光绪纪元夏月湖北崇文书局开雕"。

《子书百家》本《管子》以赵用贤本为底本，仅刻原文，赵本原刻之尹知章注及眉栏所列刘绩补注、赵用贤注，全部删去，卷首仅保留刘向《管子叙录》，赵本原刻之王世贞序、赵用贤序及《管子》文

① 周勋初：《〈韩非子〉札记》，江苏人民出版社 1980 年版，第 9 页。

② 王开学辑校，山西省图书馆编：《郭象升藏书题跋》，山西古籍出版社 2007 年版，第 65～66 页。

评,亦全部删去。赵用贤本用长方体字,《子书百家》本为节省篇幅,改用扁体字,字符密集,亦不如赵本清爽悦目。故其影响远逊于稍后的浙江书局《二十二子》本。

《子书百家》本有民国四年(1915)上海扫叶山房石印本。石印本书签及版心题为《百子全书》。扫叶山房石印本后有重印,重印时加句读,以便阅读。石印本《百子全书》又有浙江人民出版社1984年影印本。

二、新注本

明末,《管子》一书很受重视,出现了新的注本,主要有朱长春《管子榷》本与梅士享《诠叙管子成书》本(简称"朱长春本""梅士享本"),二者都是在赵用贤《管韩合刻》本基础上形成的。

(一)朱长春《管子榷》本

朱长春《管子榷》,刊于明万历四十年(1612)。每半页9行,行19字,单鱼尾,左右双边,上有眉栏。眉栏中有赵用贤注,间混有刘绩注。首朱长春《管子榷自序》,次张维枢《管子榷序》,次朱长春《校管子旧序》,次赵用贤《管子书序》,次刘向《管子叙录》,次杨忱《管子序》,次《管子榷凡例》12则,次《管子凡例》6则,次《管子文评》,次目录。赵用贤序、刘向序、杨忱序、《管子凡例》6则及《管子文评》,均录自赵用贤本。正文每卷题"唐司空房玄龄注,明道民朱长春榷"。版心记字数及刻工。刻工仅刻单字,有:诸、育、杜、周、郭等。字体为软体字,与明末通行的匠体字不同,郭沫若称"乃善书者所书"。①

---

① 郭沫若:《〈管子集校〉所据〈管子〉宋明板本》,《郭沫若全集·历史编》(第五卷),人民出版社1984年版,第22页。

朱长春,字太复,号海瀛,乌程人。生于嘉靖三十二年(1553)。万历癸未(1583)进士,知舒城、常熟、阳信知县,召为刑部主事。因力诋枢臣石星,忤旨,削籍为民。归隐城南溪湾,闭户著述,修真炼形。光宗朝,诏起直言,擢兵部郎中。卒后,赠光禄寺少卿。著作除《管子榷》外,尚有《朱太复文集》,乾隆间列为禁书。《列朝诗集小传》丁集下、光绪《乌程县志》卷十五有传。

朱长春《管子榷》由张维枢刊行。张维枢,字子环,号贤中,安溪人,居泉州。万历二十六年(1598)进士,累官工部侍郎。张维枢任吴兴太守时,刊印朱长春《管子榷》。其序云:"今天下盛行《管子》,大要取其词以供纂组云尔。而至于篇多舛讹,字多鱼豕,义多晦奥,则姑乙之。西吴朱太复先生,以文章主盟海内。中岁好道,五车二酉,悉以庋屏,而独成《管子榷》。其凡例有三:曰通,曰评,曰演。抉玄刊误,会故标新,于是《管子》遂为全书。余过山中问奇,得是篇而憙之,亟请以公诸锓。"①朱长春自序亦云:"往太守梁溪陈志行公过玄栖,见之请刻,未竟。今太守清源张子环公成其事。"

《管子榷》是朱长春在赵用贤《管韩合刻》本基础上增加解说而成。其解说在篇首者曰"评",多论作文之法;在篇中者曰"通",随文训释其义;在篇末者曰"演",统论一篇大旨。朱长春自序云:"初予稍稍订释,脱数篇,为习道故已。因儿执问,遂并卒其业。凡三榷:会故文义,发幽晦证舛错,曰通;论文论世,略表合累褒抑品目,曰评;以所证嚮独契,抉玄显用,揭宗镜来,通及政事之大略,附以扬扼,曰演。"

---

① 本节所引朱长春本文本,均据《四库全书存目丛书·子部》(36 册)影印明万历四十年(1612)刻本,齐鲁书社 1995 年版。

《管子榷》通演解释文义，阐发大旨，对于更好地理解《管子》很有帮助。《四库全书总目》批评其“创立异名，无所阐发”①，有失公允。需要注意的是，由于朱长春中岁好道，故其解说《管子》往往掺杂道教思想。日本学者猪饲彦博云：“朱长春通演，确论精识，卓乎诸家。惜其人淫于仙，往往附会以修炼。”②

朱长春《管子榷》在明末非常流行，影响很大。后来的凌汝亨朱墨套印本、朱养纯花斋本，多采录朱长春之评点与释解。

朱长春本存世颇多。据《中国古籍善本书目》，国家图书馆、北京大学图书馆、清华大学图书馆、中国人民大学图书馆、中国科学院图书馆等28家图书馆有藏。台湾“中央图书馆”亦有收藏。日本尊经阁文库、东洋文库、内阁文库、东京大学东洋文化研究所、美国哈佛大学哈佛燕京图书馆、普林斯顿大学葛思德东方图书馆等处也有收藏。

《管子榷》在《四库全书》中列入存目。后来齐鲁书社《四库全书存目丛书》、上海古籍出版社《续修四库全书》，都收入该书，均以万历四十年刊本影印。

（二）梅士享《诠叙管子成书》本

梅士享《诠叙管子成书》，刊行于明天启五年（1625）。每半页9行，行19字，单鱼尾，四周单栏。字体为长方宋体，典型明末风格。卷首有贾毓祥序，署“天启乙丑季秋朔巡按直隶监察御史胶东贾毓祥撰”；③又王公弼序，署“天启乙丑立冬日直隶宁国府知府渤

① 〔清〕永瑢等：《四库全书总目》，中华书局1965年版，第849页。

② 〔日〕猪饲彦博：《管子补正·题言》，《管子补正》，日本宽正十年（1798）刊本。

③ 本节所引梅士享本文本，均据《四库全书存目丛书·子部》（36册）影印明天启五年（1625）刻本，齐鲁书社1995年版。

海王公弼撰”；又梅士享序二则，第二则后署“天启乙丑十月癸未宣城梅士享撰”；又刘向叙录，梅士享《管子尊攘传》，杨忱《管子序》，《管子文评》，又梅士享《诠叙管子成书凡例》，署“天启五年乙丑岁季夏月宣城伯献梅士享识”。《凡例》有功例、心例、诠例、叙例、解例、刻例等名目。《凡例》前列《诠叙管子成书》阅校人员：巡按直隶监察御史胶东一荣贾毓祥阅，宁国府知府渤海直卿王公弼、通判卢台文萼李日桦、推官安成道升邓启隆、宣城县知县澶渊用齐王玑仝较。卷末有贾毓祥《诠叙管子成书后序》，署“天启乙丑十月丁酉，巡按直隶监察御史胶东贾毓祥书于姑孰署内之大观亭”。

梅士享，字伯献，宣城人。除《诠叙管子成书》，尚著有《订补纲目摘要》六卷，见《千顷堂书目》。

《诠叙管子成书》刊印以前，梅士享先印行《管子删评》六卷。《管子删评凡例》云：“《诠次》全本，力不能刻，故先刻《删评》。其全本序文、凡例仍勒篇首，以见大意。”《管子删评》刊行于万历四十三年(1615)，梅士享序署“万历岁次乙卯十二月朔日宣城梅士享撰”。朱养纯花斋本《管子》所采梅士享评语，均来自《管子删评》。冒广生云：“书之上方列其评语，花斋所采诸评无一在此书外者，意其时《诠次成书》尚未刻行也。”①

《诠叙管子成书》由贾毓祥刊印。梅士享序云：“想见管子之为人，因读其书。书多冗复，或稷下诸生增之。《诠叙》家藏私秘枕中耳，何幸直指贾公捐赀惠刻，普为席上之珍乎！是书行，不惟《管子》增重，海内后学藉有荣施矣。”贾毓祥后序云：“宣城梅生，宿有《管》癖，乃裒注而质于予。予偶见其勤渠，聊命劂人以布于通都大

① 冒广生著，冒怀辛整理：《〈管子〉跋十七则》(续)，载《管子学刊》1987 年第 2 期。

邑。殆犹登春山而检玉策,具只眼者自能得其璠玙。”

梅士享本以赵用贤本为底本。其凡例云:“旧书甚讹,赵氏刻较核。今多书雠正,核于赵本。”书前刘向叙录、杨忱序、管子文评均录自赵用贤本。书中间有刘绩补注,以“附刘补”相区别,全部录自赵用贤本。刘绩本原有而赵用贤本未采录的,梅士享本亦没有。书中梅士享注文列于旧注之后,以“享按”区别,双行小字。每节后有梅士享诠解文字,低于原文2格,以“梅生曰”区别,与《管子》原文字体大小同。

《管子》本来24卷,梅士享打乱原书篇次,重新编排,合为15卷。如“管子解”中《牧民解》《形势解》《立政九败解》《版法解》《明法解》等篇,都移附本篇之后,又在一篇之中分上下二格,认为是《管子》本文的,列在上格,认为后人搀杂的文字或义有未安的,列在下格。梅士享诠叙《管子》,颇费了一番心思,但他的做法不为人赞同。《四库全书总目》云:“《管子》原目三十卷已不可考,明代旧本皆二十四卷。士享此本合为十五卷,而以己意诠叙之。如《牧民》《形势》《立政九败》《版法》《明法》诸解,皆移附本篇之后,以乱其次第。又谓其文繁冗不伦,乃于一篇之中分上下二格,其定为《管子》本文者,列之上格,疑为后人搀杂及义有未安者,列之下格。……读诸子之书而必以经义绳之,何异于阅晋唐行草之迹而纠以《说文》之偏旁耶?”①又批评其“弥为窜乱失真”。②

据《中国古籍善本书目》,《诠叙管子成书》在国家图书馆、北京大学图书馆、清华大学图书馆、北京师范大学图书馆、中央党校图书馆等15家图书馆均有收藏。台湾“中央图书馆”亦有收藏。美

① 〔清〕永瑢等:《四库全书总目》,中华书局1965年版,第850页。
② 〔清〕永瑢等:《四库全书总目》,中华书局1965年版,第847页。

国国会图书馆、普林斯顿大学葛思德东方图书馆、日本内阁文库也有收藏。

梅士享《诠叙管子成书》在《四库全书》中列入存目。齐鲁书社《四库全书存目丛书》以清华大学图书馆藏天启五年(1625)刊本影印。

朱长春本、梅士享本,均收入《历代管子版本丛刊》,齐鲁书社2014年印行。

三、评点本

明末评点之风盛行,古籍评点本大量出现。《管子》评点本主要有凌汝亨朱墨套印本与葛鼎本《合刻管韩二子》本。这两种版本在版刻上颇具特色,前者朱墨套印,[①]后者小楷写刻,开卷赏心悦目,向称善本。

(一)凌汝亨朱墨套印本

明末出版业发达,出现了大量的套印本,其中以乌程凌氏之"凌刻本"与闵氏之"闵刻本"最为出名。凌汝亨朱墨套印本《管子》即为"凌刻本"之一。

凌汝亨本《管子》,每半页9行,行19字,白口,四周单栏,无隔行线,版心标卷数及页数。首赵用贤《管子书序》,次刘向《管子叙录》,次《凡例》4则,署"西吴凌汝亨识"。白文无注,于行间书眉,列旁批眉评,篇末有总评。正文为匠体字,用墨色;旁批眉评及篇末总评均为软体字,用朱色。行间之圈点亦用朱色。凌汝亨本刊

---

① 据严灵峰《周秦汉魏诸子知见书目》,李元珍《管子类编》(在《诸子纲目类编》内)明刊本、李云翔《管子拔萃》(在《诸子拔萃》内)明天启七年(1627)金陵余庆堂刊本,也是朱墨套印本。

于明万历四十八年庚申(1620),卷首所录赵用贤序署“西吴施㞳宾书,时庚申中秋日也”。

凌汝亨本出自赵用贤本。其《凡例》云:“《管子》旧本,鱼鲁焚庞,半不成义。虞山定宇赵先生沉酣是集,创为考订。世宙间始识仲父一书真面孔矣。不佞因邀惠拂水之灵,复加参校,拔其尤赤之简颣,间有觭迕,稍僭删削。”①

凌汝亨本是典型的评点本。书中评点,多采自朱长春《管子榷》和张榜《管子纂》。采自《管子榷》者冠以“大复曰”,采自《管子纂》者冠以“宾王曰”。《管子榷》有“评”有“通”有“演”,凌汝亨主要选取其中的“评”与“通”。其《凡例》云:“我湖大复朱先生《管子榷》成,则翻然若起管氏于九京,而鼓棹其舌锋,可谓玄风大畅。非直为夷吾之忠臣,且堪为定宇之益友矣。总其例之凡曰通、曰评、曰演。“通”言其会上下文旨而连贯之也,余取什之七八焉。“评”有细条,有总论。细可约收,总能类纪。故约则置之上方,类则详之末幅。“演”义不主释解,旁衍流漫,虽广畅缤纷乎,然于本旨不甚关切,或者迹于漭杂,不敢槩存,以猒凡目。”凌汝亨对张榜《管子纂》推崇备至,其中评点全部采录。《凡例》云:“句容宾王张先生《管子选》,文不满百,评亦间出,若排砂拣金,处处见宝。既美善耦俱,斯珠玉并设。即下方小评,亦所不遗。”

凌汝亨本注评,也有些来自赵用贤本。赵本眉栏中,有赵用贤自注,又有刘绩补注,以“按”区别。凌汝亨误以刘绩补注为赵用贤自注,全部冠以“定宇曰”。冒广生云:“于朱长春《管子榷》采十之七八,于张榜《管子纂》无一字遗。惟于赵本刘绩补注概作赵用贤

① 本节所引凌汝亨本文本,均据浙江人民出版社 1987 年影印本。

（花斋亦间有此误），则未知赵所列补注皆冠以‘按’也。”[①]

凌汝亨本行间有圈点，对一些特殊语句加以标示，以示重要，用不同符号表示。其《凡例》云：“词理俱胜用‘○’，意字瑰奇用‘△’，条畅隽爽用‘、’。”

凌汝亨本朱墨套印，开卷灿然，赏心悦目，极富收藏价值，很早就为人所珍视，因此存世较多。据《中国古籍善本书目》，国家图书馆、北京大学图书馆等36家图书馆均有收藏。台湾“中央图书馆”亦有收藏。美国国会图书馆、美国哈佛大学哈佛燕京图书馆也有收藏。哈佛燕京图书馆藏本为河北栾城张世尧[②]旧藏，钤“张印世尧”“号振宇直隶栾城人”藏书印。[③]

凌汝亨本又有民国二十六年（1937）宋哲元影印本传世。影印本保存原刻之朱墨套印，内容行款一如其旧，所不同者，书前增加宋哲元序言一篇。

宋哲元在序中说：“昔尝读其书而好之。见其制地分民之制，颇与近代社会科学相吻合，足为办理保甲自治者所借镜。其言轻重九府，亦多合于经济学理，治财政者当取资焉。至于‘三本’‘四维’之说，百年树人之论，则尤经国治民之大本，而当今救世之药石也。昔太公佐周世传兵法，管子实绍其绪，故言兵尤精微，合于古圣之遗旨。其作内政以寄军令，则近代征兵之先导而管子治国之基础也。”这代表了当时许多人对《管子》一书的认识。

---

① 冒广生著，冒怀辛整理：《〈管子〉跋十七则》（续），载《管子学刊》1987年第2期。

② 张世尧（1884—1961），字峻天，精通诸子，尤善书法。曾任高邑县、赞皇县承审之职，参与编修1932年《栾城县志》。

③ 沈津：《美国哈佛大学哈佛燕京图书馆中文善本书志》，上海辞书出版社1999年版，第309页。

宋哲元序中还说:“余尝谓读书必求实用。而吾国古书浩如烟海,自诸经而外,或流于空虚,或涉于繁碎。独《管子》一书详确精核,最合时宜,非空谈玄理论者比也。”“因影印千部,分赠军政各界诸同人。俾人手一编,朝夕研诵。倘取其已验之术施及庶政,借以辅成救国之大业,则此书之印行,庶几为不虚矣。”该序所署时间为“民国二十六年(1937)二月一日”,当时日本正积极准备全面侵华,中华民族正处于危急关头。宋哲元影印《管子》,并非出于学术目的,而是想“借以辅成救国之大业”,可谓用心良苦。

宋哲元本又有1987年浙江人民出版社影印本。影印亦为双色套印,眉评及文后评保存旧貌,用朱色。限于技术,行间的圈点符号及旁批都印成了墨色。

(二)葛鼎《合刻管韩二子》本

葛鼎《合刻管韩二子》本《管子》(简称“葛鼎本”),半页9行,行24字,白口,四周单栏,无隔行线。卷一题“古吴葛鼎、丁此聘订阅”。

葛鼎,字谦调,江苏昆山人,崇祯三年(1630)举人,明末清初藏书家、刻书家。葛鼎与葛鼐、葛鼒、葛鼏为兄弟行,刻书甚多。除《合刻管韩二子》外,尚有《十三经古注》291卷,《史记汇评》130卷,《汉书汇评》100卷,《后汉书汇评》120卷,《国语》21卷,《战国策考正》10卷,《孔子家语》10卷,《韩昌黎集注》40卷、《外集》10卷,钟惺校《弦雪居重订遵生八笺》19卷、《目录》1卷,戚继光《纪效新书》18卷,李中立《本草原始》12卷,自辑《古文正集》29种33卷、《二编》22种24卷,《葛端调编次诸家文集》22家21卷等,时称“葛板”。①

葛鼎本出自赵用贤《管韩合刻》本。该本卷前有朱天麟《合刻

① 瞿冕良:《中国古籍版刻辞典》,齐鲁书社1999年版,第123页。

管韩二子序》、葛鼒《合刻管韩二子序》、王世贞《合刻管韩二子序》、刘向《管子叙录》、杨忱《管子序》、张嵲《读管子》、赵用贤《管子序》、朱长春《管子序》及《管子总评》《凡例》《管仲传》。其中之王世贞、刘向、杨忱、张嵲、赵用贤各序及《管子总评》，均录自赵用贤《管韩合刻》本。

葛鼎本刊于明崇祯十一年(1638)，葛鼒《合刻管韩二子序》后署"崇祯十一年九月十八日弟鼒端调氏书于冰建斋"。其刊刻缘起与背景，朱天麟《合刻管韩二子序》交代甚详，其文云：

> 吾友谦调氏沉酣百籍，花萼相辉。屈指四五年来，其一家之著述纂辑者，剡溪、豫章几虞材竭。兹与丁枚求氏复有事诸子，发端《管》《韩》，盖浸淫于书篇者遍而循次递及，足以广天下之诵习，非仅仅专门之学求新一时听睹而已也。且以管大夫有尊主匡王攘夷荡寇之功，而后著为成书，彰兹伟烈，匪但恃空言责效得。今日而有天下才如其人者，内贼外虏，奚足底定。吃公子称险谲矣，而核名实、破浮淫，思一意尽力于耕战赏罚，不惜诎圣贤、罹惨祸，以明救时之用。其于国家实济安谓小补？三代而下，道侔王佐如诸葛武侯者，犹以管子自待，而劝后主读《韩非子》书。谦调故求合刻此书，为诸子冠，得无意乎？若只以其文章警世，出其险字仄句转移风会，则犹是尺寸争奇，岂胸罗二酉者作此褊见乎哉！①

崇祯十一年(1638)距明朝灭亡(1644)仅有6年，当时明朝面临内忧外患，外有女真强敌侵扰，内有李自成农民起义。管仲是一代名相，有"尊主匡王攘夷荡寇之功"，《管子》书"彰兹伟烈，匪但恃空

① 本节所引葛鼎本文本，均据山东省图书馆藏明崇祯十一年(1638)刻本。

言责效得”；韩非子虽然“险谲”，但他能“一意尽力于耕战赏罚”，从而“明救时之用”。葛鼎合刻《管子》《韩非子》，希望人们能够学习其思想精华以匡救时难，实有深意。因此朱天麟说：“谦调故求合刻此书，为诸子冠，得无意乎？”

葛鼎本与凌汝亨本一样，也是典型的评点本，天头有眉评，行间有旁批圈点，篇末有总评。其评点杂采自朱长春《管子榷》本、凌汝亨朱墨套印本及其他各本。其《凡例》云：“《管子》旧本，鲁鱼棼庞，半不成义。自虞山赵定宇先生始创考订，大开生面，第圈评缺略。苕水朱大复先生又《管子榷》，分通、评、演为三例，玄风大畅，稍嫌栉比。近凌氏硃批本去二本之碎略，尚未极诸家之最胜。兹取家藏，遍搜名本。校雠一准之宋板，折衷惟取乎大同。”又云：“评《管子》者不下二十余家。其统论全书者总署于弁固已。又自赵本、朱本而外，曾见叠出，今悉罗载，或冠篇端，或详楮尾。政使瑕瑜互攻，作者精神洗发愈尽。”

明末刻本，多用方形匠体字，而葛鼎本则用软体小楷，娟秀美观，此为葛鼎本之一大特色。郭沫若云：“字体颇秀丽，乃学钟、王楷法者所书。”①其书写者为葛鼎之同乡王廷，葛鼎《合刻管韩二子》本《韩非子》书末题“古吴王廷宾之书”。

葛鼎本《管子》存世稀少，据《中国古籍善本书目》，仅华东师范大学图书馆、上海辞书出版社图书馆、山东省图书馆、无锡市图书馆、宁波天一阁 5 家有收藏。另台湾“中央图书馆”也有收藏。山东省图书馆藏本为清人郭尚先旧藏，有“臣尚先印”“子孙保之”

① 郭沫若：《〈管子集校〉所据〈管子〉宋明板本》，《郭沫若全集 · 历史编》（第五卷），人民出版社 1984 年版，第 24 页。

藏印。①

据《中国善本书提要》及《普林斯顿大学葛思德东方图书馆中文善本书志》，美国国会图书馆、普林斯顿大学葛思德东方图书馆亦收藏有葛鼎本《管子》。王重民《中国善本书提要》：

《管子》二十四卷，十二册（国会），明葛鼎刻本，九行十九字（2.1＋19.8×12.1）。原题："唐司空房玄龄注。"此葛鼎与《韩非子》合刻本。眉栏载刘绩《补注》，鼎有断案亦附焉。卷末记写刻工姓氏：吴郡顾檈书、顾时中、章掖、顾植、刘廷惠、何承德、章扞、顾贤、何承业、吴丙初、顾文、邑人吕廉同刻。卷内有"珊瑚阁珍藏印""皇长子宝"等印记。葛鼎序，王世贞序，刘向叙录。②

屈万里《普林斯顿大学葛思德东方图书馆中文善本书志》：

《管子》二十四卷，十二册二函，旧题周管仲撰，唐房玄龄、明刘绩注。明万历间葛鼎刻本。九行十九字。板匡高19.7公分，宽12.1公分，上栏高2.2公分。此本正文下刻房玄龄注，书眉刻刘绩补注，间附葛鼎按语。盖以赵用贤本为底本，而略有损益者也。有王世贞序，未署年月。又有万历十年赵用贤序，知其出于赵刻也。此葛氏所刊管韩合刻本。板心记刻工姓名，有顾时中、章扞、吕廉、刘廷惠、顾文等。③

葛鼎本原刻，笔者曾于山东省图书馆查阅。王重民、屈万里二家著录之"葛鼎本"，与我们所见之葛鼎本有很大差别，而与赵用贤

---

① 郭尚先，字阑石，福建莆田人，清嘉庆十四年（1809）进士，官礼部侍郎，工书画，精鉴赏，有《芳坚馆题跋》《增默庵遗集》等。

② 王重民：《中国善本书提要》，上海古籍出版社1983年版，第239页。

③ 屈万里：《普林斯顿大学葛思德东方图书馆中文善本书志》，台湾艺文印书馆1975年版，第238页。

本有很多相同之处。见表4－2－1。

表4－2－1

	山东省图书馆藏葛鼎本	王、屈二家著录之“葛鼎本”	赵用贤本
册数	4册	12册	12册
行款	9行24字	9行19字	9行19字
前序	朱天麟序、葛鼏序、王世贞序、刘向叙录、杨忱序、张嵲《读管子》、赵用贤序、朱长春序	葛鼎序、王世贞序、刘向叙录	王世贞序、赵用贤序、刘向叙录、杨忱序、张嵲《读管子》
写工刻工	写工:王廷	写工:顾榥 刻工:顾时中、章掖、顾植、刘廷惠、何承德、章扞、顾贤、何承业、吴丙初、顾文、吕廉	写工:顾榥 刻工:顾时中、章掖、顾植、刘廷惠、何承德、章扞、顾贤、何承业、吴丙初、顾文、吕廉
版面	正文无注,行间有圈点旁批,书眉有各家评语	正文下刻房玄龄注,书眉刻刘绩补注,间附葛鼎按语	正文下刻房玄龄注,书眉刻刘绩补注,间附赵用贤按语

王重民、屈万里二家著录的美国国会图书馆、普林斯顿大学葛思德东方图书馆所藏之“葛鼎本”,笔者未曾得见。从《中国善本书提要》及《普林斯顿大学葛思德东方图书馆中文善本书志》著录的信息来看,其册数、行款、前序、写刻工、版面与我们所见之葛鼎本均不相同,而与赵用贤本相同或相似。特别是其写刻工,与赵用贤本完全相同。赵用贤本刊于明万历十年(1582),葛鼎本刊于崇祯

十一年(1638),二者时间相距56年。赵用贤本刻工即使当时仅20岁,葛鼎本刊刻时也已是近80岁,难以完成刊版这样细致的工作,更不可能10多人在56年后再聚到一起刻印《管子》。所以王重民、屈万里二家著录的所谓"葛鼎本"与崇祯十一年(1638)葛鼎本,绝非同一种版本。从册数、行款、前序、写刻工、版面来看,此版本与赵用贤本有密切关系。我们推测,这个所谓的"葛鼎本"很可能是赵用贤本的一种翻刻本,书贾在书前增葛鼎序言,并将书眉赵用贤按语改为葛鼎按语,以冒充葛鼎本。

四、评注本

凌汝亨本与葛鼎本以评文为主旨,关注文字鉴赏,广罗各家评点,不刻注文。而黄汝亨《先秦十五种》本与花斋本则既有评点,又有注文,更方便阅读。黄汝亨《先秦十五种》本在丛书之中,很少有人关注。花斋本则影响广远,明末即有翻刻本,清代姑苏聚文堂《十子全书》本亦据以翻刻。

(一)黄汝亨《先秦十五种》本

黄汝亨《先秦十五种》本《管子》(简称"黄汝亨本"),每半页9行,行20字,白口,左右双边,单鱼尾。字体为长方形匠体字,眉栏列各家评语,题"唐司空房玄龄注,刘绩、朱长春参补"。前有朱长春序,录自朱长春《管子榷》。

《先秦十五种》亦称《诸家真评先秦十五种》或《合诸家真评先秦十五种》,包括《周礼注》18卷、《逸周书》10卷、《穆天子传》6卷、《山海经》18卷、《檀弓》2卷、《考工记》2卷、《春秋穀梁传》12卷、《春秋公羊传》12卷、《管子》24卷、《家语》10卷、《荀子》20卷、《孙子十三篇》1卷、《八十一难》2卷、《楚辞》10卷、《古逸诗》2卷共149卷。另附《孟子》2卷。

黄汝亨(1558—1626),字贞父、贞甫,号寓庸、寓庸居士,又自号玉衡主人,室名小蓬莱阁、云岫堂,浙江钱塘人。万历二十六年(1598)进士,官至江西布政司参议。著有《天目记游》《廉吏传》《寓庸子游记》等。黄汝亨卒于明天启六年(1626),则《先秦十五种》之刊刻不会晚于此年。

黄汝亨本于书眉、篇末、段末列各家评点,包括刘辰翁、杨慎、孙鑛、朱长春、张榜、梅士享诸家。[①] 正文内有双行小字注文,除录赵用贤本之尹注、刘绩补注外,亦采朱长春《管子榷》之解说。不过,黄汝亨本之注颇为疏略,对赵用贤本之注文多有刊落,与花斋本相比,亦省略不少。今以《牧民》第一节"国颂"为例说明,见表4-2-2。[②]

表4-2-2

序号	正文	赵用贤本注文	黄汝亨本注文	花斋本注文
1	务在四时	四时,所以生成万物也		四时,所以生成万物也
2	守在仓廪	食者,人之天也		食者,人之天也
3	地辟举则民留处	举,尽也。言地尽辟则人留而安居处也	举,尽也	举,尽也。言地尽辟则人留而安居处也

① 刘辰翁、杨慎、孙鑛未见有《管子》著作,三人皆以评点著称,黄汝亨本所列此3家评点,或出自其手批《管子》稿本,或为依托。

② 本节所引黄汝亨本文本,均据山东省图书馆藏明刻本。

续表

序号	正文	赵用贤本注文	黄汝亨本注文	花斋本注文
4	上服度则六亲固	服,行也。上行礼度,则六亲各得其所,固能感恩而结固之	服,行也。上行礼度,则六亲各得其所,固能感恩而结固之	服,行也。上行礼度,则六亲各得其所,固能感恩而结固之。六亲,谓父母兄弟妻子
5	故省刑之要在禁文巧	文巧者,刑罚所由生	文巧者,刑罚所由生	文巧者,刑罚所由生
6	顺民之经在明鬼神祗山川	鬼神山川皆有尊卑之序,故敬明之		鬼神山川皆有尊卑之序,故敬明之
7	敬宗庙恭祖旧	谓恭承先祖之旧法	谓恭承先祖之旧法	谓恭承先祖之旧法
8	野芜旷则民乃菅	菅,当为奸	菅,当为奸。朱按:菅,民饥而草食也	菅,当为奸。春通:民饥而草食也。近之
9	不璋两原则刑乃繁	璋,当为章,章,明也。两原谓妄之原,上无量也;淫之原,不禁文巧也。能明此法者刑简	璋,当为章。两原谓妄之原,上无量也;淫之原,不禁文巧也。能明此法者刑简	璋,当为章,章明也。两原谓妄之原,上无量也;淫之原,不禁文巧也。能明此法者刑简

续表

序号	正文	赵用贤本注文	黄汝亨本注文	花斋本注文
10	不明鬼神则陋民不悟	不悟鬼神有尊卑之异也	不悟鬼神有尊卑之异也	不悟鬼神有尊卑之异也
11	不祗山川则威令不闻	言能登封降禅祇祀山川，则威令远闻		言能登封降禅祇祀山川，则威令远闻
12	不敬宗庙则民乃上校	校，效也。君无所尊，人亦效之	校，效也。朱按：校乃角计犯上之义	校，效也。君无所尊，人亦效之。春通：宗庙上事其先，示民有所尊，而不犯也。不敬其上，何以教民事上。上校者，争而犯上
13	右国颂	颂，容也，谓陈为国之形容	颂，容也。谓陈为国之形容	颂，容也。谓陈为国之形容

《牧民》“国颂”一节，赵用贤本有注文13则，花斋本全录，而黄汝亨本则有删节。其中有4则即第1、2、6、11，黄汝亨本全部删去，有3则删去部分文字：第3则删去“言地尽辟则人留而安居处也”，第9则删去“章，明也”，第12则删去“君无所尊，人亦效之”，完整保留的仅有6则。第8则与第12则，黄汝亨本与花斋本注文均引朱长春《管子榷》，其第12则所引，远不如花斋本详细。再如“四顺”一节“故知予之为取者，政之宝也”，赵用贤本行下列尹注：“谓与之生全取其死难也”，眉栏列刘绩补注：“予谓佚乐、富贵、存安、

生育也，取谓忧劳、贫贱、危坠、灭绝也。”花斋本尹注、刘绩补注全录，又录朱长春之“演”“所欲与聚，恶勿施，便是四顺”等一大段文字。黄汝亨本仅录尹注，刘绩补注及朱长春之“演”均付阙如。

黄汝亨《先秦十五种》本较为罕见。《先秦十五种》全帙，山东省图书馆有藏。中科院图书馆亦有收藏，但有残缺，非为全帙。其中之《管子》零本，中国国家图书馆有收藏。

台湾“中央图书馆”藏有一种明刻本《管子》，著录为“明末何允中刊《汉魏丛书》本”。查阅各家书目，均未有著录《汉魏丛书》本《管子》者，而何允中《汉魏丛书》中，也并不包括《管子》。台湾藏本未曾得见，仅见其卷一首页书影。阅其书影，与山东省图书馆藏黄汝亨本之卷一首页版式、字体、内容完全相同，亦题“唐司空房玄龄注，刘绩、朱长春参补”，知二者为同一刻本，台湾“中央图书馆”著录有误。所谓“明末何允中刊《汉魏丛书》本”，实为黄汝亨《先秦十五种》本。

黄汝亨本《管子》，王欣夫蛾术轩亦曾收藏，为杨岘旧藏本。王欣夫对其行款、内容及收藏源流有详细介绍，《蛾术轩箧存善本书录》：

> 《管子》二十四卷，四册。明末刻本，无刻书年月。首朱长春《序》，题“唐司空房玄龄注，刘绩、朱长春参补”。每半叶九行，行二十字。有圈点。篇末眉端均附刘辰翁、朱长春、梅士享、孙鑛、赵用贤等评语。其本似源出宋浙刻本，而《重令篇》正文四百四十五字不阙，知所据为赵用贤本。板式同于花斋本，而注文删节更多，评亦较简略。仍旧题房玄龄注，而朱序明称尹知章，盖移《管子榷》原序，而不顾两称之牴牾，当出坊贾所为。然书不经见，清儒诸家皆未引据，近郭沫若《管子集校》广罗众本，亦未及也。旧为归安杨岘藏书。岘字庸斋，号藐

翁,为陈硕甫弟子,著有《迟鸿轩诗文集》。尝闻陈门诸高弟,必先令治《管子》《集韵》二书,故岘于《管子》用力甚深。尝曰:"管子周人,在孔子前,其书不必尽出管子手,亦犹孔子弟子之作《论语》也。古义极夥,惜迻夺讹舛,不易遽读。余曩尝稍稍疏通之,遭乱稿毁。今老矣,无能为也。"(见《自订年谱》)张文虎曾致书论校《管子》,见《舒艺室杂著》。此书经其所藏,是必据以校订,虽仅留二印,自异于寻常收藏家矣。有"杨岘信印"白文方印、"季仇"朱文方印、"谿州审存"朱文方印。①

王欣夫未见黄汝亨《先秦十五种》全帙,所见为其中之《管子》零种,不能确知其版刻信息,故笼统称之为"明末刻本"。黄汝亨本流传稀少,郭沫若撰《管子集校》,搜集《管子》宋明版本17种,其中也未包括黄汝亨本。王欣夫对此特别揭示:"书不经见,清儒诸家皆未引据,近郭沫若《管子集校》广罗众本,亦未及也。"

(二)花斋本

花斋本《管子》题为"合诸名家评定管子全书",是在赵用贤《管韩合刻》本基础上汇集各家注释评点而形成的一种汇注汇评本。该本刊行于明天启五年(1625),每半页9行,行20字,白口,四周单栏,版心有"花斋藏板"字样。前有郭正域序、沈鼎新序、朱养纯序、赵用贤序、朱养和《管子凡例》、司马迁《管子传》。沈鼎新序署"天启乙丑孟冬哉生明日",朱养纯序署"天启乙丑孟冬下浣五日"。每卷题"唐临淄房玄龄注释,芦泉刘绩增注,明西湖沈鼎新自玉、朱养纯元一参评,西吴朱长春通演,朱养和元冲辑定"。

① 王欣夫撰,鲍正鹄、徐鹏标点整理:《蛾术轩箧存善本书录》,上海古籍出版社2002年版,第1584~1585页。

花斋本由朱养纯刊行。朱养纯字元一，与朱养和为兄弟行，明天启间杭州人。其室名为花斋，故刻本版心标"花斋藏版"。[1] 卷首朱养纯序云：

昔宋之南压于金若卵矣，而濂闽之徒，日谆谆以正心诚意之说告其君，至于用略焉万一，不幸而君任之，井吾田车吾兵，不逾时而社稷饱敌矣。是独不得一管敬仲起而将相其才耳。……今观之其所著书五十八篇（按，此误），经纬备具而尤以礼义廉耻为重，假令遇文武之君，将不得为王佐乎？今天下得一管仲者，使之南治岛，北却虏，徐而置濂洛诸儒于庠序间，雅步高论，藻饰其所不足，又何厪当事者蒿目之忧哉？余故梓其书而行之，以质同人之有心经济者。[2]

序云"今天下得一管仲者，使之南治岛，北却虏"，可知花斋本《管子》的刊刻背景。朱养纯称"余故梓其书而行之"，则花斋本的刊行者为朱养纯，故各家目录多著录为"朱养纯花斋本"。郭沫若《〈管子集校〉所据〈管子〉宋明板本》将花斋本称为"朱养和《管子》"，有误。

花斋本的纂集主要出自沈鼎新之手。卷首沈鼎新序云："余居蒨园之花斋，偶与元一点定《繁露》《鹖冠》，更取各宗匠所注评《管子》书，字释句解，参其所未备。友人曰：'可与前书鼎峙矣。'遂亟授之梓。"因此花斋本也被称作"沈鼎新本"或"沈鼎新花斋本"。

花斋本《管子》汇集各家评注，书的天头、篇末及行间句下，都

---

① 除《管子》外，朱氏还刻印过宋陆佃注《鹖冠子》、汉戴德《大戴礼记》、汉董仲舒《春秋繁露》、汉黄宪《秘传天禄阁寓言外史》、徐渭评《陆子新语》、邓道淳《黄帝阴符经纂注》、屠隆评《公孙龙子》等。

② 本节所引花斋本文本，均据《历代管子版本丛刊》（三）影印明天启五年（1625）刻本，齐鲁书社 2014 年版。

有注评。《凡例》云:“今于房注后,更采刘评曰按,朱评曰通、曰演、曰补,每篇末仍采诸家总论,曲畅玄旨,至上方又多出梅、张、杨、赵、朱手,参以今古明儒,璜瑛满目,用集大成。”花斋本所列评注,除凡例所说刘绩、朱长春、梅士享、张榜、杨慎、赵用贤各家外,还有刘勰、李泌、孔颖达、胡瑗、苏轼、杨忱、张嵲、叶适、黄震、程敏政、何良俊、王世贞、郭正域、曾彦、周元会、柯潜、沈维恒、岳正、姚枢、朱养纯、朱养和等十余家,其中宋元以前之评论无从查考,多属于伪托。冒广生:“十九皆评论文字,无裨考订,且疑中多伪托。然其所见有宋本,有刘绩本,有梅、张、杨、赵、朱诸本,亦云博洽。”①

花斋本与凌汝亨朱墨套印本一样,于行间有圈点。《凡例》云:“古文不宜加圈点。第为采山探渊者发其奇,则篇中词理兼胜置○,字隗奇置△,文旁偶识,挑其义法,额上集批,抉其神脉,即评中圈次,撮其要领,如排沙捡金,处处获宝。”

花斋本刊印颇为不苟,版刻精美,字体挺拔。其内容虽然芜杂,但书中汇集各家注评,信息丰富,正如其《凡例》所云,“诸刻所不经见”。因此,花斋本刊行以后很受欢迎,流传广远,且多有翻刻。

花斋本明末即有翻刻本,款式与原刻完全相同,版心亦题“花斋藏版”,但版框尺寸有所不同,字体也小有差异。山东大学图书馆藏有花斋本《管子》2 部,一为原刻,一为翻刻本。原刻本为徐仁钊旧藏,有“徐印仁钊”“阳羡徐氏正谊堂藏书之章”“勉父”“适盦藏书”等藏书印。翻刻本为郑言旧藏,有“华阳郑言”“郑言考藏印”“华阳郑氏百瞻楼珍藏图籍”“郑言子孙长寿”“新城王氏具美

① 冒广生著,冒怀辛整理:《〈管子〉跋十七则》(续),载《管子学刊》1987 年第 2 期。

堂珍藏图籍印”“百瞻楼藏”等藏书印。郑氏旧藏本，《山东大学图书馆古籍善本书目》著录为“明末重刻沈氏花斋本”。① 郑氏旧藏本版框较原刻本稍小，卷首内容与原刻顺序也不同。原刻卷前，首郭正域序，次沈鼎新序，次朱养纯序，次赵用贤序，次朱养和《管子凡例》，次司马迁《管子传》。郑氏旧藏本朱养纯序列沈鼎新序之前，其顺序为：首郭正域序，次朱养纯序，次沈鼎新序，次赵用贤序，次朱养和《管子凡例》，次司马迁《管子传》。

（三）姑苏聚文堂《十子全书》本

姑苏聚文堂《十子全书》本（简称“《十子全书》本”）系据花斋本翻刻。《十子全书》本刊行于清嘉庆九年（1804），半页 9 行，行 20 字，单鱼尾，四周单边，题“嘉庆甲子重镌，管子评注，姑苏聚文堂藏版”。

《十子全书》由王子兴汇辑，包括《道德经评注》2 卷、《南华真经》10 卷、《荀子》20 卷、《冲虚至德真经》8 卷、《管子》24 卷、《韩非子》20 卷、《淮南子》21 卷、《法言》10 卷、《中说》10 卷、《鹖冠子》3 卷。其中之《管子》，版心标“花斋藏板”，系朱养纯花斋本的翻刻本。花斋本版式大方，刻印精良，汇集各家评点较为全面，是明末各评点本中的佼佼者。《十子全书》本《管子》选花斋本为底本，还是颇有眼光的。郭象升云：“《十子全书》是坊人所凑，更不足道，然所据多明清刻本，亦颇有佳者。”②

《十子全书》本版心下有“花斋藏板”字样，行款字体与花斋本全同，每卷亦题“唐临淄房玄龄注释，芦泉刘绩增注，明西湖沈鼎新

---

① 山东大学图书馆编：《山东大学图书馆古籍善本书目》，齐鲁书社 2007 年版，第 186 页。

② 王开学辑校，山西省图书馆编：《郭象升藏书题跋》，山西古籍出版社 2007 年版，第 66 页。

自玉、朱养纯元一参评，西吴朱长春通演，朱养和元冲辑定”，因此多有人误以《十子全书》本为明刻本。不过二者也有区别，花斋本原刻卷前首郭正域序，次沈鼎新序，次赵用贤序，次朱养纯序，次朱养和凡例，《十子全书》本调整顺序，将赵用贤序移至沈鼎新序前。明刻花斋本卷前沈鼎新序、朱养纯序均为手写行书体，《十子全书》改为通行的匠体字。姑苏聚文堂《十子全书》本在清代极为流行，各家藏书目录多有著录。

《十子全书》还有宝庆经纶堂本刊本，也刊行于清嘉庆九年（1804）。其中之《管子》也是翻刻花斋本，但版心已无“花斋藏板”字样。

五、和刻本

《管子》版本中，有一些日本和刻本，其中最有影响的是美浓武钦繇训点《管子全书》本和安井衡《管子纂诂》本。二者均属于赵本系统，出自花斋本。《管子全书》本系据花斋本翻印，而《管子纂诂》本又以《管子全书》本为底本。

（一）《管子全书》本

花斋本很早就传到日本，并且很受欢迎，日本学者猪饲彦博著《管子补正》，其底本用的就是花斋本。猪饲彦博云：“今以元冲原本为本，参校诸本，旁稽群书，间附管窥，著《补正》二卷。”①花斋本传到日本的数量有限，为满足需要，出现了翻刻本。

日本翻刻花斋本题作“管子全书”，由学者美浓武钦繇训点。该本没有花斋本版心之“花斋藏版”字样，但内容与花斋本完全相

① ［日］猪饲彦博：《管子补正·题言》，《管子补正》，日本宽正十年（1798）刊本。

同,版式、字体、行款亦与原刻本相同。花斋本原刻卷首有序多篇,该本除赵用贤序删去外,其余郭正域序、沈鼎新序、朱养纯序及朱养和凡例、司马迁《管子传》则均予保留。花斋本沈鼎新序、朱养纯序为手写行书字体,该本亦予仿刻,仅字画稍有不同。《管子全书》本卷前有美浓武钦繇《管子序》,署"宝历乙亥冬美浓武钦繇撰",知其刊行于清乾隆二十年(1755)或稍后。

美浓武钦繇对管仲与《管子》评价甚高,其《管子序》云:

> 曩年读《管子》,未免拘儒之陋乎?将眩乎孟子舆氏乎?……属日复读《管子》,仰天喟然,而曰:于戏!管子乎,伟哉弟弟乎,非大智应变之才,何能如此乎,而知者稀乎,乃愈贵哉。……夫以圣人建极御世,鉴世照今,随时制宜,因俗通变,于是乎?于彼乎?亦唯以文德武威制作施设乎?则三代之所以礼乐不同,号令不一也。管子者,实获其心术之微,允执中与权,入其典志之室哉?夫惟得之,是以如彼之底绩,夫子之摄鲁政,及与诸弟子语,多有取焉,固勿论已。后之明主贤相,所为经国治民、填抚社稷之方,或熙载济功,或垂训立言,皆无弗践管子辙。……噫乎,知管子者希乎尔!虽则知者希乎,不亦愈贵哉。然读圣贤之书,识古之道术,不必据古,不必留今,千岐万辙,一龙一蛇,通文德武威者,亦能识管子矣。①

对于管仲,孔子虽然有"器小"之叹,但还是充分肯定其"九合诸侯、一匡天下"之功业,而孟子则自称羞于与管仲为伍,鄙薄之意,溢于言表。孟子对管仲的评价影响了后人对《管子》的认识,正如赵用贤所说:"自其事羞称于圣门,而其言悉见绌,以为权谋功

① 本节所引和刻《管子全书》本文本,均据日本古典研究会编《和刻本诸子大成》(第五辑)影印本,汲古书院1975年版。

利,学者鲜能道之。"①美浓武钦繇与俗儒所见不同,他称赞管仲"伟哉茀茀",并认为"后之明主贤相,所为经国治民、填抚社稷之方,或熙载济功,或垂训立言,皆无弗践管子辙"。美浓武钦繇的观点代表了当时部分日本学者对管仲与《管子》的认识,这是《管子全书》本刊印的思想背景。人们认识到《管子》的重要,才有了对《管子》的翻刻。

美浓武钦繇训点《管子全书》本有多种印本流传,笔者所见有3种:一题"京摄书肆耕价堂、水玉堂、千载堂、宋荣堂仝刻",一题"平安书林文泉堂、水玉堂、文锦堂、千载堂仝刻",一题"平安书林玉池堂、向荣堂、水玉堂、文泉堂仝刻"。最后一种即"平安书林玉池堂、向荣堂、水玉堂、文泉堂仝刻"本,为安井衡《管子纂诂》本的底本。

(二)《管子纂诂》本

安井衡《管子纂诂》本(简称"《纂诂》本"),刊于日本庆应元年(1865),于原文通体施注,半页10行,行20字,小字双行同。前有昌平学儒官盐谷世弘《管子纂诂叙》及安井衡《管子纂诂序》,又有《管子纂诂凡例》。

安井衡,字仲平,日本昌平学儒员,曾为墒邑令。除《管子纂诂》外,尚著有《论语集说》《左传辑释》等。盐谷世弘对安井衡及其《管子纂诂》颇为称许,他说:"饫肥安井仲平,识高天下,其于诸子,最好《管子》。研钻数年,终作《纂诂》一书。《管子》之言,由此而昭矣。"②

---

① 〔明〕赵用贤:《管子书序》,《历代管子版本丛刊》(一),齐鲁书社2014年版,第443页。

② 本节所引[日]安井衡《管子纂诂》文本,均据《历代管子版本丛刊》(四)影印本,齐鲁书社2014年版。

江户时代后期,日本面临西方列强的入侵,国内兴起了“尊攘派运动”。[①] 安井衡《管子纂诂》的编撰与刊印,与此背景有关。其《管子纂诂序》云:

> 方今洋夷猖獗,海内多事,择其法而施之,必有能因祸而为福者矣。顾其书自古不甚行于世,是以误脱颇多,又多古字假借,知章陋儒,不能抉摘以达其意,以故人难读之。予窃憾焉,乃不自揣,遍校异同,旁征之群书,字解句释,期于至当。而一本之古训,自谓庶几乎获其一斑矣。至轻重诸篇,肤浅陋劣,固不足读,然其文则古矣,因亦解焉而不论。名曰《纂诂》,示不敢臆断也。元治甲子,豫人三浦五辅请公诸世,乃再校而授之梓。

《管子纂诂》刊行后,安井衡又作《管子纂诂考讹》一卷,前有《管子考讹小引》,庆应二年(1866)刊行;又作《管子纂诂补正》一卷,前有清苏松兵备道应宝时序,安井衡自序,明治三年(1870)刊行。

《纂诂》本属于赵用贤本系统,但并非直接出自赵本。其文字多与赵本不同,而与美浓武钦繇训点《管子全书》本相同。如《幼官》“七官饰胜备威”,“七官”,赵本作“十官”,《管子全书》本作“七官”;《五辅》“而民不足以备用者”,“不足以”,赵本作“不足于”,《管子全书》本作“不足以”;《宙合》“动静、开阖、诎信、浧濡”,“浧濡”,赵本作“浧儒”,《管子全书》本作“浧濡”;《枢言》“十日不食,无俦类,尽死矣”,“无俦类”,赵本作“无畴类”,《管子全书》本作“无俦类”。以上4处,《纂诂》本均与《管子全书》本相同而与赵

① [日]依田熹家:《简明日本通史》,北京大学出版社1989年版,第194页。

本不同。特别需要注意的是,《牧民》“不强民以其所恶,则诈伪不生”,安井衡注云:“俗本‘诈’误‘许’,今从赵本。”查《管子》各版本,“诈伪不生”误作“许伪不生”的,只有“平安书林玉池堂、向荣堂、水玉堂、文泉堂仝刻”的《管子全书》本。这表明《纂诂》本的底本是《管子全书》本,再确切一些,是题“平安书林玉池堂、向荣堂、水玉堂、文泉堂仝刻”的《管子全书》本,而赵本只是其参校本。

除赵用贤本外,安井衡还引古本、朱长春本、梅士享本及《群书治要》校勘文字。其中的古本,存于昌平学。《管子纂诂凡例》:“昌平学有一本,无注及序目,首载《管仲传》,脱误颇多。而其粹者,胜今本远甚矣。检板式字样,盖元板也。明学未兴,古本之存于世者犹多,岂元时有不慊于尹本者梓而传之与?注中所称‘古本’,即是书也。”此昌平学古本即10行无注本,安井衡注中所举古本文字,均与之相同。10行无注本又有安正书堂重刊本,文字相同,所以也有学者认为此古本为安正书堂本。① 不论10行无注本还是安正书堂本,均为明本,安井衡认为此古本为元本,有误。前文已论,此不赘述。

安井衡著《管子纂诂》,在于“字解句释,期于至当”,对底本之各家评语,多从删落。其凡例云:“旧本篇末栏上,收载诸家评论,纷然盈目,然要与诂训不相涉。其可取者,今收之注中。余概删落,从简便也。”对于安井衡之《管子纂诂》,郭沫若评价不高,认为比不上另一位日本学者猪饲彦博的《管子补正》,“较之猪饲彦博,相悬远甚”②。不过,《管子纂诂》就《管子》全文通体施注,是自朱

① 冒广生著,冒怀辛整理:《〈管子〉跋十七则》(续),载《管子学刊》1988年第1期。

② 郭沫若:《〈管子集校〉引用校释书目提要》,《郭沫若全集·历史编》(第五卷),人民出版社1984年版,第26页。

长春《管子榷》、梅士享《诠叙管子成书》后，又一个重要的《管子》全注本，且其中也不乏高见。因此冒广生云："其书取古本及刘绩本、朱长春本、梅士享本及《群书治要》参校异同，虽所见不多，而字疏句栉，多就原文，有时反出乾嘉诸大师之上。"①

六、晚清民国诸本

晚清《管子》版本，主要有崇文书局《子书百家》本、张瑛影刻本和浙江书局《二十二子》本3种。《子书百家》本白文无注，张瑛影刻本据瞿氏铁琴铜剑楼藏宋本影刻，《二十二子》本据赵用贤《管韩合刻》本校刻，影响最大，后来的《四部备要》本、《诸子集成》本以及坊间各种石印本，均出自该本。《子书百家》本与张瑛影刻本前文均已论及，今介绍《二十二子》本及其衍生诸本。

（一）《二十二子》本

光绪二年（1876），浙江书局汇集先秦至魏晋22种诸子著作为《二十二子》。② 其中之《管子》，半页9行，行21字。白口，单鱼尾，左右双边。扉页题"光绪二年浙江书局据明吴郡赵氏本校刻"，每卷后有总校、分校人员姓名。

《二十二子》本《管子》据明赵用贤本校刻。赵用贤本卷前之赵用贤序、刘向叙录、《管子文评》和《管子凡例》予以保留，书眉之刘绩、赵用贤校注按语亦予保留。

《二十二子》本忠于赵用贤本，同时又吸收了清代孙星衍、王念

---

① 冒广生著，冒怀辛整理：《〈管子〉跋十七则》（续），载《管子学刊》1988年第1期。

② 清道光间王缵堂曾编有《廿二子全书》，也收子书22种。但其中多道书，无《管子》，与浙江书局《二十二子》不同。

孙、王引之、戴望等学者的校勘成果，对赵用贤本个别文字进行了校正。例如：

(1)赵本《七法》“世主所贵者实也”，王念孙云：“‘实’当从朱本作‘宝’，下文‘令贵于宝’是其证。[①]《二十二子》本改“实”为“宝”；

(2)赵本《幼官》“莫之能害故必胜而无敌”，安井衡云：“‘圉’诸本误作‘害’，今从古本。戴望云：元本作‘莫之能圉’，后图亦作‘圉’，此涉上文‘无害’而误。”[②]《二十二子》本改“害”为“圉”；

(3)赵本《小匡》“曹宿孙处楚”，孙星衍云：“《大匡》篇并此篇下文俱作‘曹孙宿’。”戴望云：“刘本、朱本皆作‘曹孙宿’，此误倒。”[③]《二十二子》本改“曹宿孙”作“曹孙宿”。

(4)赵本《小称》“匠人有以感斤欘，故绳可得料也”，王念孙云：“‘料’当为‘断’，斤欘所以断绳，故‘绳可得断’。……《太平御览·资产部》三引此正作‘断’。”[④]《二十二子》本改“料”作“断”。

(5)赵本《心术上》“是以君子不怵乎好”，王念孙云：“尹所见本，本作‘不休乎好’，故云‘休，止也，不止人好利之情’，且云‘下解中作怵’，则此不作‘怵’明矣。今作‘怵’者，后人据下解改之也。但改注文‘休，止也’为‘怵，止也’，则于义不可通。”[⑤]《二十二子》本改“怵”作“休”。

(6)赵本《小问》“发食廪、山林”，戴望云：“宋本、朱本‘食’作

---

① 郭沫若等：《管子集校》，科学出版社1956年版，第86页。
② 郭沫若等：《管子集校》，科学出版社1956年版，第135页。
③ 郭沫若等：《管子集校》，科学出版社1956年版，第345页。
④ 郭沫若等：《管子集校》，科学出版社1956年版，第514页。
⑤ 郭沫若等：《管子集校》，科学出版社1956年版，第639页。

‘仓’,‘食’字误。”①《二十二子》本改“食”作“仓”。

(7)赵本《入国》“聋、盲、喑、哑、跛躄、偏枯、握递”,猪饲彦博云:“‘偏’,当作‘徧’,谓半身不仁。”②《太平御览·疾病部》引此亦作“偏”。《二十二子》本改“徧”作“偏”。

(8)赵本《弟子职》“若有所疑,捧手问之”,“告具而退,捧手而立”,“饭必捧擥,羹不以手”,“捧”本作“奉”,“捧”字后出,《说文》无“捧”字。《二十二子》本改“捧”作“奉”。

《二十二子》本刊印中也产生了新的讹误,如赵本《任法》“此所谓近而亲之也”,上下文有“此所谓富而禄之也”“此所谓美而淫之也”,均作“此所谓”如何如何,《二十二子》本作“此谓近而亲之也”,脱“所”字。赵本《形势解》“父母不易其则,故家事办焉”,《二十二子》本“办(辦)”误作“辨”,形近而误。

《二十二子》本虽然偶有讹误,但总体来看,该版本《管子》校刻审慎,印制精良,故为人所称道。郭象升云:“近世汇刻子书者,以浙江局《廿二子》为善。”③

《二十二子》本刻成后,曾选出其中之《老子》《庄子》《管子》《列子》《荀子》《扬子法言》《韩非子》《淮南子》《文中子中说》《鹖冠子》10种为《注解十子全书》,由广州书局刷印。

《二十二子》本多次刷印,书板于光绪二十七年(1901)有重修。重修本目录末端题“光绪二十七年辛丑季夏浙江书局重校补”字样。

光绪二十三年(1897),浙江书局在《二十二子》基础上增加

① 郭沫若等:《管子集校》,科学出版社1956年版,第805页。

② 郭沫若等:《管子集校》,科学出版社1956年版,第869页。

③ 王开学辑校,山西省图书馆编:《郭象升藏书题跋》,山西古籍出版社2007年版,第65页。

《鹖冠子》,交上海图书集成局排印。因增加《鹖冠子》1种,改题作"子书二十三种"。《管子》扉页题"光绪丁酉年图书集成局据明吴郡赵氏本校印"。图书集成局排印本《管子》用扁体铅字,每半页13行,行40字,字小行密,远不如浙江书局刻本清朗可观。但这是《管子》较早采用现代印刷技术的铅字排印本,值得重视。民国二十五年(1936)上海广益书局将《二十二子》本《管子》改题"管子集解",也是排印本。

《二十二子》在清末还有其他翻印本,如光绪二十年(1894)上海绩山书局石印本,光绪二十三年(1897)新化三味书局刻本等。

《二十二子》又有上海古籍出版社1986年影印本。影印本将《二十二子》全部著作拼版缩印,合为1巨册。后来,上海古籍出版社又选其中之《管子》等20种,影印单行,颇便使用。赵用贤本及《二十二子》本中,《管子》本有眉栏,列刘绩、赵用贤注文及按语。上海古籍出版社影印本因拼版之故,将《管子》原本中的眉栏删去,致使刘绩注及赵用贤注不可得见。这是需要注意的。齐鲁书社《历代管子版本丛刊》收入《二十二子》本《管子》,则保留了眉栏文字。

(二)《四部备要》本与《诸子集成》本

民国时期,《管子》最重要的版本有3种:商务印书馆《四部丛刊》本、中华书局《四部备要》本和世界书局《诸子集成》本。《四部丛刊》本据瞿氏铁琴铜剑楼藏宋本影印,《四部备要》本和《诸子集成》本据《二十二子》本排印。

《四部备要》本初印于民国十五年(1926),半页12行,行19字,双鱼尾,四周单边,扉页标有"上海中华书局据明吴郡赵氏本校勘,桐乡陆费逵总刊,杭县高时显、吴汝霖辑校,杭县丁补之监造"字样,版心下题"中华书局聚珍仿宋版印"。

《诸子集成》本，初印于民国二十四年（1935），卷首题“刘向校、戴望校正”，戴望《管子校正》分卷附于每卷之后。戴望，字子高，浙江德清人，是著名学者陈奂的高足，治学严谨，“实事求是，深恶空腹高心之学”①。其《管子校正》初刊于同治十二年（1873），是以赵用贤本为底本，据宋明各本及《太平御览》等书，杂引王念孙、张文虎、丁士涵、顾广圻、俞樾诸家之说，参以己义而成。潘祖荫认为“是书精当，必传无疑”②。《诸子集成》本附戴望《管子校正》，为人们研读《管子》提供了方便。

《四部备要》本标称是据明赵用贤本校勘，《诸子集成》本世人也多以为是据赵用贤本排印。但二者实际底本并非明赵用贤原刻本，而是出自赵用贤本的清《二十二子》本。《二十二子》本与赵用贤本文字有所不同，前文曾举出《二十二子》本对赵用贤本的 8 处校改及《二十二子》本新产生的 2 处讹误。这些地方，《四部备要》本与《诸子集成》本均同于《二十二子》本，而与赵用贤本不同。见表4－2－2。

表4－2－2

篇目	赵用贤本	《二十二子》本	《四部备要》本	《诸子集成》本
《七法》	世主所贵者实也	校“实”为“宝”	“实”作“宝”	“实”作“宝”
《幼官》	莫之能害故必胜而无敌	校“害”为“圉”	“害”作“圉”	“害”作“圉”

① 〔清〕潘祖荫：《管子校正序》，《管子校正》，清同治十一年（1872）刻本。

② 〔清〕潘祖荫：《管子校正序》，《管子校正》，清同治十一年（1872）刻本。

续表

篇目	赵用贤本	《二十二子》本	《四部备要》本	《诸子集成》本
《小匡》	曹宿孙处楚	校“曹宿孙”为“曹孙宿”	“曹宿孙”作“曹孙宿”	“曹宿孙”作“曹孙宿”
《小称》	故绳可得料也	校“料”为“断”	“料”作“断”	“料”作“断”
《心术上》	是以君子不怵乎好	校“怵”为“休”	“怵”作“休”	“怵”作“休”
《任法》	此所谓近而亲之也	脱“所”字	“此所谓”作“此谓”	“此所谓”作“此谓”
《小问》	发食廪、山林	校“食”为“仓”	“食”作“仓”	“食”作“仓”
《入国》	徧枯、握遞	校“徧”为“偏”	“徧”作“偏”	“徧”作“偏”
《弟子职》	捧手问之/捧手而立/饭必捧擥	校“捧”为“奉”	“捧”作“奉”	“捧”作“奉”
《形势解》	故家事办焉	“办（辦）”讹为“辨”	“办（辦）”作“辨”	“办（辦）”作“辨”

《二十二子》本对赵用贤本的校改之处,《四部备要》本与《诸子集成》本与之相同。《二十二子》本的讹误之处,《四部备要》本和《诸子集成》本也与之相同。这说明《四部备要》本和《诸子集成》本是以《二十二子》本为底本,而不是以赵用贤本为底本。正因为以《二十二子》本为底本,所以才沿袭了《二十二子》本的讹误。

《四部备要》本和《诸子集成》本采用校刻精审的《二十二子》本为底本,又以仿宋字排印,施以句读,清晰美观,方便实用,因此很受欢迎。《四部备要》本又有民国二十五年（1936）中华书局《袖珍古书读本》缩印本及中华书局1989年影印本等。《诸子集成》本又有中华书局、上海书店、河北人民出版社等多种影印本。这两种版本港台地区也多有翻印。

（三）诸石印本

清末到民国间，《管子》出现了众多的石印本。这些石印本多称据赵用贤本印行，实际都是据《二十二子》本翻印。《二十二子》本各卷后有“总校黄以周”及分校人员姓名，有些石印本亦保留。石印本数量极多，如：

清光绪十九年（1893）上海鸿文书局《二十五子汇函》（《子书二十五种》）本，

清光绪二十九年（1903）新政书局石印本，

清光绪二十九年（1903）上海六艺书局石印本，

清光绪三十年（1904）广东点石斋石印本，

清光绪三十年（1904）上海广益书局石印本，

清宣统三年（1911）上海育文书局《子书二十八种》本，

民国三年（1914）上海育文书局《子书三十二种》本，

民国三年（1914）上海扫叶山房《二十二子汇函》本，

民国五年（1916）石竹山房、上海书局《子书三十二种》本，

民国八年（1919）上海扫叶山房《三十六子全书》本，

民国九年（1920）上海五凤楼《子书四十八种》本，

民国十三年（1924）上海会文堂书局石印本，

民国十三年（1924）上海隆文书局《子书三十六种》本等。

这些石印本字小行密，校对不精，版本价值不大，但其价格低廉，颇为流行，对《管子》的传播起到了积极的推动作用。

七、节选本

《管子》的选本,前文第三章曾提到沈津《百家类纂》本。《百家类纂》本出自刘绩本,刊于明隆庆元年(1567)。明万历十年(1582)赵用贤《管韩合刻》本刊行后,取代刘绩本及其系统诸本,成为《管子》最通行的版本。此后各家选编《管子》,多据赵用贤本或其衍生本。

(一)凌登嘉《管子治略窾言》

《管子治略窾言》8 卷,凌登嘉辑,明万历二十年(1592)刻本。题“唐司空房玄龄注,芦泉刘绩补注,武林后学凌登嘉辑评”,半页 9 行,行 20 字,白口,左右双边。卷首有钱士鳌《读管子治略》、凌登嘉《叙管子治略窾言》、凌登嘉《刻管子治略窾言琐录》,又有《摘录管子诸家评》,包括司马迁、刘向、刘勰、晁公武、叶适、苏轼、黄震、杨忱、王世贞等各家评论。钱士鳌《读管子治略》署“万历壬辰春三月望日友弟钱士鳌季梁书”,万历壬辰即万历二十年(1592)。

《管子治略窾言》系节录《管子》部分内容而成,所选《管子》篇目有:《牧民》《形势》(附解)《权修》《立政》(附九败解)《乘马》《七法》《版法》(附解)《幼官》《五辅》《宙合》《枢言》《八观》《重令》《法法》《兵法》《大匡》《中匡》《小匡》《霸形》《霸言》《问》《戒》《参患》《制分》《君臣上》《君臣下》《小称》《四称》《侈靡》《心术上》《心术下》《白心》《内业》《水地》《四时》《五行》《势》《九变》《任法》《明法》(附解)《治国》《小问》《七臣七主》《禁藏》《入国》《九守》《桓公问》《度地》《地员》《臣乘马》《乘马数》《事语》《海王》《国蓄》《山国轨》《山权数》《山至数》《地数》《揆度》《轻重乙》《轻重丁》。凌登嘉《刻管子治略窾言琐录》云:

> 夫书有读其全而全者,有辑其窾而全者。若《管子》者,辑

之而后成全书也。盖此书从来久远，竹素所留，既多错简亥豕，读者至一二卷后，辄欲弃去。况其间称引如毛嫱西施、吴王好剑之类，皆出仲后，其为战国傅会无疑。及《轻重》甲乙等篇，尤商贾渔利鄙谋，益不堪读矣。我辈诵述古喆，忍使瑕玉相错、混精金于砂砾不为一淘汰乎？故悉芟诸支离讹舛及谬妄无用者，而独存其精实，览者易竟。①

《管子》篇章众多，内容复杂，选其精要内容为一编，不失为一种好的做法。但选择去取，并非易事。凌登嘉认为《轻重》部分"商贾渔利鄙谋，益不堪读"，但《管子治略窾言》又选录了《管子轻重》的诸多内容。所谓"悉芟诸支离讹舛及谬妄无用者，而独存其精实"，实际难以做到。

凌登嘉在节选时，对《管子》个别篇章次序进行了调整，将"管子解"中《形势解》《立政九败解》《版法解》《明法解》等篇内容移至《形势》《立政》《版法》《明法》诸篇之内，作为各篇之注文。《刻管子治略窾言琐录》云："《山高》《版法》等篇，《管子》自有解。房注别以意见为解，不若其本来者直截沉痛。今芟房注而以解置经下，以便览观。其书序次原不伦，则移植于前。"明人刻书，喜随意更改。梅士享《诠叙管子成书》打乱原书次序，《四库全书总目》批评其"窜乱失真"。凌登嘉《管子治略窾言》在《诠叙管子成书》前30余年，实为导其先河者。

据《中国古籍善本书目》，《管子治略窾言》中国科学院图书馆、上海图书馆、浙江天一阁、安徽大学图书馆、湖北省图书馆、湖南省图书馆、苏州图书馆7家有藏。其中中国科学院图书馆藏本有"重

① 本节所引凌登嘉《管子治略窾言》文本，均据上海图书馆藏明万历二十年(1592)刻本。

威珍藏”“满铁北支事务局调查室资料系”藏书印，上海图书馆藏本有“于氏世守”“半哭半笑楼珍藏印”藏书印，天一阁藏本有“钱光绣先生真赏”印，苏州图书馆藏本有宋翔凤批校题跋及黄国瑾跋。《管子治略窾言》又有钟惺重订本，题“《管子治略真本》”，中国科学院图书馆有藏。

（二）魏时应编次《管子》

《管子》不分卷，魏时应编选，明万历刻本。题“豫章去违父魏时应编次”。半页8行，行18字，四周双边。

魏时应，字澹明，一字去违，南昌人，万历乙未（1595）进士，官至光禄寺卿、南京通政使，崇祯初年卒，著有《春秋质疑》等。魏时应万历年间曾官福建建阳县令，其选编《管子》即刊刻于此。该书版心下有刻工姓名：存义、张定、麻沙张有绶、麻沙张成、张友、张甫、张立阳、刘五、邹三、玄忠、麻沙张世贤、熊日廛、张行、张毛婢、邹德隆、麻沙张儒埕、张峦、章文通、梁居、闽泉、张朝、张存惠、应龙、麻沙张子芳、章长、倪胜、张文钊、张乾辅、张四弟、章生、文通、张中禄、章六等。这些刻工，均为万历间建阳地区刻字工人。

魏时应编次本涉及《管子》篇目很多，比凌登嘉《管子治略窾言》还要多出《地图》《正》《正世》《轻重甲》《轻重戊》《轻重己》等篇。但每篇所选文字较少，所以全书篇幅反较《管子治略窾言》少很多。

与《管子治略窾言》一样，魏时应本也调整了部分篇章次序，将《形势解》《版法解》文字移至《形势》《版法》后，低一格以示区别。除移易篇次，魏时应本还对部分篇内文字进行重新编排，如《牧民》“错国于不倾之地者，授有德也。积于不涸之仓者，务五谷也。藏于不竭之府者，养桑麻育六畜也。下令于流水之原者，令顺民心也”一段，魏时应本将“授有德也”“务五谷也”“养桑麻育六畜也”

“令顺民心也”刻为小字,类同注文。此亦轻改原文之例。这些都是明末风气所致。

魏时应本出自赵用贤本。赵本与刘绩本文字不同处,均与赵本同。魏时应本刻印中,产生了一些新的讹误。如《牧民》“能佚乐之,则民为之忧劳”,“劳”误作“荣”;“是谓圣王”,“王”误作“玉”等,均形近而误。

魏时应本随意删节移易原文,且多有讹误,不算是善本。但其字体在行书与楷书之间,挺拔劲爽,与当时通行之匠体字不同,而且也没有其他选本那么多滥加夸饰之评点,在明末《管子》诸选本中亦别具一格。

魏时应编次本《管子》,清华大学图书馆、中国科学院图书馆、南京图书馆有藏。清华大学图书馆藏本有“退庵斋珍藏书画印”“丰华堂书库宝藏印”藏书印,《中国古籍善本书目》著录。

(三)张榜《管子纂》

《管子纂》2卷,明张榜撰。张榜,字宾王,句容人,万历三十一年(1603)举人。博闻强记,善谈雅谑,不事行检,在当时颇有名声。张榜《管子纂》与其《韩非子纂》合为《管韩合纂》。其门人朱士泰《管韩合纂序》云:“管敬仲、韩非非伦也。而赵汝师合刻之,而吾师合纂之。……故夫管韩之并列久矣乎,非一日之目,苟为析之,而反若有阙然者,是所以合纂也。”可见张榜《管韩合纂》是受了赵用贤《管韩合刻》的影响。张榜为句容人,句容当时属应天府,古称金陵,故《管子纂》题“金陵张榜宾王纂”。

《管子纂》所选《管子》篇目,上卷包括:《牧民》《形势》《形势解》《权修》《立政》《乘马》《七法》《版法》《版法解》《幼官》《五辅》《宙合》《枢言》《八观》《重令》《法法》《兵法》《大匡》《中匡》等篇,下卷包括:《小匡》《霸形》《霸言》《问》《戒》《参患》《制分》《君臣》

《小称》《四称》《侈靡》《心术上》《心术下》《白心》《内业》《水地》《四时》《势》《九变》《任法》《明法》《明法解》《治国》《小问》《七臣七主》（原误作《七主七臣》）《九守》《地员》《海王》《国蓄》《轻重乙》《轻重丁》等篇。

《管子纂》以评文为主旨，眉批旁注，密加圈点，为当时士子之读本。朱士泰《管韩合纂序》云："《管子》之文，博而伟，精而特，一言千古者，烂然盈乎策。"①可见其旨趣。

《管子纂》评点文字，多夸张粉饰，造语惊人。如《牧民》"错国于不倾之地，积于不涸之仓，藏于不竭之府"旁批："文势突起，如风雨骤至。"同篇"不求不可得者，不强民以其所恶也；不处不可久者，不偷取一世也；不行不可复者，不欺其民也"，眉评云："此等文已到绝顶处，所稍异于训诰者，惟体裁奇骏耳。"再如《八观》篇眉评："骤玩之雄伟峻整，细绎之纵横错落，如河决，如珠连，如飘樯，如阵马，如八阵之图，外望甚肃，而其中龙虎风云，离跂幻怪，不可端倪。此等文字置之案头，日读千过，岂有厌哉？"冒广生云："当时帖括之书，取便呫哔，非善本也。"②

虽然张榜之评点多有夸饰，但在当时非常受推崇。凌汝亨说："句容宾王张先生《管子选》，文不满百，评亦间出，若排砂拣金，处处见宝。既美善耦俱，斯珠玉并设。即下方小评，亦所不遗。"③凌汝亨朱墨套印本、沈鼎新花斋本《管子》，全录其评语。王欣夫云："其行文句法，悉为时文家空论滥调，绝无考证，盖明末批尾家之故

① 本节所引张榜《管子纂》文本，均据清华大学图书馆藏明刻本。

② 冒广生著，冒怀辛整理：《〈管子〉跋十七则》（续），载《管子学刊》1988年第1期。

③ 〔明〕凌汝亨：《管子凡例》，《管子》，浙江人民出版社1987年影印明凌汝亨朱墨套印本。

技，固不足观，但自花斋本以下，皆采及之，亦负一时声誉，过而存之可也。”①

《管子纂》在明末非常流行，有多种传本：(1)明万历《管韩合纂》本，卷前有朱士泰《管韩合纂序》，卷首题“金陵张榜宾王纂、海阳朱士泰君启订”。(2)明吴贲刻的《管韩合纂》本，题作“金陵张榜宾王芟辑、延陵吴贲柔文校订”。(3)明末重刻《管韩合纂》本，题“金陵张榜宾王纂”。(4)《四子纂》本，与《韩非子》、《吕氏春秋》和《法言》同刻，郭沫若《〈管子集校〉所据〈管子〉宋明板本》著录。(5)《金卫公汇选明法峭书二种》本，与《韩非子纂》同刻，题“金陵张榜宾王芟辑、西湖金堡卫公汇订、温陵范方介卿评次”。(6)《群言液》本，与《战国策纂》《淮南鸿烈解辑略》《韩非子纂》《扬子法言纂》《吕览纂》同刻。题“金陵张榜宾王芟辑，新城王与籽凤里纠讹，菱水武光赐燕卿据释，新城王与夔华注评次”，前有《管韩合纂序》，署“海阳门人朱士泰识”，又有《管子纂序》，署“菱水武光赐燕卿甫书”。

(四)方苞《删定管子》

《删定管子》不分卷，清方苞撰，与《删定荀子》合刻，卷首题“桐城方苞望溪氏删定，混同顾琮用方氏参校”。

方苞删选《管子》，用的是花斋本，其文字异同多与花斋本相合。如《宙合》“动静、开阖、诎信、浧儒”，“浧儒”，花斋本作“浧濡”，此本亦作“浧濡”；《八观》“课凶饥，计师役，观台榭，量国费，而实虚之国可知也”，“观台榭”，花斋本作“视台榭”，此本亦作“视台榭”。《删定管子》所附旧注，有尹知章注、刘绩补注及朱长春注等，其所处位置与内容，亦与花斋本相同。特别需要注意的是，《弟

① 王欣夫撰，鲍正鹄、徐鹏标点整理：《蛾术轩箧存善本书录》，上海古籍出版社2002年版，第1584～1585页。

子职》"告具而退，捧手而立，三饭二斗"，"三饭二斗"，《删定管子》作"三饭二叶"。方苞于文后有按语："'叶'，疑当作'汁'，以羹和饭，所谓飧也。"这说明作"叶"并非《删定管子》刻印疏误，而是其所据之底本作"叶"。[①] 查《管子》各全本，仅花斋本作"三饭二叶"。由此可知，《删定管子》是以花斋本为底本。

《删定管子》选录《管子》篇目颇多，除"轻重"部分选录较少，其他经言、外言、内言、短语、区言、杂篇、管子解大部分篇章均有涉及，共 59 篇。各篇所选文字，有的较少，仅几句话，如《心术下》《五行》《地数》《揆度》等篇；有的较多，如《牧民》《小匡》《地员》等篇；也有的全文皆录，如《弟子职》篇。其去取标准，方苞自称是"辞气"，其《删定荀子管子序》云：

> 切而究之，荀氏之疵累，乃其书所自具，而管氏则众法家所附缀而成，且杂以道家之说、齐东野人之语，此则就其辞气可识别者也。余少时妄为删定，兹复审详，凡辞之繁而塞、诡而俚者悉去之，而义之大驳者则存而不削。[②]

方苞为桐城派古文大师，对古人行文辞气有较深体悟。他通过揣摩文气删定《管子》，去除其中"辞之繁而塞、诡而俚者"，不失为一种很好的尝试。但是，《管子》成书过程漫长，内容复杂，包含众家思想，想通过"辞气"来删定《管子》，是不现实的。而且所谓"辞气"，并没有一定标准。从《删定管子》来看，方苞对《管子》的选择去取有很大的随意性，因此郭沫若批评他"犹承明人习气，任

---

① 〔清〕方苞：《方望溪全集》，中国书店 1991 年影印本，第 42 页。

② 本节所引方苞《删定管子》文本，均据《历代管子版本丛刊》(四)影印清乾隆刻本，齐鲁书社 2014 年版。

意删节”。①

《删定管子》虽然像明人一样，有随意删节原文之弊，但该本与明代《管子》选本也有很大不同。明末《管子》选本，多以评文为主旨，罗列众家评语，而《删定管子》则重在疏通文义，实事求是，无虚浮夸诞之弊。《删定管子》所据的花斋本是一个会评本，书眉广引各家评点，文后有朱长春评语。《删定管子》于花斋本之注文，多有保留，而原本书眉所列各家评语，则全部删去，花斋本各篇文后所附朱长春之评语，亦多予删落。书中间有方苞按语，也以疏通文义为主，如《兵法》："故至善不战，其次一之。破大胜强，一之至也。"苞按："一谓一战而定功也。破大胜强，则弱小不待痛而服，所谓一之。"《君臣下》："能易贤不肖而可威党于下。"苞按："以贤为不肖，则可以示威；以不肖为贤，则可以植党。"同篇："先其君以善者，侵其赏而夺之实也。先其君以恶者，侵其刑而夺之威也。"苞按："君有所善，而先以示恩于外，则赏虽出于君，而德归于中央之人。是侵赏而夺之实也。君有所恶，而先以要重于外，则刑虽出于君，而权归于中央之人。是侵刑而夺之威也。"《小问》："于是乃令之复役，毋使相代。"苞按："役者日番代，故令前执席者复执是役，毋复使他人相代，以俟其至而与之言也。"方苞的这些按语，可以帮助我们更好地理解《管子》文意，与张榜等明人夸饰之评点迥然不同。

《删定管子》有清乾隆刻本，又有清光绪二十四年(1898)琅嬛阁刻本。

(五)其他节选本

凌登嘉、魏时应、张榜、方苞4家以外，明末及清代《管子》选本

① 郭沫若：《〈管子集校〉引用校释书目提要》，《郭沫若全集·历史编》(第五卷)，人民出版社1984年版，第25页。

还有一些，据《周秦汉魏诸子知见书目》《中国古籍总目》《中国丛书综录》《中国丛书广录》，主要有：

陈深《管子品节》四卷，在《诸子品节》内，明万历十九年(1591)刻本；

穆文熙《管子隽语》不分卷，在《诸子隽语八家》内，明万历二十六年(1598)刻本；

《管子》一卷，在《诸子十五种》内，明万历三十九年(1611)刻本；

焦竑《管子品汇释评》一卷，在《新锲翰林三状元会选二十九子品汇释评》内，明万历四十四年(1616)宝善堂刻本；

翁正春等《管子注释评林》一卷，在《新锲翁状元汇选注释续九子全书》内，明万历建邑书林詹霖宇静观室刻本；

朱之蕃《管子春秋》三卷，在《管晏春秋百家评林》内，明万历书林自新斋余良木刻本；①

陆可教《管子玄言评苑》一卷，在《诸子玄言评苑》内，明万历刻本；

陈仁锡《管子奇赏》八卷，在《诸子奇赏》内，明天启六年(1626)刻本；

李云翔《管子拔萃》，在《新镌诸子拔萃》内，明天启七年

---

① 王重民《中国善本书提要》著录美国国会图书馆藏明万历刻本《管晏春秋百家评林》四卷："原题'编修石篑陶望龄校阅，修撰青阳翁正春参订，状元兰嵎朱之蕃遴选，温岭后学林世选编次，书林自新斋余良木绣梓'。卷一至卷三题为《管子春秋》，卷四《晏子春秋》，因晏子原有'春秋'之名，而亦称《管子》为春秋，明人之妄自附会率类此。是书当即世选所编，而托之朱之蕃等三人者，《存目》卷一百三十二有《翰林三状元二十九子品汇释评》，其伪托之事，正相同。朱之蕃序。"见《中国善本书提要》，上海古籍出版社1983年版，第240页。

(1627)年朱墨套印本;

归有光《管子评点》二卷,在《诸子汇函》内,明天启刻本、明末刻本;

沈仲衡《管子芟》不分卷,明天启刻本;

姚镇东《管子纂注》不分卷,明崇祯二年(1629)刊本;

秦骏生等《管子》不分卷,在《周秦十一子》内,明崇祯十一年(1638)刻本;

陈继儒《管子隽》二卷,在《五子隽》内,明崇祯书林萧鸣盛刻本;

郭应响《管子钩玄》不分卷,明刻本;

陈绍源《管子评选》一卷,在《周秦十一子评选》内,明刻本;

陆稳《管子选》十篇,在《十四子选》内,明刻本;

薛宏绎《管子节阅》,在《诸子近编正集》内,明刻本;

任兆麟《管子》一卷,在《述记》内,清乾隆五十三年(1788)刻本、嘉庆十五年(1810)遂古堂刻本;

张道绪《管子选》四卷,在《文萃十三种》内,清嘉庆十六年(1811)人境轩刻本。

以上《管子》选本,多为明人删节评点本。这些版本,虽然对《管子》的传播起到了积极的促进作用,但对于《管子》的文本校释则没有多大价值。郭沫若说:"明人嗜好《管子》,但大抵重视其文藻,不脱高头讲章式之恶习,且喜为删节移易,而于校释之业甚疏。"[1]指出了这些版本的缺点。

---

① 郭沫若:《管子集校叙录》,《郭沫若全集·历史编》(第五卷),人民出版社1984年版,第12页。

第五章 《管子》名家批校题跋本

《管子》在流传过程中,有些版本经名家收藏,并留有批校题跋。这些名家批校题跋本既是珍贵的藏品,又包含丰富的学术信息,具有重要的学术价值。本章对《管子》诸名家批校题跋本进行考察。

第一节 宋本系统诸名家批校题跋本

今所见宋本系统《管子》的名家批校题跋本主要有:黄丕烈、戴望题跋宋浙刻本,黄丕烈校跋清初影宋抄本,郭沫若、潘承弼题跋陈奂抄校墨宝堂本。又有冒广生校跋张瑛影刻本及王欣夫批校张瑛影刻本,仅见于著录,未见原本。①

一、黄丕烈、戴望题跋国图藏浙刻本

宋浙刻本《管子》,黄丕烈跋,戴望跋。铁琴铜剑楼旧藏,今存国家图书馆。黄丕烈跋、戴望跋在张嵲《读管子》后。黄丕烈跋前有"士礼居"朱文方印,末有"黄丕烈印"白文方印。戴望跋后有"子高"朱文方印。

① 宋墨宝堂本《管子》,曾经黄丕烈士礼居、聊城杨氏海源阁收藏,并有题跋。本书第二章第二节"墨宝堂本寻踪"已详细介绍,此不赘述。

黄丕烈(1763—1825),字绍武,号荛圃、荛夫,又号复翁,江苏长洲人,著名藏书家,其藏书尤重宋版,自号"佞宋主人"。大家熟知的2种宋本《管子》,即国图藏浙刻本与蔡潜道墨宝堂本,均曾为黄丕烈士礼居收藏。国图藏浙刻本《管子》,为黄丕烈于清嘉庆九年(1804)以重金购得。其后,黄丕烈又用影宋抄本订正了第六卷中的抄补伪刻之页,并重新加以装订。黄丕烈跋文交代其源流甚详。其文云:

《管子》世鲜善本,往时曾见陆敕先校宋本在小读书堆。后于任蒋桥顾氏借得小字宋本,其卷一后有长方印记,其文云"瞿源蔡潜道宅墨宝堂新雕印",验其款式,当在南宋末年。中缺十三至十九卷。即其存者,取与陆校本对,亦多不同,盖非最善之本也。甲子岁(1804),余友陶蕴辉鬻书于都门,得大宋甲申秋杨忱序本,板宽而口黑,亦小字者,因以寄余,索值一百二十金,毫厘不可减。余亦重其代购之意,如数许之,遂得有其全本。案大宋甲申,不言何朝,核其版刻,当在南宋初,以卷末附张巨山《读〈管子〉》一篇也。内有钞补并伪刻之页,在第六卷中,遍访诸藏书家,无可借钞。时钱塘友人谓余曰:"嘉兴某家有影宋钞本,与此正同。"余闻之欣然,久而无以应我之求。适陶君往嘉兴,于小肆中获其半,检所缺叶,一一完好,字迹与刻本纤毫不爽,方信影钞者即从余所得本出,而下半部偶失之耳。命工用宋纸从影钞本重摹,辍钞补伪刻之页而重装之。《管子》至今日,宋刻始完好无阙,岂非快事。取对顾氏小字本,高出一筹,当是敕先所据以校刘绩之本者也。后钱塘友人来询之,知嘉兴所见者即此钞本,其不肯明言在书肆者,恐余捷足先得。孰知已有代购之人为之始之终之,俾得两美之合哉!嘉庆丙寅(1806)立冬后一日,士礼居重装并记。荛翁黄丕烈。①

今国图藏浙刻本《管子》第七卷之 7 ~ 11 页,版框较细,版心下无刻工姓名,字体风格亦与前后不同,笔画细柔,顿挫明显,即为黄丕烈抄补之页。黄丕烈购得此宋本《管子》,并据抄本补齐缺页,非常高兴,称"《管子》至今日,宋刻始完好无阙,岂非快事",喜悦之情,溢于言表。

此宋浙刻本后归常熟瞿氏铁琴铜剑楼。清同治七年戊辰(1886),学者戴望曾经借阅,并以之校赵用贤本。戴望跋语云:"戊辰正月,从瞿氏假得此本,与海宁唐耑甫、常熟张纯卿同校一过于赵刻本上,并记此。戴望志于冶城山书局。"

黄丕烈、戴望题跋宋浙刻本《管子》,钤有若干名家之藏书印。这些藏书印,展示了其自明代以来迭经名家收藏的历史轨迹。今具列如下:

扉页 4 个:"黄丕烈印"白文方印、"荛圃"朱文方印、"陈清华印"朱文方印、"澄中"朱文方印。

书前《管子序》首页 23 个,左下方 1 个不能辨识,其他由上至下依次为:"郁斋"朱文长方印、"虞山瞿绍基藏书之印"朱文方印、"士礼居藏"白文方印、"菰里瞿镛"方印("菰里"朱文、"瞿镛"白文)、"江左"朱文长方印、"玉兰堂"白文方印、"梅溪精舍"白文方印、"陈清华印"白文方印、"五峰樵客"白文方印、"绶珊经眼"白文方印、"瞿秉渊印"白文方印、"瞿润印"白文方印、"辛夷馆印"朱文方印、"铁琴铜剑楼"白文长方印、"古吴王氏"朱文方印、"竹坞"朱文长方印、"瞿秉冲印"白文方印、"季振宜印"朱文方印、"汪士钟

① 〔清〕黄丕烈著,潘祖荫辑,周少川点校:《士礼居藏书题跋记》,书目文献出版社 1989 年版,第 83 页。"板宽而口黑",原跋文作"板宽而行密"。

印”白文方印、“季沧苇图书记”朱文长方印、“阆园真赏”朱文方印、“良士眼福”白文方印。

“管子目录”首页11个，由上至下依次为：“百宋一廛”朱文长方印、“郁斋”朱文长方印、“陈清华印”白文方印、“黄丕烈印”白文方印、“复翁”白文方印、“乾学”朱文方印、“徐健庵”白文方印、“祁阳陈澄中藏书记”朱文长方印、“季大子印”朱文方印、“季以祈珍藏”白文长方印、“铁琴铜剑楼”白文长方印。

书后张嵲《读管子》页16个，由上至下依次为：“虞山瞿绍基藏书之印”朱文方印、“祁阳陈澄中藏书记”朱文长方印、“士礼居”白文方印、“荛圃卅年精力所聚”白文方印、“菰里瞿镛”方印（“菰里”朱文、“瞿镛”白文）、“读未见书斋收藏”朱文长方印、“瞿秉清印”白文方印、“瞿润印”白文方印、“瞿秉渊印”白文方印、“瞿启科印”白文方印、“瞿秉沂印”白文方印、“瞿秉冲印”白文方印、“季振宜印”朱文方印、“沧苇”朱文方印、“良士眼福”白文方印、“铁琴铜剑楼”白文长方印。

书内各卷之首页或末页也有藏书印，或多或少，均不出以上范围，不再赘举。

以上藏书印，较早的是文徵明之“江左”“玉兰堂”“梅溪精舍”“竹坞”以及王宠之“辛夷馆印”、“古吴王氏”。① 文徵明为明代著名书画家、藏书家，其玉兰堂多有宋元善本。王宠（1494—1533）与文徵明同乡，字履仁，后字履吉，号雅宜山人，人称“王雅宜”，工书善画，喜好藏书。国图藏本中，王宠之“辛夷馆印”“古吴王氏”2印

① “辛夷馆印”为王宠之印，但也有人认为是文徵明之印。国图藏之宋本《管子》，“辛夷馆印”与“古吴王氏”2印在一起，上下排列；文徵明之“江左”“玉兰堂”“梅溪精舍”3印在一起，上下排列。这说明“辛夷馆印”为王宠之印而非文徵明之印。

在首2行空白处之中下方,符合古书收藏时首先钤印的位置,文徵明之“江左”“玉兰堂”“梅溪精舍”3印,则在上方靠近“管子序”标题的位置,似为王宠之后所钤。不过莫友芝称其“为文衡山、王雅宜、季沧苇递藏”①,则又以文徵明在先,王宠在后。该书后来为文徵明之侄文伯仁所有。文伯仁(1502—1575),字德承,号五峰,又号摄山长、葆生、摄山老农、五峰山人、五峰樵客。“五峰樵客”之印,即为其所钤盖。

清初,宋浙刻本《管子》为季振宜收藏。季振宜(1630—1674),字诜兮,号沧苇,江苏泰兴人,家豪富,嗜藏书,清初著名藏书家,有《季沧苇书目》,又名《季沧苇藏书目》。《季沧苇藏书目》之“延令宋板书目”著录“《管子》二十四卷,四本”②,即为国图藏本。书中有“季振宜印”“季沧苇图书记”“沧苇”等藏书印。今国图藏本与其册数不同,是经黄丕烈重装所致。季振宜的藏书多来自钱曾的述古堂和毛晋之汲古阁。陆贻典曾在康熙五年(1666),以宋本《管子》校勘刘绩《管子补注》本,其所用的宋本《管子》,即为毛氏汲古阁购自锡山华氏者,“毛斧季以善价购得锡山华氏家藏宋刻《管子》,钱遵王贻余此本(按,指刘绩本),竭十日之力,校勘一过,颇多是正。……康熙五年四月二十有六日,常熟陆贻典识。”③陆贻典校本今存国家图书馆,从校本来看,陆贻典所用的宋本《管子》,其文字与今天的国图藏本完全一致,为同一版本无疑。

---

① 莫友芝撰,傅增湘订补,傅熹年整理:《藏园订补郘亭知见传本书目》(二),中华书局2009年版,第536页。

② 〔清〕季振宜:《季沧苇藏书目》,《丛书集成初编》本,中华书局1985年版,第2页。

③ 〔清〕黄丕烈著,潘祖荫辑,周少川点校:《士礼居藏书题跋记》,书目文献出版社1989年版,第81页。

季振宜于清康熙十三年(1674)去世后,家即萧条,藏书亦随之散佚。① 其藏书有的归徐乾学传是楼收藏,宋浙刻本《管子》亦在其中,书中有“乾学”“徐健庵”藏书印。徐乾学(1631—1694),字原一,号健庵,家富藏书,其传是楼为古代著名藏书楼。《传是楼书目》著录《管子》数种,但未注明版本。其中一种为“《管子》二十四卷,四本”②,与《季沧苇藏书目》著录相合,当即今国图藏本。

清嘉庆年间,宋浙刻本《管子》由黄丕烈购得。黄丕烈又据影宋抄本订正了第六卷中的抄补伪刻之页,并重新加以装订。详见其跋文。黄丕烈于扉页钤“黄丕烈印”“荛圃”2 印,于卷首钤“士礼居藏”印,于“管子目录”页钤“百宋一廛”“黄丕烈印”“复翁”3 印,又于卷末钤“士礼居”“荛圃卅年精力所聚”“读未见书斋收藏”3 印,可见其对此书之珍爱。

黄丕烈晚年,藏书陆续散佚,其藏书多归汪士钟艺云书舍。汪士钟,字阆源,江苏长洲人,官至户部侍郎,家资雄厚,广搜宋元旧刻以及四库未收之书。黄丕烈士礼居之两种宋本《管子》,均为汪士钟所得,并著录于其《艺芸书舍宋元本书目》之《宋板书目 · 子部》。今国图藏本中,“汪士钟印”“阆园真赏”藏书印,即为汪士钟所钤。

宋浙刻本《管子》后归常熟瞿氏铁琴铜剑楼。铁琴铜剑楼为晚清四大藏书楼之一,国图藏宋本《管子》在铁琴铜剑楼收藏近百年,钤有瞿氏四代人之藏书印。第一代有“虞山瞿绍基藏书之印”,第二代有“菰里瞿镛”“铁琴铜剑楼”,第三代有“瞿秉渊印”(秉渊字

① 朱宗宙:《清初扬州著名藏书家——季振宜》,载《扬州大学学报(人文社会科学版)》2000 年第 4 期。

② 〔清〕徐乾学:《传是楼书目》,《续修四库全书》(920 册),上海古籍出版社 2002 年版,第 765 页。

镜之,瞿镛次子)、“瞿秉沂印”(秉沂字理涵,瞿镛第三子)、“瞿秉清印”(秉清字濬之,瞿镛第五子)、“瞿秉冲印”(秉冲字融之,瞿镛第七子)、“瞿润印”①,第四代有“瞿启科印”(启科字隶卿,秉清次子)、“良士眼福”(启甲字良士,瞿秉清第三子,以伯父瞿秉渊无子而兼祧)。

宋浙刻本《管子》在铁琴铜剑楼期间,傅增湘曾经寓目。《藏园群书经眼录》:“《管子注》二十四卷,唐房玄龄注。宋刊本,半页十二行,行二十三、二十四字不等,白口,左右双栏,版心下记刊工姓名。版匡高六寸四分,阔四寸六分。……常熟瞿氏铁琴铜剑楼藏,乙卯(1915)岁观于罟里瞿宅。”②

宋浙刻本卷首以及书末戴望之跋文后,有“绶珊经眼”白文方印,此为民国著名藏书家王体仁之印。王体仁(1873—1938),字绶珊,晚号九峰旧庐主人,浙江钱塘人,以经营盐业成巨富,嗜好藏书,藏书楼曰“九峰旧庐”“东南藏书楼”。王体仁雇请杭州抱经堂主人、藏书家朱遂翔为其全权代办收书业务。朱遂翔曾为他收进常熟瞿氏铁琴铜剑楼宋版书 8 种,宋本《管子》即在其中。王体仁购藏古书自 1927 年开始,至 1937 年抗日战争爆发止。③

宋浙刻本《管子》尚有陈澄中之“郇斋”和“祁阳陈澄中藏书记”等藏书印。陈澄中(1894—1978),名清华,字澄中,号郇斋,湖

---

① 瞿润生平无考,林申请云:“瞿润生平史料失载,从其钤印位置来看,似晚于瞿镛,然为瞿氏族人当无疑。”见其《明清著名藏书家藏书印》,北京图书馆出版社 2000 年版,第 160 页。

② 傅增湘:《藏园群书经眼录》(三),中华书局 2009 年版,第 483 ~ 484 页。

③ 李玉安、黄正雨:《中国藏书家通典》,中国国际文化出版社 2005 年版,第 802 页。

南祁阳人，家资巨富，喜收藏，尤好宋元善本及古碑帖，与周叔弢并称“南陈北周”。1949年前后，陈氏携其收藏之珍本秘籍赴香港定居。后来，陈氏因生计出售藏书，在郑振铎的努力下，1955年，经赵万里等人购回郇斋第一批善本；1965年，在周恩来总理的关怀下，购回郇斋第二批善本。这样，宋浙刻本《管子》与其他郇斋藏书，一起入藏中国国家图书馆。①

综上所述，黄丕烈、戴望题跋宋浙刻本《管子》之递藏轨迹为：文徵明——王宠——文伯仁——季振宜——徐乾学——黄丕烈——汪士钟——瞿氏铁琴铜剑楼——王体仁——陈澄中——中国国家图书馆。

黄丕烈、戴望题跋宋浙刻本《管子》收入《四部丛刊》，当时此本尚在铁琴铜剑楼，因此《四部丛刊》影印本中，藏书印以瞿氏各印为最晚，没有王体仁之“绶珊经眼”和陈澄中之“郇斋”“祁阳陈澄中藏书记”等印。由于《四部丛刊》流传广远，人们往往忽略其曾经王体仁、陈澄中收藏的历史，误以为此本是由铁琴铜剑楼直接入藏国家图书馆。这是需要注意的。

二、黄丕烈校跋影宋抄本

影宋抄本《管子》，黄丕烈校并跋。黄丕烈士礼居旧藏，今存上海图书馆。

此抄本前12卷为清初影抄本，黄丕烈友人陶某代购自嘉兴。后12卷为黄丕烈据自己所藏宋本影抄并手校。书中钤“荛圃手校”朱文方印、“士礼居藏”白文方印、“丕烈之印”白文方印，另有

---

① 丁瑜：《陈家藏书与国家图书馆的深厚渊源——郇斋携港藏书回归知见杂记》，载《文津流觞十周年纪念刊》（总第36期）。

“广圻审定”“葆采”“妙彦侍假观记”等印。卷末有黄丕烈跋语,卷三、卷六、卷十二后有黄丕烈识语。其形成与流传状况第二章第一节“国图藏浙刻本的影抄、影刻与影印”曾经介绍,此不赘述。

影抄本抄写精到,且可以补宋刻本之缺。特别是卷六之第 7 ~ 11 页,原刻本缺失,可据影抄本补足。黄丕烈跋云:

> 余所藏《管子》,系南宋初刻本二十四卷全者。续又得一影钞本,止十二卷而止。然既从余本出,余本稍经后人描写,而影钞者在前,故可宝。且余本缺几叶,影钞者犹有之,则犹不可轻弃矣。因命钞胥照宋本补十三至二十四卷,复手校其讹谬。时嘉庆丁卯(1807)立冬日。复翁识。

黄丕烈对此抄本非常珍视,在抄本中多次题语,反复强调其重要。卷三后:“宋刻脱十五页末行小注并卷尾释音,验其痕迹,似刮去者,因据补之。”卷六后:“宋刻缺此卷第七叶以下,据此补彼。因此实影钞也,影钞时犹未失去,且所影钞者即余藏宋刻,故可信。此卷之七至十一卷,真如获拱璧矣。”卷十二后:“此影钞残本《管子》六册,计十二卷,即从宋刻出,然实有胜于宋刻处。遇纸破字缺,悉空之,一善也;有宋刻未失之字,间留一二,一善也。读者珍之,尧圃识。”①

三、郭沫若、潘景郑题跋墨宝堂本抄本

墨宝堂本《管子》抄本,陈奂校跋并录黄丕烈题识,郭沫若题辞,潘景郑跋。潘景郑旧藏,今存上海图书馆。

此抄本由清代学者陈奂请人据宋蔡潜道墨宝堂本抄录,陈奂

---

① 此三则题语及卷末跋文已收入黄丕烈《荛圃藏书题识》,亦收入黄丕烈《士礼居藏书题跋记续》。

以墨宝堂原本、黄丕烈校宋本及刘绩本对校后,转赠高邮王氏。后归潘景郑收藏。抄本卷前有郭沫若题记,卷末有潘景郑跋。中有“高邮王氏藏书印”白文方印、“吴县潘氏郑盦藏”朱文长方印。①

潘景郑(1907—2003),原名潘承弼,江苏吴县人。藏书家,版本鉴定家。著有《著砚楼书跋》,与顾廷龙编辑《明代版本图录》。潘景郑跋文详细交代了宋本《管子》源流,并特别强调了抄本的重要价值。其跋文云:

《管子》宋本凡二:一为绍兴二十二年瞿源蔡潜道宅刊十三行二十三字本;②一为隆兴二年张嵲序十二行二十四字本。蔡本旧藏吾邑任蒋桥顾竹君家,原缺卷十三至十九,黄荛圃得之,后归汪氏艺芸书舍;汪氏书散,未知流落何所。③ 陈硕甫先生曾据赵用贤本校录,又为王怀祖先生假钞汪本,对校之余,曾作《辨误》一卷。陈校今在涵芬楼,王氏藏本辗转归吾家。其十二行二十四字本,即陆敕先跋称毛斧季以善价购自锡山华氏者,后归瞿氏铁琴铜剑楼,涵芬楼曾借印入《四部丛刊》。赵用贤本即从之出,而陆敕先曾据以校录,陆校归顾抱充小读书堆;荛圃亦曾借校于所藏蔡本上。自来藏家传录,多出此本,种子流传,至今不绝。蔡本虽出其前,④仅赖南园翁校钞,绵一线之传。然其中佳处,足证各本之误。王氏《读书杂志》曾据以引证,是其明证。此本即硕甫先生为王氏传钞之本,卷一后有双行木记云:“瞿源蔡潜道宅,墨宝堂新雕印”,卷末后有双行木记云:“瞿源蔡潜道宅校行,绍兴壬申孟春朔题。”按

① 墨宝堂抄本之形成与流传,详见第二章第二节。

② 杨绍和《楹书隅录》、傅增湘《藏园群书经眼录》均著录为12行。

③ 汪士钟所藏墨宝堂本《管子》后归聊城杨氏海源阁。

④ 蔡潜道墨宝堂本刊刻在浙刻本之后,详见第二章第二节。

先生既为王氏借录，又取荛圃所藏校宋本对校，凡钞字之误脱，于本字之旁作『∟』以识之；凡云“绩作某”，或云“某字绩本有”“某字绩本无”，即作『、』以识之。又取荛圃校宋本参互对校，有荛圃未尽校出，即依改之曰“宋作某”。据是可知先生于此本致力之勤，观此一帙，而两宋本之菁英具备，弥足珍视矣！此本钞不甚精，而行款墨记，面目具存，为蔡本留一种子，宜更重视。乡贤遗泽，砚芬长护，固不必以天水蒙古取重而已。壬申(1932)十一月七日。

潘景郑曾将陈奂抄本寄给郭沫若参阅，郭沫若在抄本前题辞表示感谢。郭沫若云：

余为《管子集校》，搜罗版本颇多，独墨宝堂宋本未见，引以为憾。此本即钞自墨宝堂本，并经陈奂手校，校录以遗高邮王氏，有钤印可证。潘君景郑远道惠假，得细阅一过，弥补遗憾，良堪感荷。原书本缺自十三卷至十九卷，黄丕烈曾据陆贻典校宋本补入，俾成全帙。此钞本即据黄所校补本，而陈复曾以刘绩补注本对校。此可见前人之勤，与其用心之仔细。陈氏经校后，更以转赠王氏，曩时学者间友谊之敦厚，深可足令人感动。凡此均足师法，固不仅为学术研究增添一份善本而已。潘君实善体前修之懿行者。谨志此数语璧还，用申谢意。一九五六年九月九日郭沫若。①

宋蔡潜道墨宝堂本《管子》，今不可得见。陈奂抄校墨宝堂本，为墨宝堂本绵一线之传，弥足珍贵。潘景郑云抄本“为蔡本留一种子，宜更重视”，郭沫若云“此本即钞自墨宝堂本，并经陈奂手校，校

① 潘景郑跋文与郭沫若题辞，已收入潘景郑《著砚楼书跋》，上海古籍出版社2006年版。

录以遗高邮王氏,有钤印可证。潘君景郑远道惠假,得细阅一过,弥补遗憾”,均据此而发。墨宝堂本抄本的重要版本价值,第二章第二节已有详论,此不赘述。

四、冒广生校跋张瑛影刻本

冒广生校跋张瑛影刻本,未见。《〈管子〉跋十七则》录有冒广生于张瑛影刻本后之跋文。其文云:

> 右常熟张瑛覆宋刻《管子》二十四卷。世传宋本《管子》凡二本,均在黄荛圃家。其一本缺卷十三至十九,而卷一后有长方印记云“瞿源蔡潜道宅墨宝堂新雕印”者,后归聊城杨氏海源阁。此本归常熟瞿氏铁琴洞剑楼。蔡潜道本未归杨氏前,陈硕甫曾在汪阆源家借校以寄王怀祖。若孙渊如、洪筠轩、宋于庭所见,皆影钞本非真宋本也。此本则诸先皆未得见。蒋香生《心矩斋尺牍》载余外祖周季况先生言,秦汉以来古书之未有校刊善本者,惟《管子》《淮南》《新序》《说苑》《论衡》而已。《管子》瞿氏藏本,远胜赵氏多多。戴子高在金陵书局曾从瞿氏假得,间采入所著《管子校正》中,然甚草率,所校之字不及百分之一二。光绪初常熟张纯卿覆刻之,世人乃得购求。近日涵芬楼刻入《四部丛刊》,则几于家有其书矣。然张本间有改易,如《形势》篇注“贵而行令令乃行”,下“令”字宋本误“今”,张改“令”之类。余治《管子》凡得十八本,其明坊本及张啸山所校附在《舒艺室随笔》《余笔》中与张幼樵之《管子学》,尚不与焉。先取戴氏之误举者,成《管子校正附录》,因以陈硕甫所度蔡潜道本及明安正堂本、刘绩本、赵用贤本异同之字,一一著于此本书眉。朱东光以下,皆出刘、赵二本。其不

同于刘、赵者,明人妄窜或刻手致误,皆不足据也。①

冒广生(1873—1959),字鹤亭,号疚斋,江苏如皋人。曾任中山大学教授、南京国史馆纂修。新中国成立后任上海市文物保管委员会特约顾问。著作有《小三吾亭诗文集》《小三吾亭杂著》《疚斋词论》《冒鹤亭诗歌曲论著述》《四声钩陈》《蒙古源流年表》等。冒广生对《管子》用力甚勤,曾向张元济、瞿启甲、叶景葵等广借众本,校勘异同,并题跋文于书后。其子冒怀辛自《小三吾亭杂著》辑出,整理成《〈管子〉跋十七则》,分期发表于《管子学刊》创刊号、1987 年第 2 期及 1988 年第 1 期。其中第 6 则为张瑛影刻本之跋文。

跋文中所云之覆宋刻本即张瑛影刻本。跋文交代了 2 种宋本《管子》的收藏及张瑛影刻本的刊印,也交代了其校勘《管子》的方法,“以陈硕甫所度蔡潜道本及明安正堂本、刘绩本、赵用贤本异同之字,一一著于此本书眉”。冒广生所见《管子》版本众多,对《管子》版本源流非常清楚,其跋文指出:“朱东光以下,皆出刘、赵二本。其不同于刘、赵者,明人妄窜或刻手致误,皆不足据也。”这的确是过来人语。

五、王欣夫批校张瑛影刻本

王欣夫批校张瑛影刻本,未见,《蛾术轩箧存善本书录》著录。《蛾术轩箧存善本书录》甲辰稿卷三:“《管子》二十四卷,四册,清光绪中覆宋刻本。吴县王欣夫手校宋蔡潜道墨宝堂本、明赵用贤

① 冒广生著,冒怀辛整理:《〈管子〉跋十七则》(续),载《管子学刊》1987 年第 2 期。

本。”①此处之宋蔡潜道墨宝堂本非原本，为陈奂以墨宝堂本校赵用贤本之传录本。②

王欣夫(1901—1966)，名大隆，字欣夫，号补安，后以字行，室名学礼斋、蛾术轩。江苏吴县人。曾任上海圣约翰大学教授、复旦大学教授。嗜好藏书，精于目录版本校勘之学，著有《文献学讲义》《蛾术轩箧存善本书录》等。王欣夫于《管子》颇为留意，搜罗《管子》相关文献甚多，据《蛾术轩箧存善本书录》，有10行无注古本、《中都四子集》本、赵用贤《管韩合刻》本、张榜《管子纂》本、吴勉学《二十二子》本、明末刻本、浙江书局《二十二子》本、张瑛影刻本等重要版本，并有王仁俊《管子校语》、沈瓞民《管子臆断》、屈彊《读管小言》《管子韵语》等著作之抄本。王欣夫有志于校释整理《管子》，有《管子校释》未刊稿本，并汇校《管子》文字异同，此批校张瑛影刻本即其成果之一。王欣夫此校本汇集宋浙刻本、墨宝堂本及明赵用贤本之信息，希望还原《管子》文本原貌，“因据各本覆校，令复原来面目，先将陈硕甫校蔡本、赵用贤刻初印本详校此本”③。

张瑛影刻本所据宋本《管子》之刊刻年代，前人认识多有不同。王欣夫根据各种史料及书中刻工，证宋本刻于南宋高宗绍兴年间，为绍兴浙刻本，殊有见地。相关论证，亦见于其论文《郭沫若先生“管子集校叙录”之商榷》，载《学术月刊》1957年第6期。

---

① 王欣夫撰，鲍正鹄、徐鹏标点整理：《蛾术轩箧存善本书录》，上海古籍出版社2002年版，第1288页。

② 陈奂校本，实际上兼有墨宝堂本及刘绩本的信息，详见第二章第二节。

③ 王欣夫撰，鲍正鹄、徐鹏标点整理：《蛾术轩箧存善本书录》，上海古籍出版社2002年版，第1290页。

第二节 刘绩本系统诸名家批校题跋本

刘绩本系统《管子》名家批校题跋本主要有：陆贻典、黄丕烈校跋刘绩本，顾广圻校补刘绩本，王芑孙、冒广生题跋刘绩本，冒广生、郭沫若题跋安正书堂本等。

一、陆贻典、黄丕烈校跋刘绩本

刘绩本《管子》，陆贻典校并跋，黄丕烈校并题识。海源阁旧藏，今存国家图书馆。陆贻典以南宋浙刻本校，于书后题跋二则；黄丕烈以墨宝堂本校，至第四卷止，卷一后有题识。宋本书后有张嵲《读管子》一文，陆贻典亦据以抄录。

陆贻典跋文二则，其一云：

毛斧季以善价购得锡山华氏家藏宋刻《管子》，钱遵王贻余此本，竭十日之力，校勘一过，颇多是正。时赋役倥偬，愁闷填胸，当研朱点笔时，大似弈秋诲弈，一心以为鸿鹄之将至，抚已为之一笑。康熙五年四月二十有六日，常熟陆贻典识。

其二云：

古今书籍，宋板不必尽是，时刻不必尽非，然较是非以为常，宋刻之非者居二三，时刻之是者无六七，则宁从其旧也。余校此书一遵宋本，再勘一过，复多改正。后之览者，其毋以刻舟目之。康熙五年丙午五月七日，敕先再识。①

按，陆贻典(1617—1686)，字敕先，号觌庵，江苏常熟人。博学工诗，家富藏书。与毛晋、冯舒、叶树廉往来密切，相与校雠借抄，藏书日富。

① 此二则跋文已收入杨绍和《楹书隅录》。

读书室名"山泾老屋""玄要斋"。著有《玄要斋集》等。据书后跋文,陆贻典此校在康熙五年(1666),其底本(即刘绩《管子补注》本)为钱曾(遵王)所赠,其校本为毛扆(斧季)以善价购得的锡山华氏家藏宋本。书中所校与今国家图书馆藏南宋浙刻本一一吻合。卷一第1页书眉云:"诸卷首目低三字,二层写。"《牧民》小标题"右国颂"行上书眉云:"此等低六字。"此两处格式均与宋浙刻本相合。卷五《重令》篇"则是教民邪途也"行上书眉有陆贻典朱笔楷书校语:"'也'下宋板脱。"今宋浙刻本"则是教民邪途也"下亦脱一页。特别需要指出的是,今宋浙刻本卷六自《法法》篇"上好勇则民轻"以下至卷末5页(包括《法法》篇的一部分及《兵法》全篇)原缺,黄丕烈据影抄本补齐。① 陆贻典于"上好勇则民轻死"处书眉有校语:"自此至卷末宋板脱。"则陆贻典所用校本(锡山华氏家藏宋本)极有可能与今天国家图书馆收藏的南宋浙刻本为同一部书。陆贻典校书时卷六后5页已缺,后来黄丕烈用影钞本补齐。

陆贻典此校甚为仔细,正文、注文并校,初校后又进行复校,②

---

① 详见第二章第一节。

② 书中各卷后记有初校、复校日期,分别为:卷一,四月十六日校起;廿七日又校一过。卷二,四月十有七日校;五月朔重校。卷三,五月二日载校。卷四,十八日午刻校;初二日薄暮重校。卷五,初三日重校一过。卷六,初三日重校。卷七,十九日校;初三日重校。卷八,灯下校完此书;初三日又校。卷九,初四日早刻再校。卷十,二十一日校;初四日校。卷十一,二十二日校;初四日晚刻重勘。卷十二,二十三日勘;丙午日又校一过,敕先记。卷十三,廿三日校;重五晚刻再勘。卷十四,二十三日灯下校毕此卷;初六日晨起载校。卷十五,二十四日校;初六日又校。卷十六,廿四日;初六日重校一过。卷十八,廿四日灯下对此卷;初六日载勘。卷十九,二十五日辰刻雨窗勘;初六日申刻校第二遍。卷二十,校过;初六再勘。卷二十一,廿五日晚刻校至此;初六日酉刻重校,敕先识。卷二十二,二十五日漏下二鼓校完此卷;初六日灯下再校一过。卷二十三,二十六日辰刻校;初七日辰刻又校一过。卷二十四,二十六日灯下勘毕;五月七日重校毕,敕先。

初校用朱笔,复校用墨笔。复校主要是补初校漏校之处,今举《大匡》篇之例:“将胥有所定也”,宋浙刻本“胥”作“咠”,初校漏校,复校墨笔校改;“此皆其贪民也”下注文“贪人为禄自残亦未能自为害也”,宋浙刻本“为禄”作“争禄”,初校漏校,复校墨笔校改;“其甲与货”,宋浙刻本作“其车甲与货”,初校漏校,复校墨笔补“车”字。刘绩本脱漏甚多,初校仅以朱笔标出脱漏之处,复校时则补齐文字。如《大匡》:“管仲辞于君曰:‘君免臣于死,臣之幸也;然臣之不死纠也,臣不敢。’”宋浙刻本作:“管仲辞于君曰:‘君免臣于死,臣之幸也;然臣之不死纠也,为欲定社稷也。社稷不定,臣禄齐国之政而不死纠也,臣不敢。’”初校于“不死纠也”上朱笔标出,复校墨笔小楷补齐“不死纠也,为欲定社稷也。社稷不定,臣禄齐国之政而”21 字。《小匡》“荆州诸侯莫不来服”,宋浙刻本此句下还有“中救晋公,擒狄王,败胡貉,破屠何,而骑寇始服。北伐山戎,制冷支,斩孤竹,而九夷始听。海滨诸侯,莫不来服”41 字,初校朱笔标出,复校墨笔小楷补齐。陆贻典所校刘绩本原缺卷九最后 1 页,陆贻典亦据宋本抄录补齐。

现在能见到的《管子》版本,国家图书馆藏南宋浙刻本最古,刘绩本次之。二本之异同,郭沫若《管子集校》多已举出,然亦有未备之处。此陆贻典以宋浙刻本校刘绩本,一校再校,甚为详密,可补《管子集校》之不足。如:《权修》“其积寡而食多者则民多诈”,陆贻典据宋浙刻本校“其”作“有”,《集校》未出校;《立政》“正道损弃而邪事日长”,陆贻典据宋浙刻本校“损”为“捐”,《集校》未出校;《大匡》“文姜通于齐”,陆贻典据宋浙刻本于“齐”下补“侯”字,《集校》未出校。此类尚有很多,不赘举。另外,《集校》只校正文,陆贻典正文注文并校,此亦可补《集校》之缺。

此本中又有黄丕烈校,所用校本为墨宝堂本。卷一后有黄丕烈识语:“嘉庆二年夏五月用残宋本覆校一过。书中注于下方者皆覆校语也。此卷《形势》‘沈王’,王即玉字,敕先尚未校入,是其失也。丕烈。”嘉庆二年即 1797 年。嘉庆丁丑(1817),黄丕烈购得墨宝堂本并重装,墨宝堂本跋文中所云“二十年前曾借校之”,①正指此事。黄丕烈校用墨笔,②先于文内以小三角符号标出所校之字,复于页下版框外书写校字,并于字旁书“宋本”。此与陆贻典于原文行间直接出校不同。黄校最初甚为仔细,正文、注文、避讳皆校。如《牧民》“地辟举则民留处”下注文:“言地尽辟则人留而安居处也。”黄丕烈校:“也,宋本无。”同篇“敬宗庙”之敬、注文“贞廉”之贞,《权修》“百姓殷众”之殷,页下皆出校,云“宋本缺笔”。但第二卷后则疏略,第三卷仅《幼官》有数条,至第四卷仅《宙合》列一条,第五卷起则不再校。墨宝堂本今不知去向,黄校可帮助一窥墨宝堂本之面貌;又与陆贻典校在同一本上,可见两宋本之异同,如《幼官》“养之以德则民合,和合故能习,习故能偕”,陆贻典据宋浙刻本校去“和合”二字,黄丕烈复据墨宝堂本校去“德”字。只可惜黄丕烈所校过于简略。

此书以宋本为校本,故书中多处有“宋本”朱文椭圆印。此外尚有“陆贻典印”“席鉴”“席玉照读书记”“萸山珍本”“宋存书室”“杨绍和审定”“杨绍和读过”“东郡杨绍和彦合鉴藏金石书画印”“彦合珍藏”等藏书印。此可见此本收藏之踪迹。“席鉴”“席玉照读书记”“萸山珍本”,均为席鉴之藏书印。按,席鉴字玉照,号茱萸山人,江苏常熟人,乾隆间国子监生。王欣夫疑为席启寓(1650—

---

① 〔清〕黄丕烈著,潘祖荫辑,周少川点校:《士礼居藏书题跋记》,书目文献出版社 1989 年版,第 81 页。

② 此校本陆贻典初校用朱笔,复校用墨笔,黄丕烈校用墨笔。郭沫若《管子集校叙录》称“陆校朱书,黄校墨书”,不够确切。

1702)诸孙十人之一。家富藏书,藏书处有敏逊斋、扫叶山房等。据黄丕烈墨宝堂本《管子》跋文“余故友小读书堆藏陆敕先校宋本,亦向伊后人借归据补”,①知此书亦曾为顾之逵(1753—1797)小读书堆收藏。黄丕烈跋文作于嘉庆丁丑(1817),则此时该书尚在常熟顾氏后人手中。此书后来归聊城杨氏海源阁,“宋存书室”“杨绍和审定”“杨绍和读过”“东郡杨绍和彦合鉴藏金石书画印”“彦合珍藏”等印,均杨氏所加。1931 年,海源阁第四代主人杨敬夫迫于生计,将海源阁珍本 92 种抵押给天津盐业银行,陆贻典校宋本《管子》即其中之一。抗日战争胜利后,校宋本《管子》作为 92 种海源阁珍本之一收归国有,存入当时的国立北平图书馆,即今天国家图书馆的前身。②

二、顾广圻批校刘绩本

刘绩本《管子》,顾广圻校并抄补缺页,又录陆贻典校跋。铁琴铜剑楼旧藏,今存国家图书馆。此校本卷首有“顾千里印”印。卷末又有“静补斋”朱文方印,则知其曾为常熟藏书家李芝绶(1813—1893)收藏。

此校本所用之底本与陆贻典校本之底本均为刘绩《管子补注》本,但此本缺页较多,且有补版。缺页均据陆校本抄补,共 16 页,包括:

卷一第 27 页,在《乘马》篇内;

卷二第 4 页,在《七法》篇内;

---

① 〔清〕黄丕烈著,潘祖荫辑,周少川点校:《士礼居藏书题跋记》,书目文献出版社 1989 年版,第 81 页。

② 参见王绍曾、沙嘉孙《山东藏书家史略》,山东大学出版社 1992 年版,第 230 ~ 231 页。

卷四第 5 页,在《枢言》篇内;

卷六第 9 页,在《法法》篇内;

卷七第 15 页,在《大匡》篇内;

卷八第 7 页,在《小匡》篇内;

卷九第 16 页,在《问》篇内;

卷十第 18 页,在《君臣上》篇内,第 22 页,在《君臣下》篇内;

卷十二第 3、23、24 页,在《侈靡》篇内;

卷十六第 19 页,在《小问》篇内;

卷二十四第 9 页,在《轻重乙》《轻重丁》篇内;

卷二十四第最后 2 页,在《轻重己》篇内。

补版共 5 页,有:

卷一第 14 页,在《权修》篇内;

卷一第 19 页,在《立政》篇内;

卷三第 3、5 页,在《幼官》篇内;

卷九最后 1 页,在《问》篇内。

补版行款与原书一致,但字体明显不同。原书为赵体字,笔画柔和;补版为匠体字,笔画瘦硬。卷三第 3 页版心顾广圻墨笔行书:“此页补刻,与元(即‘原’字)版不同。”

顾广圻批校本中,于部分卷末记有临陆贻典校本之日期,卷二后有“丙辰五月十六日临校”,卷四末有“庚申正月初四日续校”,卷八末有“初九日灯下临”,卷十一末有“元夕灯下临”,卷十二末有“十六日临”,卷十三末有“十七日临”,卷十五末有“十八日”,卷十六末有“十九日灯下”。书末有“嘉庆五年庚申,元和顾广圻临校”识语,下钤“一云斋”朱文印。据此可知顾广圻先于嘉庆元年(1796)五月临校前 2 卷,复于嘉庆五年(1800)正月续校完成。顾广圻与著名藏书家顾之逵(字抱冲)为同族兄弟,陆贻典校本曾为顾之逵小读书堆收藏。顾广圻有此便利,故得以临校。

顾广圻临校一遵陆贻典校本,凡行款格式、正文注文之文字异同,均一一照录,卷末陆贻典据宋浙刻本抄补之张嵲《读管子》一文及跋文二则,亦予以抄录。陆贻典二则跋文已见前文,此不赘录。①

除传录陆贻典之校跋外,顾广圻于书中亦间加按语,校订文字讹误。顾广圻过录陆贻典校用朱笔,自加按语则用墨笔。② 今录卷一中顾广圻按语如下:

《牧民》:

右士经:疑作"十一经"。

毋曰不同国:"国"作"邦",乃合韵。

《形势》:

鸿鹄锵锵:《解》作"将将"。

飞蓬之问:"飞",《解》作"蜚"。

牺牲圭璧:"圭",《解》作"珪"。

豢(据陆校本校作"訾")食者不肥体:《类篇·食部》引《管子》作"豢"。

而猿猱饮焉:《解》作"猱猨"。

莫知其释(据陆校本校作"泽")之:"泽",《解》作"舍"。

---

① 陆贻典校本之传录本不只此1部。陆心源《皕宋楼藏书志》、丁丙《善本书室藏书志》著录的陆贻典校宋本,亦为传录本。冒广生云:"今聊城杨氏《楹书隅录》、归安陆氏《皕宋楼藏书志》、钱塘丁氏《善本书室藏书志》皆云有其书。盖一为原本,其二皆临本耳。"(见《〈管子〉跋十七则》,《管子学刊》1987年创刊号)陆氏《皕宋楼藏书志》著录本后归日本静嘉堂文库。丁氏《善本书室藏书志》著录本今藏南京图书馆,《中国古籍善本书目》著录:"《管子》二十四卷,唐房玄龄注,明刘绩补注,明刻本。佚名录清陆贻典校跋,清丁丙跋。"

② 顾广圻按语已辑入冒广生(原题昌鹤亭)《管子顾氏学》,载《制言》1940年2月总第62期。

藏之无形:“藏之”下《解》有“而”字。

其功逆天者天违(据陆校本校作“围”)之:“围”,《解》作“违”,下“天之所违”同。

乌鸟之狡:“鸟”,《解》作“集”。

注文“佼谓猜也”:古书多以“佼”为“交”。

独王之国:“王”,《解》作“壬”,“壬”即“任”字。

《权修》:

台谢(据陆校本校作“榭”)广也……台谢(据陆校本校作“榭”)广则赋敛厚矣:“谢”字是也。

《立政》:

及于里尉:下脱“其在里尉”四字。

不敢畜连乘车:“连”同“辇”。

期而致:“致”即“至”字。

竭俗之所期也:“竭”字别为一句,而缺其上文。

《乘马》:

农耕及雪释:“雪释”,《大戴礼》作“雪泽”。

芸卒焉:疑有脱文。

顾广圻所作按语颇有见地,例如:《牧民》之小标题“士经”颇费解,顾广圻以“士”为“十一”之连写,释为“十一经”,与文内所列“错国于不倾之地、积于不涸之仓、藏于不竭之府、下令于流水之原、使民于不争之官、明必死之路、开必得之门、不为不可成、不求不可得、不处不可久、不行不可复”11条正相吻合。戴望《管子校正》、颜昌峣《管子校释》、郭沫若等《管子集校》均采其说。颜昌峣云:“顾说是。”①《牧民》“毋曰不同国”,日本猪饲彦博云:“‘国’当

① 颜昌峣:《管子校释》,岳麓书社1996年版,第5页。

作‘邦’,与‘从’协韵。盖汉人避高祖讳改之也。《老子》曰‘修之国,其德乃丰’,正与此同。”[①]王念孙亦认为“国”当为“邦”。顾广圻指出“‘国’作‘邦’,乃合韵”,与猪饲彦博、王念孙不谋而合。《立政》“不敢畜连乘车”,安井衡云:“‘连’,古‘辇’字。《周易·蹇卦》‘往蹇来连’,虞翻本作‘来辇’。《周礼·地官·乡师职》‘正治其徒役,与其輂辇’,注‘故书辇作连’,郑司农读为‘辇’,孟子曰‘从流上而忘反谓之连’,亦辇义也。”[②]戴望、丁士涵、金廷桂亦以“连”当作“辇”。顾广圻指出“连”同“辇”,远在各家之前。

三、王芑孙、冒广生题跋刘绩本

刘绩本《管子》,王芑孙、冒广生跋。铁琴铜剑楼旧藏,今存国家图书馆。中有佚名朱笔校。王芑孙跋后钤“惕甫”朱文方印,冒广生跋后有“冒广生印”。

王芑孙,字念丰(或作沣),一字沤波,号惕甫,一号铁夫,又号楞伽山人,江苏长洲人。乾隆五十三年(1788)举人,官华亭教谕。后辞官归,任扬州乐仪书院山长。学问宏博,富于藏书,其藏书处名“沤波舫”“渊雅堂”“楞伽山房”。著有《惕夫未定稿》《碑版广例》《渊雅堂集》等。此本由阮元转赠王芑孙,并获得黄丕烈认可。王芑孙跋文云:“云台(阮元字)先生至杭,停泊胥江,过沤波舫,因出《管子》一书相赠。后同年黄荛圃(丕烈)见之,云是元板,市中不可多得,纹三十两,不为价重,因重装之。铁夫记。”

此本后归常熟瞿氏铁琴铜剑楼。冒广生曾自铁琴铜剑楼借

① 郭沫若等:《管子集校》,科学出版社1956年版,第12页。
② 郭沫若等:《管子集校》,科学出版社1956年版,第62页。

读，并撰长篇跋文，由瞿燿邦代书于书后。[1] 王芑孙跋所称“元板”之“元”，为原来之“原”，非宋元之“元”，冒广生对此详加考辨，并指出刘绩本刊刻在“弘治庚戌以后”。其文云：

右明刘绩《管子补注》，丰顺丁氏《持静斋书目》称元刊本，王芑孙旧藏。独山莫氏《郘亭知见传本书目》亦称丁禹生有元刊本，王芑孙旧藏。丁误于（王）芑孙跋文有“黄荛圃定是元板，市中不可多得”一语，余从铁琴铜剑楼借顾千里度陆敕先校之刘绩本即有补板，补板且有与原版异字，知荛圃所云元板，对补板言，元即原字，非宋元之元。丁遽改称元刊，则笑柄矣。子偲（莫友芝）或未见原书，就其所知者著录，遂又为禹生（丁日昌）所误耳。归安陆氏《皕宋楼藏书志》认为明成化刊本，亦误。绩字用熙，江夏人，弘治庚戌进士，官镇江府知府，见《四库全书》绩所撰《三礼图》提要，又有《六乐说》，入存目。绩刻《管子》，虽无年月可考，然必在弘治庚戌以后，不得云成化也。

《管子》版本，宋本外以刘绩本为最古，冒广生跋文对其价值充分肯定。其文云：

此书不及世传两宋本，而在明诸刻为最古。今取常熟瞿氏藏宋本勘之，则宋本第五卷缺第九叶，此不缺。宋本第十四卷《四时》篇“是故冬三月”至“所恶必伏”正文八十九字，误列“暴虐积则亡”下，此列“行秋政则旱”下，宋本误此不误。宋本第十六卷《小问》篇“桓公与管仲阖门而谋伐莒，未发也”下夺正文二十七字，此不夺也。其他可正宋本之处尚多。陆敕先曾以宋本校此书云：“古今书籍宋板不必尽是，时板不必尽非，

---

① 瞿燿邦（1905—1980），字旭初，室名旭斋，铁琴铜剑楼第四代主人瞿启甲次子。爱好藏书，精于鉴定，校跋古籍甚多。

宋刻之非者居二三，时刻之是者无六七。”真过来人语也。……明人刻书喜改古书，绩则至为矜慎，其所考订及所见别本异同，均加按语在原注后，较之赵文毅本遽改原文为胜。

刘绩本刻印颇粗疏，冒广生跋文对此予以揭示：

第其刻工最为草草，如贤作夫、國作国、與作与、犹作尤等字，触目皆是。又注文之末，任意增“者”“也”“已”“矣”等字，殆当时通行坊本，未加校对。卷数叶数尤为凌乱，如卷十第五叶应改为卷七之第十七叶，又第四叶应改为卷九之第十九叶，卷十五之第九叶应改为卷十三之第五叶，第六、七、八叶应改为卷十三之第六、七、八叶，卷十六之第十五叶应改为卷十四之第十六叶，卷十三之第六、七、八叶应改为卷十五之第六、七、八叶，第五叶应改为卷十五之第九叶，卷十四之第十六、十七、十八、十九叶应改为卷十六之第十五、十六、十七、十八叶，卷十八之第十一叶应改为第十叶，第十叶应改为第十一叶。又卷四缺第十三叶，文实不缺。卷九实缺第二十六叶，书贾乃将第二十五叶之末注文挖去，以掩其迹。此皆应为理董者也。至《霸言》一篇于“命曰武满三满”下接“以之时”至“自古以”正文三百三十五字，下接“而不止”至“知动静”三百三十二字，下始接“至今未尝有”云云，明安正书堂无注本误与此同，殆同一祖本，错简两叶，其后各改所祖之本之行款，遂致连文，不能复句读矣。

冒广生跋文还指出：“《淮南子》亦有刘绩本，余亦见之。又江建霞尝见拜经楼所藏书目中有刘绩《霏雪录》，此刘绩则别是一人。”跋文末署“水绘庵冒广生跋，铁琴铜剑楼瞿燿邦书”。①

① 此跋文收入《〈管子〉跋十七则》(续)，载《管子学刊》1987年第2期。发表时删去跋文末所署“水绘庵冒广生跋，铁琴铜剑楼瞿燿邦书”。

此本多有缺页，后人抄补，冒广生跋文未述及。抄补之页包括：

卷三第4页，在《幼官》篇内，第9页，在《幼官》《幼官图》篇内，第13页，在《幼官图》篇内，第23、24页，在《五辅》篇内；

卷四第16、17页，在《枢言》篇内；

卷五第13页，在《法禁》《重令》篇内；

卷七第14、15页，在《大匡》篇内；

卷八第20页，在《小匡》篇内；

卷九第19、20页，在《问》篇内；

卷十第17页，在《君臣上》篇内；

卷十三第1页，在《心术上》篇内；

卷十五第16页，在《正世》篇内；

卷二十第18页，在《形势解》篇内；

卷二十二第22页，在《山至数》篇内；

卷二十三第9、10页，在《揆度》篇内；

卷二十四第4页，在《轻重乙》篇内，第9页，在《轻重乙》《轻重丁》篇内，第25页，在《轻重戊》《轻重己》篇内，第26页，在《轻重己》篇内。

抄补共24页，字体有所不同，非出于一人之手。有些抄补之页有虫蛀，知抄补年代已久。

王芑孙、冒广生题跋之刘绩本曾入藏涵芬楼，书中有“涵芬楼”朱文长方印。《涵芬楼烬余书录》：“又一部，明刘绩补注，明成化刊本，十二册，王惕甫旧藏。唐司空房玄龄注，芦泉刘绩补注。《四库提要》：‘绩字用熙，号芦泉，江夏人，弘治庚戌进士，官志镇江府知府。’《皕宋楼藏书志》有此，称成化刊本。王铁夫题谓黄荛圃称为元板，当是笔误。昔人以朱笔校过，所校与宋本合。”①

四、冒广生、郭沫若题跋安正书堂本

安正书堂重刊本《管子》，冒广生跋，郭沫若题辞，后附叶景葵校勘记3页，部分篇章有朱笔眉批。今存上海图书馆。有“上海图书馆藏”“合众图书馆藏书印”“景葵所得善本”等印。

此本原为叶景葵所藏。叶景葵（1874—1949），字揆初，号卷盦，别称存晦居士。浙江杭州人，光绪二十九年（1903）进士。民国著名实业家、藏书家。抗战期间，叶景葵与张元济、顾廷龙等人创办上海合众图书馆，即上海历史文献图书馆的前身。叶氏此本为其中重要藏品之一。

冒广生曾自叶氏借阅该书，并题跋文二则于书后。冒广生在第一则跋文中考证安正书堂本的年代甚详。其文云：

右《管子》无注本。前后无序跋，惟二十四卷后有“太岁癸巳孟春安正书堂重刊”木牌墨记，与莫子偲《宋元旧本书经眼录》所称“半页十行，行二十一字”，款式悉同，知子偲所见即此本。但其云似元明间刻，则稍误也。日本安井衡《管子纂诂》所引古本，即此本，然其凡例亦误以为元板。安正书堂为明刘宗器书林之堂名，见长沙叶氏《书林清话》。其家所刻书见著录者最早为弘治甲子之《针灸资生经》七卷（见森志），最晚为万历辛亥之《新编事文类聚翰墨大全》一百二十五卷（见缪续记），盖世其业者百余年矣。癸巳为嘉靖十二年，前一年壬辰有安正堂刻宋刘可达编《璧水群英待问会元选要》八十二卷

① 张元济：《张元济古籍书目序跋汇编》（中册），商务印书馆2003年版，第560页。

(见范目),万历二十一年亦为癸巳,前一年壬辰有安正堂刻秦观《淮海集》四十卷《后集》六卷(见袁簿)。此癸巳不知为嘉靖,为万历。

安正书堂本二十四卷后有“太岁癸巳安正书堂重刊”木牌墨记。安正书堂为明代中后期福建刘宗器书林之堂名,太岁癸巳可能是嘉靖十二年(1533),也可能是万历二十一年(1593)。冒广生称“此癸巳不知为嘉靖,为万历”,颇为审慎。

冒广生跋文对安正书堂本的脱误及优长之处予以揭示,他说:

刘绩补注本脱误之字,十九与此本合,其所祖之本虽不如今常熟瞿氏、聊城杨氏所藏两宋本之佳,然亦致难得矣。今以瞿氏藏宋本勘之,卷中《霸言》篇“命曰武满三满”下接“以之时”至“自古以”三百三十五字,下接“而不止”至“知动静”三百三十二字,下始接“至今未尝有”云云。《版法解》“爵贵有名以休之”下接“不行施报不得”至“然则明君奈何”三百四十五字,下接“凡人君者”至“民若殃民”(苦误若令误民)二百九十四字,下始接“明君不为六者”云云,非依宋本改则不能句读。又《问》篇夺“制地”至“度必明失经常”二百二十字,《任法》篇夺“周书曰”至“有守法”三百二十字,亦当依宋本补。然亦有足校宋本之失者,如《重令》篇宋本“则是教民邪途也”下缺“如此则巧佞之人”至“便辟得进毋功”四百十字,此不缺。《四时》篇“是故冬三月”至“所恶必伏”八十九字,应在“行秋政则旱”下,宋本误在“暴虐积则亡”下,此不误。《小问》篇“桓公与管仲阖门而谋伐莒,未发也”下,宋本夺“而已闻于国矣。桓公怒,谓管仲曰,寡人与仲父阖门而谋伐莒,未发也”二十七字,此不夺。世人佞宋太过,动谓明人刻书一无足取,此浅尝者之言,不知尺亦有所短也。葵初同年喜购异书,假观逾年跋此归之。病腕不能移写所校宋本异同于书眉矣。①

安正书堂本讹误颇多,但也有可校正宋本之处。所以冒广生云:“世人佞宋太过,动谓明人刻书一无足取,此浅尝者之言,不知尺亦有所短也。”

安正书堂本及其母本10行无注古本均为明刻本,出自刘绩本。前人多误以为是元本。冒广生在第二则跋文中特对此予以辨析。其文云:

> 蒋光煦《斠补隅录》系以许光清本校花斋本。许本以影宋本校过,所称“元本”,指影宋原本言,非宋元之“元”也。《管子校正》误以蒋校及此本均作元本。其书所举元本九十六条内,二十六条与蒋校合,四十九条与此本合,十七条两本并合。至《明法解》“私术者”一条,元本作“利术”,则花斋作“利术”,蒋据影宋原本改“私”,《校正》误举。《国蓄》篇“何以及此”一条,云元本、朱本作“反”,则惟朱东光本作“反”。“元本”二字,恐亦误举。附记于此,以见老辈皆误认此本为元本也。庚辰六月,疚斋冒广生病腕书。

跋文署“庚辰六月”,则冒广生题跋此本在1940年。

20世纪50年代,郭沫若等撰《管子集校》,广集《管子》版本。上海历史文献图书馆提供此本供郭沫若参阅。郭沫若于书前题辞。其文云:

> 我处亦有十行无注本《管子》,无前后跋。以此本相校,款式字迹全同。唯第二十四卷末叶无“太岁癸巳孟春安正书堂重刊”木牌墨记。既云“重刊”,则安正书堂本实为无墨记本之

---

① 此跋文收入冒广生著、冒怀辛整理《〈管子〉跋十七则》(续),载《管子学刊》1987年第2期。

复刻。莫友芝所见者当为无墨记本，故言“似元、明间刻”。冒广生以为稍误者（见卷末冒跋），其实甚有见地。盖安正书堂为明刘宗器书林之堂名，其所刻书见诸著录者最早为宏治十七年（一五〇四），最迟为万历三十九年（一六一一）。冒广生云“此癸巳不知为嘉靖、为万历”，信然。然亦无能断言非弘治前宪宗成化九年（一四七三）之癸巳。安正书堂本既以无墨记本为母本而重刻，则在当时必已视为难得之古本。故认此无墨记本为元、明间所刻，殊属妥当。安正书堂本行间每有空白处，其在无墨记本则为墨印。盖无墨记本木板留下待刻之字未刻，而安正书堂重刊时未为补入，且无待刻之意，故化为空白也。此点亦足证二本之先后。十行无注本之母本乃刘绩补注本，即削去其注而仅为白文者（说详《管子集校》余所著《叙录》），则彼刘绩可知断非清人所拟定之弘治刘绩。余以为刘绩乃辽人，《补注》乃辽刻本，今又得一佳证耳。刘绩所据本当系古抄本，其文字与宋本有出入。刘绩及其补注因此安正书堂本而得以定其年代，则此安正书堂本一木牌墨记可谓价值连城矣。此本或已为海内孤本，望其善珍宝之。一九五五年五月二十六日，上海历史文献图书馆邮寄此书来京，在灯下翻阅一过，书此以召来者。郭沫若。

安正书堂本出自10行无注古本。冒广生仅见安正书堂本，10行无注古本则未见，仅据各家著录知其行款与安正书堂本相同。郭沫若自己收藏无“太岁癸巳孟春安正书堂重刊”墨记的10行无注古本。他以安正书堂本与10行无注古本对照，指出“安正书堂本实为无墨记本之复刻”，此为冒广生所未及。安正书堂本有“太岁癸巳孟春安正书堂重刊”墨记，存世绝少，郭沫若于全国搜集《管子》版本众多，安正书堂本仅此一见，故其题辞云“此本或已为海内孤本,望其复珍宝之”。安正书堂本据10行无注古本重刊,其祖本为刘绩《管子补注》本。刘绩本刊印于明弘治年间,①郭沫若认为刘绩是辽人,刘绩本为辽刻本。为证刘绩本为辽刻本,郭沫若将癸巳前推至成化九年(1473)之癸巳,实属牵强。此前文已论,不赘述。

此本后有叶景葵校勘记。其校本为宋本,仅至《大匡》篇而止。宋本《管子》今已有《四部丛刊》影印本及《中华再造善本》影印本,故其所举宋本文字已不重要。但其校勘异同,可发现安正书堂本诸多误处。如《形势》“山高而不崩则祈羊至矣”,“祈”,安正书堂本误作“所”;同篇“譕臣者可与远举”,“譕”,安正书堂本误作“无(無)”;“朝忘其事,夕失其功”,“夕”,安正书堂本误作“名”等。

此本部分篇章有眉批。如《牧民》“右四顺”书眉:“固是杂霸本领,亦有合于圣贤处。”《立政》“右四固”书眉:“按省刑罚薄赋敛,仁政之大者。……云重赋敛则民怀其产,反以加税为爱民,则显然背于损上益下之训矣。此其所以为一时富强之谋而无当万世经常之道也欤!”这些批语,不知谁人所为,处处以仁义道德评议《管子》,颇有头巾气。

第三节　赵用贤本系统诸名家批校题跋本

明末以来,赵用贤本最为通行,传世名家批校题跋本较多,《中国古籍善本书目》著录有8种:王念孙、王引之校本,顾广圻校跋本,袁廷梼、顾广圻校跋本,吴志忠校跋本,陈奂校跋本,戴望校跋本,傅山批校本,唐炯批点本。此外,尚有一些以赵用贤本系统其

① 详见第三章第一节。

他版本为底本的名家批校题跋本，如宋翔凤、黄国瑾题跋《管子治略窾言》本，谭献题跋朱养纯花斋本，清陈希曾校跋明刻本，叶裕仁、季锡畴校跋明刻本，沈严校跋《删定管子》本，沈大成校跋吴勉学《二十子》本，华蘅芳、华世芳校浙江书局《二十二子》本，杨沂孙批校浙江书局《二十二子》本，郭象升批点《十子全书》本等。今择要介绍如下。

一、王念孙、王引之批校赵用贤本

赵用贤本《管子》，王念孙、王引之批校，宋焜、叶景葵题跋。叶景葵旧藏，今存上海图书馆。有“上海图书馆藏”“合众图书馆藏书印”“景葵秘笈印”“卷盦读过”“卷盦六十六岁以后所收藏”“杭州叶氏藏书”等印。

此本系王念孙《读书杂志·管子杂志》之底稿本。书中书眉、行间有王念孙、王引之父子批校。又有浮签，录王念孙校语。还有王念孙过录孙星衍、洪颐煊的校订文字。

民国二年(1913)，王氏后裔将此书售与宋焜。书前有宋焜题识二则，记其购书经过及校本内容。其文云：

> 首页云凡据宋本校者，以蓝色别之。今以影宋本比勘，良信。民国初元，予役秦邮。怀祖先生裔孙持赵刻《管子》求售。批阅之下，获见怀祖先生校勘手迹，至再至三，丹墨满纸。复择要签出，犹□改窜，始刻入《读书杂志》中，视此本什一而已。余既遘此重宝，倾囊中三百金归之。其人欣喜过望，而不知余之愉快殆将与此书共垂不朽耳！山阳宋焜识于秦邮客舍。

> 癸丑春仲拟游京沪，过秦邮，遘此，倾赀斧易以归。据《读书杂志·管子序》，蓝笔校宋乃孙星衍录以示王，择要签商即王录以示孙(《杂志》所溢则后增也)。朱色评点系文肃公手

迹，所谓家藏赵本也。引之谨案（或谨案或引之案）系文简公手迹，所谓质疑取墈也。三世专攻，群儒参订（书中多洪筠轩、孙渊如等校语），义蕴毕宣，书橐无底。《杂志》所收，惜只什一而已。相城戴望辑《管子校正》，未克甄录，致多遗憾。书内夹有臧氏庸一札，上虞罗氏若见及，必刻入经师手简也。

按，宋焜，字文献，淮安人。著有《静思轩藏书记》《钵池山志补遗》等。淮安古称山阳，故宋焜自署"山阳宋焜"。民国二年癸丑（1913）春，宋焜经过高邮（高邮亦称秦邮，为王念孙故里），王念孙裔孙出售此书，宋焜以三百金购得。宋焜购得此书，甚为欣喜，称"余之愉快殆将与此书共垂不朽"。

王念孙《管子杂志序》云："曩余撰《广雅疏》成，则于家藏赵用贤本《管子》，详为稽核。既又博考诸书所引，每条为之订正。长子引之，亦屡以所见质疑，因取其说附焉。余官山东运河兵备道时，孙氏渊如采宋本与今本不同者，录以见示。余乃就曩所订诸条，择其要者，商之渊如氏，渊如见而韪之。而又与洪氏筠轩稽合异同，广为考证，诚此书之幸也。"①宋焜揭示此校本的内容，"蓝笔校宋乃孙星衍录以示王，择要签商即王录以示孙"，"朱色评点系文肃公手迹"，"引之谨案（或谨案或引之案）系文简公手迹"，"群儒参订（书中多洪筠轩、孙渊如等校语），义蕴毕宣"，与王念孙《管子杂志序》中所云，均相吻合。

此本后归叶景葵收藏。叶景葵长于鉴别字体手迹，"而以鉴别各家之笔迹，眼明心细，不爽毫黍"②。校本中有王念孙校语，有王

① 〔清〕王念孙：《读书杂志》，江苏古籍出版社 1985 年影印本，第 411 页。

② 顾廷龙：《卷盦书跋后记》，见叶景葵《卷盦书跋》，上海古籍出版社 2006 年版。

引之校语，有王氏采录其他各家之说，有请人所录浮签，又有王念孙修改处。叶景葵一一分辨，并在跋文予以揭示：

石臞乔梓字体，不易分别。兹逐条细读，凡加"谨案"或"引之案"者，皆文简所书。凡石臞采用其子之说，则加"引之曰"。其余征引群书，校勘宋本各本，及采录孙、洪二家之说，皆石臞亲笔，或亦有文简代书及加校者，不敢臆定也。惟黏签字体不同，当系倩人从札记录出者。宋氏谓即择要商渊如之原本，《杂志》所溢出，为后来所增，未知信否。黏签修改之处，则皆石臞笔也。

校本中有清代学者臧庸关于《管子》校释手札，叶景葵予以说明："前附臧氏一札，采入《杂志》者，二条。当时就正诸儒，不止孙、洪二氏。"校本展现了王念孙校订《管子》之成果，故叶景葵称"此本为石臞精力所萃，洵足重矣"。跋后署"丁亥暮春，景葵重读一过"，知叶景葵此跋写于 1947 年。①

王念孙《管子杂志》，向为学者所称道。郭沫若云："博洽精审，至今尚无人出其右者。"②不过，《管子杂志》所录，仅王氏父子校释《管子》成果之一部分。《管子》校本中有很多内容，不见于《管子杂志》。如《牧民》篇，《管子杂志》仅列"政之所兴"1 条，而校本中尚有其他 4 处批校：

"在饰四维"，"饰"字旁批校："同'饬'。"

"使民于不争之官"批校："'官'，'事'也。"

"毋曰不同国"浮签："'国'当为'邦'、生、听为韵；乡、行

---

① 此跋文已收入叶景葵《卷盦书跋》，古典文学出版社 1957 年版，上海古籍出版社 2006 年重版。

② 郭沫若：《〈管子集校〉引用校释书目提要》，《郭沫若全集 · 历史编》（第五卷），人民出版社 1984 年版，第 26 页。

为韵,邦、从为韵。今作'国'者,盖汉人避讳所改。"

"无私者可置以为政"批校:"'政'与'正'同,'正'亦长也。"

再如《形势》篇,校本中有7处批校不见于《管子杂志》:

"贵有以行令贱有以忘卑"注文"贵而行令令乃行"批校:"注与后《(形势)解》不合。"

"抱蜀不言而庙堂既修"注文"虽复静然不言"批校:"'然'改作'默'。"

"奚仲之巧,非斫削也"注文"贵其九车以载"批校:"'九'改作'大'。"

"訾讆之人"批校:"'訾''讆'皆小也。訾读若《尔雅》'仳仳,小也'之'仳',讆读若'嘒彼小星'之嘒。"

"鲞食者不肥体"批校:"'鲞'作'饔'。"

"必参于天地"批校:"'于'字上有'之'字。"

"不违其马"批校:"《广雅》,违,离也。"

王念孙批校《管子》不见于《管子杂志》的内容非常之多,张锦少《王念孙〈管子〉校本研究》(载《台大中文学报》2012年12月总第39期)所附《王念孙〈管子〉校本所见校改及校语汇编》已详细列出,此不赘举。王念孙治学严谨,《管子杂志》只录其校释《管子》最精审的内容,大量的很有参考价值的批校被刊落了。好在他当年校释《管子》的底本递经宋焜、叶景葵、合众图书馆、上海图书馆保存下来。这一校本呈现了王念孙校勘训诂《管子》的经过,保存了大量不见于《管子杂志》的颇有参考价值的《管子》校释成果,具有重要学术价值。张锦少指出:"校本的校释大多信实可从,它为我们提供了一个比较近实可靠的本子,帮助我们更准确理解《管子》及尹知章《注》,同时又为我们提供了研究王念孙《管子》之学的一手材料。”①

二、顾广圻校跋赵用贤本

赵用贤本《管子》，顾广圻校并跋，又临惠栋校注。铁琴铜剑楼旧藏，今存国家图书馆。

此顾广圻以宋蔡潜道墨宝堂本校赵用贤本，时间在清嘉庆二年丁巳(1797)。卷末有顾广圻跋语：“残宋刊本《管子》，缺十三至十九凡七卷。嘉庆丁巳十二月校。广圻记。”顾广圻以墨笔于行间字之右方出校，并于字下书“宋”字以标示。衍文勾出，书“宋无”。倒文乙正，书“宋”字。

传世2种宋本《管子》，浙刻本原本今存国家图书馆，又有影刻本、影印本传世；而墨宝堂本自入聊城杨氏海源阁后，学者即难以睹见其面貌，后来更流出海外。保存墨宝堂本信息的校本中，以此顾广圻校本与陈奂校本最为有名。顾广圻校本虽不如陈奂校本详细，但也有很多地方可以补陈奂漏校之处。冒广生曾将2种校本仔细比较，列举顾校本可补陈校本缺漏之处46条，今录之如下(为呈现版本原貌，以下引文用繁体)②：

《形勢》篇：“不在所賓”，“在”作“不”。

《立政》篇：“功力未見于國者”，“于”作“於”；“故德厚而位卑者”，“德”作“得”；“毋敢造于鄉”，“于”作“於”；“百姓化於下”，“於”作“于”。

---

① 张锦少：《王念孙〈管子〉校本研究》，载《台大中文学报》2012年12月总第39期。

② 冒广生(原题冒鹤亭)：《管子顾氏学》，载《制言》1940年2月总第62期。亦见于冒广生著，冒怀辛整理：《〈管子〉跋十七则》，载《管子学刊》1987年创刊号。

《乘馬》篇："長短大小盡正"，"大小"作"小大"；

《七法》篇："毆衆移民"，"毆"作"歐"；

《版法》篇："高安在乎同利"，"高安"作"安高"；

《幼官》篇：兩"行毆養"，"毆"并作"歐"；"故莫之能圉"，"之能"作"能之"。

《幼官圖》篇：兩"行毆養"，"毆"并作"歐"；"爵材禄能"，"材"作"財"。

《五輔》篇："市鄽而不税"，"鄽"作"廛"。

《宙合》篇："毋蓄於謟"，"謟"作"諂"；"言處其位"，"處"作"処"。

《樞言》篇："而可以鞭箠使也"，"箠"作"𥫗"；"未嘗之有也"，無"也"字。

《法禁》篇："治事則不以官為主"，"主"作"王"。

《法法》篇："故言有辨而非務者"，"辨"作"辯"。

《大匡》篇："召忽曰不可"，無"不"字。

《小匡》篇："群萃而州處"，"處"作"処"；"渠瀰於有渚"，"瀰"作"彌"。

《戒》篇："內與豎刁"，"刁"作"刀"。

《君臣上》篇："制令傳於相"，"傳"作"傅"。

《君臣下》篇："而巧官以謟上"，"謟"作"諂"。

《小稱》篇："乃復四子者處"，"處"作"処"。

《形勢解》："莅百官"，"莅"作"涖"。

《版法解》："別疏數之差"，"疏"作"踈"；"備長存乎任賢"，"任"作"在"。

《明法解》："故不肖者不困"，"困"作"用"；"使群臣效其智能"，"故智者效其智"，"前言督後事所效"，"效"並作"効"。

《臣乘馬》篇:“民食什伍之谷”,“伍”作“五”;“有衡求幣焉”,“幣”作“弊”。

《國蓄》篇:“然則豈財物固寡”,無“物”字。

《山國軌》篇:“請毆之顛齒”,“毆”作“毆”。

《山權數》篇:無“桓公曰何謂決塞”七字”;“毆屏萬物”,“毆”作“毆”。

《揆度》篇:“殺其身以釁其鼓”,“釁其”下又有“其”字;“以滿不足之數”,“數”下有“也”字。

《輕重甲》篇:“不守以物則物輕”,“守”下有“之”字;“夫妻服簞”,“簞”作“簞”。

《輕重丁》篇:“北方之萌者”,無“之”字;“天下高亦高”,無“天”字;“國有彗星”,“彗之所出”,“彗星見於齊之分”,“彗星出”,“彗”並作“篲”;“請以年賈取之”,“之”作“人”。

《輕重己》篇:“殊族者處”,“處”作“处”;“天子服黑絻,黑而靜處”,無“處”字。

以上各条所举异文,前者为赵用贤本,后者为墨宝堂本,陈奂校本漏校。这些异文有些属于通假字、异体字或俗体字,差别不大,如“於”与“于”、“處”与“处”、“箠”与“菙”、“莅”与“涖”、“效”与“効”、“彗”与“篲”等,但也有些差别较大,如“德”与“得”、“高安”与“安高”、“傳”与“傅”以及《山权数》脱文等。墨宝堂本今难以得见,顾广圻所校可以帮助我们了解墨宝堂本的面貌,甚可宝贵。

此校本顾广圻以墨宝堂本校赵本文字外,还以朱笔于书眉录惠栋校注《管子》若干则。惠栋之校注,颇有新见。如《牧民》“言室满室,言堂满堂”,惠栋云:“言合于众心,故满室满堂,以喻家国天下。”《形势》“抱蜀不言”,惠栋云:“抱蜀,犹执一也。《方言》曰:一,蜀也。南楚谓之独。郭璞曰:蜀犹独耳。”《权修》“妇言人事”,

惠栋云:"当云'妇人言事'。"《立政》"由田之事也",惠栋:"由,辅也。又韩诗云:横由其亩。东西耕曰横,南北耕曰亩。""不敢服絻",惠栋云:"絻,古冕字。""不得畜连乘车",惠栋:"连即辇,古字通。"凡此均足资参考。

惠栋之校注,戴望《管子校正》曾经引用,但标示有误。冒广生云:"戴子高《管子校正》采其三条。《幼官》篇'下下爵赏'条称丁云惠周惕云云,《小匡》篇'巧转而兑利'条亦称惠周惕云云,《度地》篇'可治者章'条称惠云云,盖误以松崖为其祖周惕。"①

惠栋之校注,未见专刊②,其原校本亦不存。顾广圻此校本保存惠栋校注,非常可贵。冒广生曾据此辑录为《管子惠氏学》,发表于《制言》月刊第61期。

此校本中,还有若干顾广圻的按语,今列"轻重"部分按语如下:

《乘马数》:郡县上臾之壤,广圻案:"臾"即"腴"字。

《海王》:行服连轺辇者,广圻案:刘绩本作"輂",是也。

《揆度》:若从亲戚之仇,广圻案:亲戚,父母也,见《史记考异》。

《揆度》:必起于粪土,广圻案:"起"当作"赴"。

《轻重甲》:釜鏂之数,广圻案:"鏂"即"区"字。

《轻重甲》:勿使赴于沟浍之中,广圻案:"赴"即"仆"字。

《轻重丁》:请使大夫初饬,广圻案:"初"当作"袀",此与《吕览·悔过》同误。

顾广圻关于《管子》文本的校勘与解释,颇有见地。如《海王》篇"行服连轺辇者","辇"字当从宋本、刘绩本、朱东光本作"輂"。

---

① 冒广生著,冒怀辛整理:《〈管子〉跋十七则》,载《管子学刊》1987年创刊号。

② 王欣夫曾辑录惠栋读书所作批点校注为《松崖读书记》二十二卷,《管子》之校注收入卷十七。其稿已散佚,仅存经部残稿2册,存复旦大学图书馆。

"葦"为大车,音居玉反。王念孙云:"'輂'当从朱本作'葦'。《通典》引此亦作'葦'。故尹注云'大车驾焉'。"张文虎云:"'輂',尹音'居玉反',则所见本作'葦'。"①顾广圻指出"刘绩本作'葦',是也",在王、张二家之前。再如《轻重甲》"勿使赴于沟浍之中"之"赴"字,许维遹云:"'赴'读为'仆'。《说文》'仆,顿也',顿犹投沉也。《荀子·不苟篇》'故怀负石而赴河,是行之难为者,而申徒狄能之',《庄子·盗跖篇》述此事,作'抱石自投于河',《淮南子·说山篇》作'负石自沉于渊',并其义。"②顾广圻指出"'赴'即'仆'字",远在许维遹之前。

三、袁廷梼、顾广圻校跋赵用贤本

赵用贤本《管子》,袁廷梼、顾广圻校并跋,莫棠跋,袁廷梼枫桥五砚楼、莫棠铜井文房旧藏,今存国家图书馆。有"袁又恺藏书""廷梼之印""廷梼校读""初照楼""枫桥五砚楼收藏印""独山莫氏铜井文房藏书印""莫棠所藏"等藏书印。

此校本先由顾广圻以宋蔡潜道墨宝堂本校。书后顾广圻跋:"宋刊本校一过。其第十三至第十七(按,当为十九)凡缺七卷。涧宾。"又经袁廷梼以墨宝堂本覆校,时间在清嘉庆七年(1802)。按,袁廷梼,字又恺,一字寿阶,又作绶阶,江苏吴县人。精于书画,家富藏书,与黄丕烈、周锡瓒、顾之逵并称"藏书四友"。藏书楼名"小山丛桂馆""五砚楼"。袁廷梼跋云:"嘉庆七年二月,借士礼居原文覆校一过。寿阶。宋本處作处、與作与、無作无、後作后、萬作万、禮作礼,通书如此,未及尽改。"顾广圻于行间字旁出校,用墨笔,字

① 郭沫若等:《管子集校》,科学出版社1956年版,第1045页。
② 郭沫若等:《管子集校》,科学出版社1956年版,第1195页。

较大。袁廷梼于字旁标“、”,书眉出校,用墨笔。

墨宝堂本中,有的地方正文2字并排在1字空间内,像是注文,如《形势解》“有难则死之主视民如土”之“之主”,《山权数》“十去九”之“十去”,《地数》“吾谨逃其蚤牙”之“逃其”,《揆度》“田野充则民财足”之“充则”,《轻重甲》“则正籍给事五其本”之“给事”,同篇“握而不见于手含而不见于口”之“手含”等。[①] 这些地方顾广圻均未出校,袁廷梼进行补校,将“之主”“十去”“逃其”“充则”“给事”“手含”等字以“、”标出,书眉2小字横排,注云:“宋本如此。”

传世墨宝堂本校本颇多,但多只校正文。顾广圻、袁廷梼在校勘正文同时,亦校注文。如《形势》“燕雀之集,道行不顾”下注文:“燕爵翔集,事之常细也,故行道之人忽而不顾。”袁、顾校“事之”作“之事”。再如《侈靡》“不称而祀谭次祖,犯诅渝盟,伤言”下注文:“谭,近也。国败绝祀之事延及次祖,更有犯诅渝盟伤言之罪。”袁、顾校“渝”作“偷”。根据校本,可知墨宝堂本注文有的优于他本,如《形势》“燕爵翔集之事,常细也,故行道之人忽而不顾”,较赵本更为顺畅;也有墨宝堂本明显讹误,如《侈靡》“渝”讹作“偷”。袁廷梼、顾广圻校本详校注文,更全面呈现墨宝堂本面貌,可弥补其他校本之不足。此为该校本之重要价值所在。

其后,该本又有佚名据常熟瞿氏藏宋浙刻本校。杨忱序之页书眉有题记:“戊辰闰四月,照常熟瞿氏所藏南宋小字本校。通用红笔。”查郑鹤声《近世中西史日对照表》,晚清民国间闰四月之戊辰年仅有1868年,则此校时间在清同治七年(1868)。

佚名校在行间字旁,朱笔小字。如《立政》“大臣不和同,国之危也;兵主不足畏,国之危也”,先有墨笔将“也”字匡去,“畏”校作

---

① 见第二章第二节。

“威”，此顾广圻以墨宝堂本校；又有朱笔于行间字旁书“也”字，书眉书“畏”字，此佚名以浙刻本校。

传世宋本，仅浙刻本与墨宝堂本2种，此校本集2种宋本异同于一体，并呈现宋本与赵用贤本之不同，具有重要的学术价值，这也是该校本特别值得注意之处。

此校本后由莫棠收藏。按，莫棠(1865—1929)，字楚孙，一字楚生，贵州独山人，官韶州知府，藏书家莫友芝之侄，娴于目录版本之学，嗜图籍收藏，藏书处名“铜井文房”“文渊楼”。著有《铜井文房书跋》。校本后有莫棠跋：“乙丑八月，在苏州命工重装，并《韩非子》八册。二书得之三十年矣，频岁兵勳，乱残余物，无地可安。其存亦自有天幸。莫棠记。”

四、陈奂校跋赵用贤本

赵用贤本《管子》，陈奂校并跋，冒广生跋，戴望、莫友芝、谭献题记。谭献旧藏本，今存国家图书馆。

此本为陈奂以校宋本(以墨宝堂本校刘绩本)校赵用贤本《管子》，校后赠予陈徵芝。书后陈奂跋云：

> 北宋《管子》，向藏黄荛圃家，旧缺自十三卷之十九卷，影钞补足。荛翁殁，其书尽归汪君阆源家。己丑九月，王怀祖先生属钞，乃向汪氏借录。奂对勘之余，作《辨误》一卷。与《杂志》复者削之，得六十余则，因自过录于明刻刘绩本。明刻错误极多，乃知宋本之足贵。今为兰邻先生之属，录于此本，其误希少，盖此本亦胎于善本者矣。甲午(1834)三月陈奂校记。①

① 此跋收入陈奂撰、王大隆辑《三百堂文集》。

陈徵芝，字世善，一字兰邻，晚号韬庵，福建侯官人。清嘉庆七年（1802）进士，曾任浙江、江西等地知县。嗜好藏书，藏书处名带经堂。著有《经史纂要》《带经堂日记》《韬庵剩稿》等。墨宝堂本《管子》刊于宋绍兴二十二年（1152），卷末有“衢源蔡潜道宅板行，绍兴壬申孟春朔题”牌记。陈奂跋文称其为“北宋本”，为误记。

道光九年己丑（1829），陈奂曾为王念孙抄录蔡潜道墨宝堂本《管子》。道光十四年甲午（1834），陈奂受陈徵芝嘱托校勘《管子》。此时，墨宝堂原本早已归还汪阆源艺芸书舍，墨宝堂本之抄本也已寄给王念孙。陈奂所用校本，不可能是墨宝堂原本或抄本，只能是校宋本，即陈奂以墨宝堂本所校之刘绩本。陈奂跋文云：“奂对勘之余，作《辨误》一卷。与《杂志》复者削之，得六十余则，因自过录于明刻刘绩本。……今为兰邻先生之属，录于此本。”交代非常清楚。所以，此本是陈奂以校宋本校赵用贤本，书衣题“陈硕父先生用宋本校”，“宋本”当作“校宋本”。校本中杨忱序处有题记：“此序依宋本写，计廿四行。全书每页二十六行，每行内字形不均，或廿三字，或廿四字，行款大小悉照也。”此“宋本”亦当为校宋本。墨宝堂本卷十三至十九卷缺失，所以顾广圻、袁廷梼以墨宝堂本校赵用贤本，此7卷均不出校。此陈奂校赵本用的不是墨宝堂原本，而是以墨宝堂本所校之刘绩本，所以第十三至十九卷都出校。

陈徵芝去世后，其藏书散出。清同治二年（1863），戴望在福州市上购得此校本。戴望此时正在撰著《管子校正》，故于此书甚为重视。书前有戴望题记：“癸亥之夏，于福州市上买此书，为谭中义所攫去。丙寅正月，在杭州复取得之。子高记。”同治六年（1867），莫友芝曾借阅此书，卷末刻工后有莫友芝题记：“同治丁卯（1867）初春，郘亭眲叟莫友芝借读过。”

此校本曾由谭献收藏。谭献(1832—1901),初名廷献,字仲修,号复堂。浙江仁和人。同治六年(1867)举人,历署歙县、全椒、合肥知县。精于词学,富于藏书。其藏书处名“复堂”“谪麟堂”。校本每册封面均题“复堂藏”,书内有“杭州谭献中仪父”“谭献”“仲仪”“谪麟堂”“复堂藏书”等印。光绪五年(1879),谭献曾为孙诒让传录一本。书后有谭献题记:“光绪己卯(1879)十月,谭献传录一本,寄瑞安孙仲容。”

此校本后归涵芬楼收藏。内有“涵芬楼藏”印记。《涵芬楼烬余书录》著录:“管子二十四卷,唐房玄龄注,明万历刊本,三册,陈硕甫校,谭复堂、戴子高旧藏。”①此间冒广生曾经借阅,并题长跋于书后。其文云:

右陈硕甫以宋瞿源蔡氏刻《管子》,校赵用贤《管韩合刻》本,以诒闽陈兰邻。大令殁,其书散出,故戴子高于福州肆得之。世传宋本《管子》有二,其一今藏常熟瞿氏,其一即蔡本,中缺卷十三至卷十九,影钞补全。硕甫自跋谓“己丑九月为王怀祖先生向汪氏借录,作辨误六十余条”,盖是时此本尚未归聊城杨氏也。硕甫辨误未见专刊,子高所作《管子校正》载其九十四条,殆后来补成者。己丑为道光九年,怀祖《读书杂志》先于嘉庆二十四年成书,书中所举宋本,实由嘉庆九年至十五年官山东运河道时,孙渊如录取影钞宋本与今本不同者相畀。渊如所录未必全帙,故宋于庭谓其不无遗漏。今仅举《版法》一篇,如“象法无亲”,《杂志》据朱东光本作“象地”,今宋本正作“象地”。“佐于四时”,《杂志》据朱本作“伍于”,今宋本正

① 张元济:《张元济古籍书目序跋汇编》(中册),商务印书馆2003年版,第559页。

作"伍于"。怀祖均未引。其他若《乘马》篇"非于太山之下",怀祖谓"太"当作"大",今宋本正作"大"。《法禁》篇"壶士以为亡资",怀祖谓"壶"当作"壹",今宋本正作"壹"。此类不胜枚举,则由其读书精细,故能暗合。硕甫录寄宋本时,不独《杂志》先成,怀祖年亦八十六岁,不复能补校矣。蔡本既归聊城,无缘得见,得硕甫此校,慰情犹胜于无。然取于庭《管子识误》勘之,如《立政》篇"乡师以著于士师",宋本"著"作"箸"。《五辅》篇"臣不杀君",宋本"杀"作"弒"。《小匡》篇"人君唯优与不敏为不可",宋本"优"作"偄",注同。《心术上》篇"扫除不洁","洁其宫",宋本"洁"并作"絜"。《四时》篇"斸译踬",宋本"踬"作"谌"。"捕姦遁",宋本"捕"作"摄","姦"作"奸"。《治国》篇"春糴以束",宋本"糴"作"粜"。《弟子职》篇"其仪不忒",宋本"忒"作"贷"。《明法解》"上则相为候望于主",宋本"主"作"天"。《事语》篇"则女事不泰",宋本"女事"作"士女"。《国蓄》篇"钟饟糧食",宋本"糧"作"粮"。《山国轨》篇"终岁绩其功业若干",宋本无"若干"二字。"终岁人已衣被之后",宋本"已"作"若"。"宫室械器",宋本"宫室"作"室宫"。《山权数》篇"与少半藏参之",宋本"藏"作"岁"。"相困揲而沓",宋本"困"作"因"。《山至数》篇"熟谷之人亡",宋本"熟"作"孰"。《轻重甲》篇"次日薄芋",宋本"芋"作"芓"。《轻重乙》篇"汶渊洙浩",宋本"浩"作"沿"。《轻重丁》篇"上斸轮轴",宋本"斸"作"断"。硕甫均失校。古人如扫落叶之叹,真不虚也。己卯大冬,从世好张菊生先生借阅,并传录一本,增订余所撰《管子考异》,为识数语归之。至瞿氏藏本,异同更多,实远胜蔡本,惜孙、洪、王、宋及硕甫皆未见耳。十二月十九日如皋冒广生疚斋。①

陈奂所用校本为校宋本,非蔡潜道墨宝堂原本。跋文中冒广生云"陈硕甫以宋瞿源蔡氏刻《管子》,校赵用贤《管韩合刻》本",系沿袭书衣所题"陈硕父先生用宋本校"之误。墨宝堂本入藏聊城杨氏海源阁后,学者难以睹见,此校本保存墨宝堂本信息,故为学界所珍视。所以冒广生云:"蔡本既归聊城,无缘得见,得硕甫此校,慰情犹胜于无。"陈奂所校有疏漏处,冒广生以宋翔凤《管子识误》所举宋本补充,并感叹"古人如扫落叶之叹,真不虚也"。王念孙《读书杂志》曾引宋本,但数量很少。有些可据墨宝堂本校正处,王念孙未加引证,而引其他版本或以上下文意相证。冒广生指出其中原因,一是所据影抄本非全帙,"书中所举宋本,实由嘉庆九年至十五年官山东运河道时,孙渊如录取影钞宋本与今本不同者相贶,渊如所录未必全帙";二是陈奂墨宝堂本抄本未及采录,"硕甫录寄宋本时,不独《杂志》先成,怀祖年亦八十六岁,不复能补校矣"。此为冒广生之重要发现。

此本所用校本为校宋本,即陈奂以墨宝堂本校刘绩本,所以此校本所校兼有墨宝堂本与刘绩本之信息。学者多误以其校本为墨宝堂原本,并以之作为研究墨宝堂本之重要资料,往往多误。以上海图书馆藏有陈奂的墨宝堂本抄本对勘,即可以发现此问题。第二章第二节曾对此专门论证,此不赘述。

---

① 此跋文发表于《制言》1940 年 2 月总第 62 期,发表时与原跋文字小有不同:"大令殁",作"兰邻殁","福州肆"作"福州市",删去文末"十二月十九日如皋冒广生疚斋"时间,"古人如扫落叶之叹"前增加一段文字:"又《楹书隅录》所记《幼官》篇'则其攻不待权与',宋本'与'作'舆'。《八观篇》'入朝廷观左右本求朝之臣',宋本无'求'字。硕甫亦失校。"此跋亦收入《〈管子〉跋十七则》,文字复有所增改。

此陈奂校本影响较大,有吴志忠、谭献、莫友芝、吴眉孙等多家传录本。

吴志忠传录本今存国家图书馆。卷前有吴志忠题记:"北宋本《管子》二十四卷,向年士礼居所藏,今归汪阆源家,不肯借人读。余表兄师竹陈奂从其家校之。道光辛卯,忠因得临校一过,随注疑义于上方。兹奉李方伯方赤先生之命,属临一本,完日记此。道光二十年庚子九月廿八日,吴县吴志忠。"吴志忠临校颇为仔细,校文均在文内字旁标出。如果以为是赵本字误,则圈去原字,于字旁书陈奂校本之字;如果认为赵本正确,则直接于赵本字旁书陈奂校本之字,并于书眉注出宋本某字误;如果认为赵本脱文,则据陈奂校本于文内直接补出;如果认为宋本脱文,则于赵本内标出,书眉注出宋本脱某某字;遇赵本倒文,则据陈奂校本乙正;如以为是宋本误倒,则先于文内乙之,书眉注出宋本某某误倒。

谭献曾过录一本,赠予孙诒让。见此校本后谭献题记。莫友芝曾自戴望处借得此本,命其子过录。吴眉孙又据莫友芝传录本过录。其过录本书后题记:"陈硕甫以宋蔡潜道本校明赵用贤刻本,后归戴子高。同治丁卯春,莫郘亭从子高借读时,命长公子伯畇过校一本。民国乙亥秋九,余从郘亭长孙经农借读,案头适有赵本,以朱笔移校一过,并影写杨忱序、张嵲跋及硕甫校记三通,重装记。眉孙。"①吴眉孙传录本后由王欣夫购得,《蛾术轩箧存善本书录》有著录,今存复旦大学图书馆。

---

① 王欣夫撰,鲍正鹄、徐鹏标点整理:《蛾术轩箧存善本书录》,上海古籍出版社2002年版,第1277页。

五、戴望校跋赵用贤本

赵用贤本《管子》，戴望批校题跋，张其锽题识，李国松集虚草堂旧藏，今存上海图书馆。

此本为戴望《管子校正》之底稿。书中录孙星衍、洪颐煊、王念孙、王引之、丁士涵、俞樾等校语，并有戴望按语。戴望于书前书后题跋，交代其著《管子校正》之经过。卷一前有戴望题识二则：

戊午(1858)夏五，汪丈玉珂以此书见赠，厚惠不敢忘，识之于此。后之君子，知予首所从事云。戴望记。

予昔于咸丰戊午校此书，首取孙、洪两先生《谊证》、王先生《杂志》于其上，继取陈硕甫师、丁君泳之之校语录之。客闽中时，取各家校语，附以己之所得，编为《校正》二十四卷。俞樾编修之说，夹在其中。丙寅(1866)至金陵，以质张文学啸山。啸山又为细校。后以呈之湘乡相国，极承许可，允以刊刻。因复再加釐正香录，甫竣而湘乡移节矣。不知何时得酬此愿。己巳(1869)卯月望记之。

卷末有戴望跋语二则：

戊午(1858)仲冬二十有七日戊辰校毕，子高识于茗居之翠云松馆。

癸亥(1863)七月取石父师所过录蔡潜道本对校一过，子高又记。

据题跋，可知戴望撰《管子校正》，始于咸丰八年戊午(1858)，其工作本为汪玉珂所惠赠之赵用贤本《管子》。戴望先据《管子义证》(题语中作“谊证”)与《管子杂志》，录孙星衍、洪颐煊、王念孙、王引之各家之说；次录其业师陈奂及同门丁士涵之说，并据陈奂过录宋蔡潜道墨宝堂本对校《管子》文本；然后汇集上述各家并俞樾校语，附以己见，成《管子校正》初稿。初稿于同治五年丙寅(1866)，在金陵由张文虎细校一过。此后戴望又修改釐正，最终成稿，此在同治八年己巳(1869)。本来曾国藩已允诺刊印《管子校正》，但因其离开金陵移驻他处而未果。

戴望《管子校正》，向为名著。潘祖荫为《管子校正》作序，称"是书精当，必传无疑"①，但于其撰著过程，则未有交代。今由此本中戴望题跋，始知其详。《管子校正》完稿于同治八年(1869)，其刊印在3年之后，即同治壬申(1872)。戴望此时已经病重，一年之后就去世了。

戴望所用之赵用贤本，原为谢墉所藏。按，谢墉(1719—1795)，浙江嘉善人，字昆城，号金圃、东墅。乾隆十七年(1752)进士。官江苏学政、吏部左侍郎等。通贯经史，亦工诗文。著有《四书义》《六书正说》《安雅堂诗文集》等。书中有"嘉禾谢氏东墅藏""谢墉敬读以遗后人""东墅审定""谢氏之学"等印，即为谢氏所加。

戴望殁后，此本曾由李国松收藏。中有"合肥李氏集虚草堂藏书印"藏书印。按，李国松(1878—约1949)，字健父，号木公，一号槃斋。安徽合肥人。光绪二十三年(1897)举人，曾任安徽咨议局局长。著名藏书家。藏书处曰"集虚草堂""肥遁庐""望云草堂"。1922年，张其锽曾经借阅，并于书前题辞。其文云：

> 戴君《校正》，刻于同治壬申，盖去校此书后三年，予曾购得之。借木公所藏原帙对勘，知张啸山(张文虎)校语原帙无之。诸家所□，刻本多录全文，此但记其大略。又中立本异

① 〔清〕潘祖荫：《管子校正序》，《管子校正》，清同治十一年(1872)刻本。

字，此亦无之。然刻本删去诸家校语之非要者甚多，想藉以省篇帙。则此帙弥足宝也。孙、洪两氏所据宋本，乃影者。黄荛圃藏绍兴杨忱序本。黄氏藏本后归虞山瞿氏铁琴铜剑楼。光绪己卯，戴君影向刻之，于是学者乃得善本。戴君可谓始终有功于《管子》者也。感木公借书之雅，附记数语而归之。壬戌(1922)四月，张其锽识。

张其锽(1877—1927)，字子武，号无竟，广西桂林人，清光绪三十年(1904)进士。辛亥革命后投靠直系吴佩孚，曾任广西省长。著有《墨经通解》等。戴望批校题跋本，即《管子校正》之底稿本。张其锽自李国松处借得此本，与《管子校正》比对，发现二者有所不同。底稿中没有张文虎之说及中立本文字异同，当为后来所加。底稿本中所录各家之说，《管子校正》中多有删略。张其锽对此亦予以揭示，“刻本删去诸家校语之非要者甚多，想藉以省篇帙”，并特别指出“则此帙弥足宝也”。铁琴铜剑楼宋本《管子》之影刻，出自常熟张瑛，时间在光绪五年(1879)，此时戴望已经去世6年。张其锽云“光绪己卯，戴君影向刻之”，并称“戴君可谓始终有功于《管子》者也”，实误。

六、郭象升批点《十子全书》本

清嘉庆姑苏聚文堂《十子全书》本《管子》，郭象升批点，山西省图书馆藏。

郭象升(1881—1942)，字可阶，号允叔，晚号云舒、云叟，山西晋城人。曾任山西医学专门学堂监督、山西大学文科学长、山西省博物馆馆长、山西省立教育学院院长、山西文献委员会常务委员等职。现代山西著名学者、教育家和藏书家。其书室名燕超楼、水镜楼、渊照楼。著有《郭允叔诗文钞》《渊照楼杂著》《云舒文集》《山西历代名贤概况》《山西地理纪要》《晋阳城考》等。郭象升不仅嗜好藏书，而且勤于读书，喜好批点。一书往往反复阅读，多次批点，遍及书眉、行间及书前、书后，朱墨灿然。其藏书多入藏山西省图书馆，书中之批点题跋，王开学辑录为《郭象升藏书题跋》。《管子》之批校题跋，亦收入书中。

郭象升批点《管子》，始于民国四年（1915），1937年春重新批点。书后郭象升题记云："红笔点定乃民国四年（1915）之春为之，自是之后弃置不再省视者二十余年。中间曾阅戴子高校定善本仿宋刊者一次，阅商务印书馆《四部丛刊》本一次，亦均不卒业。"又云："丁丑（1937）四月初一日阅讫。墨批皆新著者，亦有红色之批，但与旧年颜色不同。云叟郭象升识。"①

《管子》尹知章注，颇为浅陋，宋代黄震、张嵲等早已指出。郭象升批点，对《管子》尹注多有批驳。如：《大匡》："小白之为人，无小智，惕而有大虑。"尹注："言虽无小智，能惕惧而有大虑。"郭象升云："'惕'即后世文字'倜傥'二字之合声耳，非惧也，注谬。"《大匡》："鲍叔曰：'比其自及也，国无阙亡乎？'管仲曰：'未也。国中之政，夷吾尚微为，焉乱乎？尚少以待。'"尹注："国政微为，则未至乱，可待君自及。"郭象升云："'及'必'反'字之误，尹注又妄说之。"《问》："士之有田而不使者几何人？吏恶何事？"尹注："不使，谓不用。其吏不恶此等，当恶何事。"郭象升云："'不使者'，不为公家用也，即不肯为吏也。彼不肯为吏，或由于心有所恶，非一切之吏都不为也。问其所恶者而不委任之，则彼可自陈其所宜矣，此煦煦之仁政也。注谬妄之甚。"《小问》："臣视二君之在台上也，口开

① 此二则跋文及下文所引郭象升《管子》批点，均据王开学辑校，山西省图书馆编：《郭象升藏书题跋》，山西古籍出版社2007年版。

而不阖,是言莒也。”尹注:“莒字两口,故二君开口相对,即知其言莒。”郭象升云:“‘莒’字今音合口呼之,故注以二口相对为说,以不解古音乃是张口呼之,音同于已也。”《轻重乙》:“泉雨五尺,其君必辱;食称之国必亡,待五谷者众也。”尹注:“泉雨五尺,以喻人君惠泽及人之浅,不足以鼓舞其民,而取辱也。国之委积之食,亦若是之浅少者,国必不可以战守而亡。”郭象升云:“‘待五谷’当作‘恃五谷’,谓人人有食可恃则君令不行也,尹注全误。以吾说为主,试读下文八句①,字字如破竹矣。”

以上郭象升诸解释,多有新意。郭象升自己也颇为自诩,尤其对释《轻重乙》“泉雨五尺,其君必辱;食称之国必亡,待五谷者众也”之“待五谷”为“恃五谷”,最为得意。郭象升于卷二十三卷首云:“余所发明者不少,最得意者,《轻重乙》内‘泉雨五尺’一条,检旧人校雠竟无一人言及者,可知学问须有时代。余非习知西洋学说,曾看过斯密亚丹《原富》,亦不能了了于此也。异时抄传吾说,当将不文之谈改正,若所发明固大有过于前人也。”

近世有些专用名词,出自《管子》。郭象升批点,对此有所揭示。如《立政》:“侈曰专制,不足曰亏令。”郭象升批云:“‘专制’二字本于此。原管子之意,制即法令也;专者,谓下吏不速奉行,而自按地方情形以守一种不合宪籍之法,故曰专制,言彼自专其制也。今世用此二字,完全与古人之意不同矣。”再如《形势解》:“闻道而以治一乡,亲其父子,顺其兄弟,正其习俗,使民乐其上,安其土,为一乡主干者,乡之人也。”郭象升批云:“‘主干’二字日本人始用之,梁卓如承而用之,世人多疑为新名词,其实本于《管子》此文。又如

---

① 其下八句为:故树木之胜霜露者,不受令于天;家足其所者,不从圣人。故夺然后予,高然后下,喜然后怒,天下可举。

‘捣毁’二字,亦见《度地》篇。”

郭象升的批点,也有对《管子》某些篇章著者之考证及主旨之阐发。如关于《幼官》与《幼官图》,郭象升云:“管氏遗书,奥衍冠诸子。《经言》九篇传为仲父真笔,其《幼官》两篇尤其是难读。管子万无造此之理,必古世阴阳家之说,管子取以治国,因而存于本书耳。近世治周秦古籍者,无肯留意阴阳家,故于百氏根抵不明,此当亟为搜讨者也。”关于《问》篇,郭象升云:“《问》篇乃管子为桓公作,以为召对国人之备者,在位者之要务在是,不可忽视也。”关于《水地》篇,郭象升云:“此篇必宋人所著,故于宋之水土独加美词。阎百诗《四书释地》说宋之愚人独多,凡诸子所记笑谈多托之宋人,阎偶忘此节文耳。彼国士人方自称‘闲易而好正’也。”关于《任法》,郭象升云:“此篇不但议论是韩非,即文章体气亦同,必战国人治管书而作此,因附入书中也。”郭象开认为《幼官》与《幼官图》是古阴阳家学说,《问》篇是管仲为齐桓公所作,《水地》出自宋国人之手,《任法》是战国时人作品附入《管子》书。这些论说不尽完全正确,但颇有创建,很有启发意义。

郭象升学问渊博,于《管子》及其他古籍,非常熟悉。故其批点能贯通全书,旁及群籍。如《四时》篇末,郭象升云:“《夏小正·月令》《淮南子·时则训》,《管子·幼官》《四时》《五行》《轻重》八十五诸篇,皆言时令,而各不相同。《吕览·月令》与《礼记》所列亦小有别,但字句之间而已。”再如《地员》篇末,郭象升云:“《管子》书后人所辑,有纯有驳,有奥邃有夸浅,然而龙宫海藏,万象包罗,比之《吕氏春秋》《淮南子》二杂家,整齐次第不如,而渊深古峻胜之。中如《侈靡》《地员》《弟子职》等篇,均足以供专家抽取研究。《大匡》则别史,《内业》《白心》等则道论,《经言》八篇则相承,是仲父真书。其余诸篇亦皆瑰称胜义,可以偃却诸儒。独有烦说排叙之病,初学观之,不免欲睡;成学观之,亦颇思删耳。要之,此最为难读,不亚《周礼》,非有耐力精心,未易卒业也。”

《管子》一书,包含丰富的经济思想。郭象升结合现代思想学说予以解释。如《侈靡》篇,郭象升批云:“浮文者,世界进化之基,一切政治之本也。且其道非其君子利之,小人亦利之,抑变其名曰侈靡,于君子或有损,于小人乃真利也。”再如《国蓄》篇,郭象升批云:“管子所虑与后世之讲共产者同也,其所以防止资本阶级而通其财以下流而使归于均,则与今人之方法异。今人曰按劳分配,管子曰耗上通下;今人曰人人苦力,管子曰上侈下靡;今人曰结党进行之,管子曰由君消息之;今人曰使无产者争权,管子曰使有产者分利,此其大凡也。”

郭象升于书末有对《管子》之总评:

> 诸子书,《管》最难治。管子者,圣人之伦也,以一用而小,亦以一用而大。使其身后尼山不生,孟、荀之说不起,中国当以管继周公而称圣矣。然孔夺管名,定于汉世,其在春秋战国,则孔所不能胜也。凡名重之人,附之者多,多则记载百出,故此书如涂附,如叠床架屋,如万水归海,如千林蔽山。为管子之言欤?为后人之言欤?不易分别也,管之真书在其中而已矣。奥衍平板、深峭浅陋均有之,只可专家伏首治之,非泛泛诵读多趣之书也。

郭象升对管仲非常推崇,故称“管子者,圣人之伦也”。这与梁启超称管仲为“中国之最大政治家,而亦学术思想界一巨子”①,颇有相通之处。《管子》一书,内容复杂,成书过程漫长,其中既有管仲遗说,又有后人的发挥与附会。郭象升云:“凡名重之人,附之者多,

---

① 梁启超:《管子传》,中华书局1936年版,第1页。

多则记载百出，故此书如涂附，如叠床架屋，如万水归海，如千林蔽山。为管子之言欤？为后人之言欤？不易分别也，管之真书在其中而已矣。”论《管子》之成书及管仲与《管子》之关系，生动形象，准确允当，足资参考。

《管子》各名家批校题跋本，多专于文本校勘及文字训诂。郭象升批点《十子全书》本中，其内容不仅局限于文字训诂，而是涉及著作年代、篇章主旨、思想解说、文章评点等多个方面，并且融入现代西方之思想学说。这是郭象升批点本与《管子》其他批校题跋本最大的不同之处。这固然与近世西学东渐的学术背景有关，也与郭象升本人的学术倾向有关。明人批点《管子》，多流于空疏，但于《管子》之思想主旨，亦不乏会心之论。清人治学，讲究实事求是。各家批校题跋，多关注文字校理，于《管子》之思想主旨，罕有论及。郭象升对此有真切认识。《大匡》篇末，郭象升批云：“近代薄视明人太甚，以为绝不足观，则亦过矣，明人心得在清儒之上也。”郭象升说“明人心得在清儒之上”，颇有夫子自道意味。他对《管子》一书的心得，给我们提供了更为丰富的学术信息，可补清代各家批校题跋之不足。

结 语

《管子》版本,根据不同的标准,有刻本、抄本;有全本、选本;有宋本、明清本;有原本、翻刻本;有官刻本、私刻本;有浙刻本、闽刻本;有方体字本、软体字本;有中国刻本、和刻本;有白文本、注本、评点本、评注本;有朱墨套印本、影刻本、影印本、石印本、排印本;还有诸多批校题跋本。这些版本,均来源于刘向编定的86篇本。

战国末年,《管子》即已广泛流传,但直到西汉末年,《管子》并没有定本。汉成帝时,刘向奉命校理群书,根据他所见到的不同传本,定著《管子》86篇。此为后世所有《管子》版本之源头。

魏晋南北朝时期,《管子》合篇为卷,出现了18卷本。大约在隋代前后,《管子》部分篇章亡佚。唐代,《管子》出现了一些选本,还出现了最早的注本即尹知章注本。尹知章注本原为30卷,唐末五代战乱中亡佚《形势解》以下的11卷,仅存前19卷。北宋时,人们以19卷尹注残本为基础,据18卷本补足《形势解》以下各篇正文,并从《通典》中辑录部分注文,编成24卷本《管子》。从此,《管子》定型为24卷。

《管子》刻本,最早出现于北宋庆历四年(1044),大理寺丞杨忱为之作序。南宋初年,北宋庆历刻本《管子》已很稀见。当时浙江地区刻工据庆历刻本翻刻了《管子》,书前的杨忱序及书中的避讳均予保留,书后增加了张嵲的《读管子》。这是今天能见到的年代最早的《管子》版本,收藏于中国国家图书馆。该版本曾被称作“杨忱本”,但该本书前杨忱序来自于北宋庆历刻本,与其刊刻并无关系,我们称之为中国国家图书馆藏宋浙刻本。浙刻本被收入《四部丛刊》,又有清影抄本、张瑛影刻本传世。

宋本《管子》,浙刻本外,尚有南宋绍兴二十二年(1152)蔡潜道墨宝堂本。该本曾由黄丕烈士礼居、汪士钟艺芸书舍、杨氏海源阁收藏,后流出海外。有清代陈奂家抄本,今存上海图书馆。据陈奂家抄本与相关传录资料,墨宝堂本与浙刻本属于同一版本系统。

元代《管子》版本状况,已无从查考。明代《管子》版本,较早的是刘绩《管子补注》本。刘绩本刊行于明弘治年间,该本与宋浙刻本《管子》有较大区别,属于不同的版本系统。刘绩本有明抄本及《四库全书》抄本。明代的10行无注古本、《中都四子集》本及《百家类纂》节选本,均出自刘绩本。10行无注古本又有安正书堂重刊本,《中都四子集》本又有《湖北先正遗书》影印本。

明末以来的《管子》版本,多出自赵用贤《管韩合刻》本。赵用贤本刊于明万历十年(1582),系在宋浙刻本与明刘绩本基础上而形成的新的版本。该本有翻刻本及《四库全书》抄本,又衍生出诸多版本:明代有吴勉学《二十子》本、朱长春《管子榷》本、凌汝亨朱墨套印本、黄汝亨《先秦十五种》本、朱养纯花斋本、梅士享《诠叙管子成书》本、葛鼎《合刻管韩二子》本以及《管子治略窾言》、《管子纂》、魏时应编次《管子》等节选本,清代有姑苏聚文堂《十子全书》本、崇文书局《子书百家》本、浙江书局《二十二子》本以及《管子删评》等节选本。明末众多评点本、和刻《管子全书》本与安井衡《管子纂诂》本,清末民初的众多石印本,民国《四部备要》本与《诸子集成》本,也都属于赵用贤本系统。

存世《管子》版本,以宋浙刻本、明刘绩本和赵用贤本最为重要。宋浙刻本源自唐人写本,年代最早,较多保留了《管子》古本面貌。刘绩本与宋浙刻本非出一源,很多地方可以校正宋本及其他版本之疏误。赵用贤本吸收了宋本和刘绩本的优长,刻印精良,明末以来最为通行。这三种版本各自衍生出诸多版本,形成了《管子》版本的三大系统。

《管子》有些版本颇具特色。如凌汝亨朱墨套印本双色印制,展卷灿然;葛鼎《合刻管韩二子》本小楷写刻,书法精妙。二者均极富艺术欣赏价值。朱长春本、梅士享本与安井衡本,是在尹知章注及刘绩补注基础上形成的新注本,是研读《管子》的重要参考。朱养纯花斋本于正文列尹注、刘绩补注及朱长春解说,并于书眉、篇末汇集诸家评点,是一个较为全面的会注会评本,很受欢迎,清嘉庆姑苏聚文堂《十子全书》本、和刻《管子全书》本均以之为底本。清光绪浙江书局《二十二子》本虽然年代较晚,但该本以赵用贤本为底本,又吸收了王念孙、王引之、戴望、俞樾等学者的研究成果,校勘精审,成为清末以来最通行的版本。

《管子》版本,有的经名家收藏,留下了诸多批校题跋。这些名家批校题跋本所用之底本,有的属于宋本系统,有的属于刘绩本系统,而更多的则属于赵用贤本系统,这是因为赵用贤本系统存世最多的缘故。《管子》诸名家批校题跋本包含有丰富的学术信息,向为人所关注,其中大多数已经收入《中国古籍善本书目》。

《管子》版本研究,属于古典文献学的范畴,也是《管子》研究的重要内容。其目的不仅在于研究历代《管子》版本,更在于为《管子》的校释整理做好基础。对《管子》版本缺少了解,往往会导致一些问题。方苞的《删定管子》,以赵用贤本的衍生本花斋本为底本,花斋本有的地方讹误,方苞未能据别本校正,而是沿袭花斋本的错误,勉强作解。如《弟子职》篇“三饭二斗”,花斋本作“斗”误作

"叶",方苞云:"'叶',疑当作'汁',以羹和饭,所谓飧也。"①此由底本选择不当而致。戴望《管子校正》以朱东光《中都四子集》本等版本为校本,书中所举朱东光本往往与朱养纯花斋本相混淆。如《五辅》"而民不足于备用者",戴望云:"中立本'于'作'以'。"②《中都四子集》本(中立本)并不作"以",作"以"的是花斋本。此由校本分辨不清而致。凡此,均足以为戒。

对《管子》版本进行深入研究,明确版本源流及各版本的特点,才能正确选择底本与校本。这是做好《管子》校释整理的前提。根据我们的研究,可以得出这样的认识:如出版《管子》的通俗读本,可以用明赵用贤本或清浙江书局《二十二子》本为底本。这两种版本均经过审慎的校勘,且广为通行,用它们为底本,可以尽量减少对原文的校改。如需对《管子》做进一步校释整理,则应当选年代最早、较多保存古本面貌的国图藏浙刻本为底本,而以刘绩本和赵用贤本为主校本,其他各本(均出自以上三种版本)作参校本即可。清代以来,许多学者致力于《管子》的校勘训诂,很多成果保存在《管子》批校题跋本中。这些成果不容忽视,应予充分利用。

《管子》版本众多,本书虽尽可能全面系统呈现历代《管子》版本面貌,但未能尽如人意。如宋蔡潜道墨宝堂本《管子》,抗战胜利后流入苏联。限于条件,笔者未能见到该重要版本,仅能依据上海图书馆收藏的陈奂家抄本及相关传录资料对其进行考察。和刻本《管子》存在多种,本书仅介绍了美浓武钦繇训点《管子全书》本和安井衡《管子纂诂》本两种,其他则未能论及。《管子》诸名家批校

① 〔清〕方苞:《删定管子》,《历代管子版本丛刊》(四),齐鲁书社 2014 年版,第 2291 页。

② 〔清〕戴望:《管子校正》,《续修四库全书》(970 册),上海古籍出版社 2002 年版,第 372 页。

题跋本，分藏于各地图书馆，其中以赵用贤本系统诸本为底本的，数量较大，笔者未能一一目验，仅选部分有代表性的进行了介绍。这些问题，都需要将来进一步补充完善。

附录:《管子》版本源流示意图

一、宋代以前《管子》早期传本

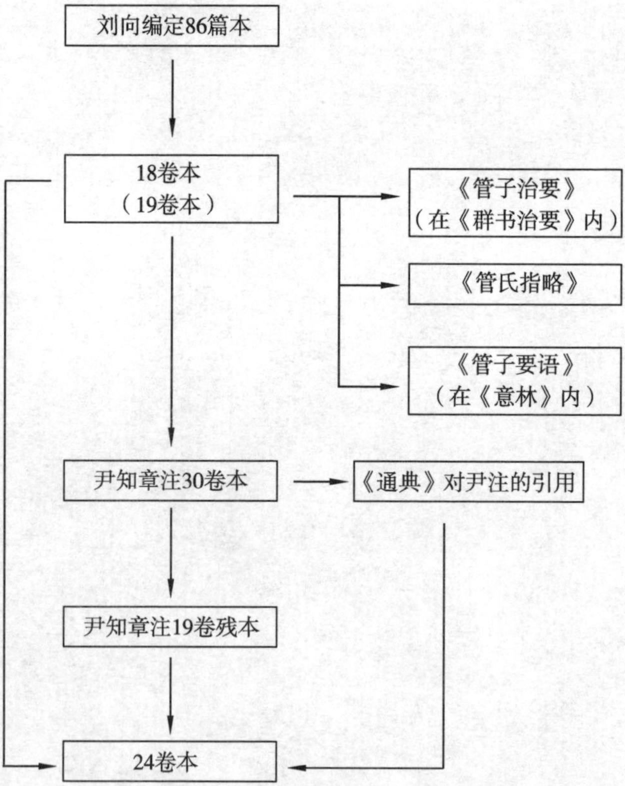

二、宋代以来《管子》版本

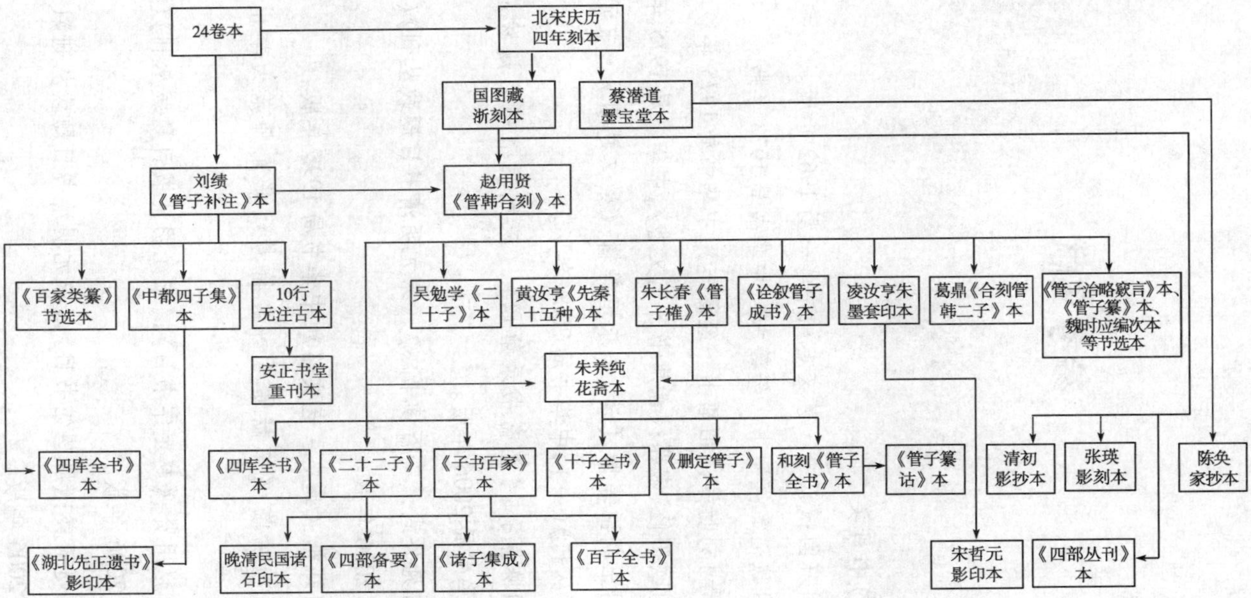
24卷本
北宋庆历四年刻本
国图藏浙刻本
蔡潜道墨宝堂本
刘绩《管子补注》本
赵用贤《管韩合刻》本
《百家类纂》节选本
《中都四子集》本
10行无注古本
安正书堂重刊本
吴勉学《二十子》本
黄汝亨《先秦十五种》本
朱长春《管子権》本
《诠叙管子成书》本
凌汝亨朱墨套印本
葛鼎《合刻管韩二子》本
《管子治略窾言》本、《管子纂》本、魏时应编次本等节选本
朱养纯花斋本
《四库全书》本
《四库全书》本
《二十二子》本
《子书百家》本
《十子全书》本
《删定管子》本
和刻《管子全书》本
《管子纂诂》本
清初影抄本
张瑛影刻本
陈奂家抄本
《湖北先正遗书》影印本
晚清民国诸石印本
《四部备要》本
《诸子集成》本
《百子全书》本
宋哲元影印本
《四部丛刊》本

参考文献

(一)书目类

〔汉〕班固:《汉书·艺文志》,中华书局1962年版。

〔唐〕魏征等:《隋书·经籍志》,中华书局1973年版。

〔后晋〕刘昫等:《旧唐书·经籍志》,中华书局1975年版。

〔宋〕欧阳修、宋祁:《新唐书·艺文志》,中华书局1975年版。

〔宋〕王尧臣等撰,〔清〕钱东垣等辑:《崇文总目》,《宋元明清书目题跋丛刊》(一),中华书局2006年版。

〔宋〕陈振孙:《直斋书录解题》,《宋元明清书目题跋丛刊》(一),中华书局2006年版。

〔宋〕晁公武:《郡斋读书志》,《宋元明清书目题跋丛刊》(二),中华书局2006年版。

〔宋〕郑樵:《通志·艺文略》,中华书局1995年版。

〔元〕马端临:《文献通考·经籍考》,华东师范大学出版社1985年版。

〔明〕赵用贤:《赵定宇书目》,《宋元明清书目题跋丛刊》(四),中华书局2006年版。

〔明〕赵琦美:《脉望馆书目》,《宋元明清书目题跋丛刊》(四),中华书局2006年版。

〔清〕黄虞稷:《千顷堂书目》,上海古籍出版社 1990 年版。

〔清〕朱彝尊:《经义考》,影印文渊阁《四库全书》本(678 册),上海古籍出版社 1987 年版。

〔清〕季振宜:《季沧苇藏书目》,《丛书集成初编》本,中华书局 1985 年版。

〔清〕徐乾学:《传是楼书目》,《续修四库全书》(920 册),上海古籍出版社 2002 年版。

〔清〕永瑢等:《四库全书总目》,中华书局 1965 年版。

〔清〕王太岳:《钦定四库全书考证》,影印文渊阁《四库全书》(1499 册),上海古籍出版社 1987 年版。

〔清〕孙星衍:《平津馆鉴藏记》,《丛书集成初编》本,中华书局 1985 年版。

〔清〕孙星衍:《孙氏祠堂书目内编》,《丛书集成初编》本,中华书局 1985 年版。

〔清〕黄丕烈著,缪荃孙辑:《荛圃藏书题识》,《宋元明清书目题跋丛刊》(十三),中华书局 2006 年版。

〔清〕黄丕烈著,潘祖荫辑,周少川点校:《士礼居藏书题跋记》,书目文献出版社 1989 年版。

〔清〕瞿镛:《铁琴铜剑楼藏书目录》,《续修四库全书》(926 册),上海古籍出版社 2002 年版。

〔清〕杨绍和:《楹书隅录》,《宋元明清书目题跋丛刊》(十),中华书局 2006 年版。

〔清〕丁丙:《善本书室藏书志》,《宋元明清书目题跋丛刊》(九),中华书局 2006 年版。

〔清〕耿文光:《万卷精华楼藏书记》,《宋元明清书目题跋丛刊》(十六),中华书局 2006 年版。

〔清〕莫友芝著，张剑点校：《宋元旧本书经眼录》，中华书局 2008 年版。

〔清〕莫友芝撰，傅增湘订补，傅熹年整理：《藏园订补郘亭知见传本书目》，中华书局 2009 年版。

〔清〕韩应陛藏，封文权编：《韩氏读有用书斋书目》，《中国著名藏书家书目汇刊·近代卷》（第 1 册），商务印书馆 2005 年版。

赵诒琛：《赵氏图书馆藏书目录》，《中国著名藏书家书目汇刊·近代卷》（26 册），商务印书馆 2005 年版。

张元济：《张元济古籍书目序跋汇编》，商务印书馆 2003 年版。

傅增湘：《藏园群书经眼录》，中华书局 2009 年版。

叶景葵：《卷盦书跋》，上海古籍出版社 2006 年版。

王欣夫撰，鲍正鹄、徐鹏标点整理：《蛾术轩箧存善本书录》，上海古籍出版社 2002 年版。

潘景郑：《著砚楼书跋》，上海古籍出版社 2006 年版。

严灵峰：《周秦汉魏诸子知见书目》，中华书局 1993 年版。

王重民：《中国善本书提要》，上海古籍出版社 1983 年版。

中国古籍善本书目编辑委员会编：《中国古籍善本书目·子部》，上海古籍出版社 1996 年版。

王绍曾、崔国光等整理订补：《订补海源阁书目五种》，齐鲁书社 2002 年版。

屈万里：《普林斯顿大学葛思德东方图书馆中文善本书志》，台湾艺文印书馆 1975 年版。

沈津：《美国哈佛大学哈佛燕京图书馆中文善本书志》，上海辞书出版社 1999 年版。

北京图书馆编：《北京图书馆古籍善本书目》，书目文献出版社 1987 年版。

山东大学图书馆编:《山东大学图书馆古籍善本书目》,齐鲁书社2007年版。

王开学辑校,山西省图书馆编:《郭象升藏书题跋》,山西古籍出版社2007年版。

(二)论著类

〔清〕阮元:《揅经室外集》,《丛书集成初编》本,中华书局1991年版。

曹元忠:《笺经室遗集》,民国三十年(1941)王氏学礼斋印本。

郭沫若等:《管子集校》,科学出版社1956年版。

关锋、林聿时:《春秋哲学史论集》,人民出版社1963年版。

周勋初:《〈韩非子〉札记》,江苏人民出版社1980年版。

张岱年:《中国哲学史史料学》,生活·读书·新知三联书店1982年版。

余嘉锡:《古书通例》,上海古籍出版社1985年版。

蒋伯潜:《诸子通考》,浙江古籍出版社1985年版。

赵逎抟:《披沙录》,北京大学出版社1986年版。

徐汉昌:《管子思想研究》,台湾学生书局1990年版。

余嘉锡:《目录学发微》,巴蜀书社1991年版。

刘蔚华、苗润田:《稷下学史》,中国广播电视出版社1992年版。

王绍曾、沙嘉孙:《山东藏书家史略》,山东大学出版社1992年版。

胡家聪:《管子新探》,中国社会科学出版社1995年版。

颜昌峣:《管子校释》,岳麓书社1996年版。

钟肇鹏、孙开泰、陈升:《管子简释》,《齐文化丛书》(一),齐鲁书社1997年版。

李国庆:《明代刊工姓名索引》,上海古籍出版社1998年版。

瞿冕良:《中国古籍版刻辞典》,齐鲁书社1999年版。

傅刚:《〈文选〉版本研究》,北京大学出版社2000年版。

张玉春:《〈史记〉版本研究》,商务印书馆2001年版。

周斌:《〈长短经〉校证与研究》,巴蜀书社2003年版。

黎翔凤撰,梁运华整理:《管子校注》,中华书局2004年版。

池万兴:《〈管子〉研究》,高等教育出版社2004年版。

李玉安、黄正雨:《中国藏书家通典》,中国国际文化出版社2005年版。

张固也:《〈管子〉研究》,齐鲁书社2006年版。

张兴吉:《元刻〈史记〉彭寅翁本研究》,凤凰出版社2006年版。

郭丽:《〈管子〉文献学研究》,青岛海洋大学出版社2007年版。

王肇文:《古籍宋元刊工姓名索引》,上海古籍出版社2012年版。

丁延峰:《海源阁藏书研究》,商务印书馆2012年版。

(三)论文类

冒广生(原题冒鹤亭):《管子惠氏学》,《制言》1940年2月总第61期。

冒广生(原题冒鹤亭):《管子顾氏学》,《制言》1940年2月总第62期。

罗继祖:《"管子补注"作者刘绩的时代问题》,《史学集刊》1956年第2期。

朱理惺、黄明:《关于杨忱和杨刻"管子"的问题——读郭老"管子集校叙录"后记》,《光明日报》1957年4月25日。

郭沫若:《一封信》,《光明日报》1957年5月9日。

王欣夫:《郭沫若先生"管子集校叙录"之商榷》,《学术月刊》

1957 年第 6 期。

[美]李克(W. Allyn Rickett):《管子引得导言》(*INTRODUCTION TO A CONCORDANCE TO THE KUAN - TZU*),庄维斯编《管子引得》,《中文研究资料中心研究资料丛书》之九,1970 年台北出版。

胡家聪:《〈管子〉原本考》,《文史》第十三辑,中华书局 1982 年版。

罗继祖:《海源阁藏书》,《枫窗脞语》,中华书局 1984 年版。

冒广生著,冒怀辛整理:《〈管子〉跋十七则》,《管子学刊》1987 年创刊号。

冒广生著,冒怀辛整理:《〈管子〉跋十七则》(续),《管子学刊》1987 年第 2 期。

冒广生著,冒怀辛整理:《〈管子〉跋十七则》(续),《管子学刊》1988 年第 1 期。

王利器:《〈管子〉解题》,《文史》第三十一辑,中华书局 1988 年版。

周洪才:《〈管子〉版本考述》,《管子学刊》1990 年第 2 期。

张荣明:《〈《管子》原本考〉商榷》,《管子与齐文化》,北京经济学院出版社 1990 年版。

闻思:《〈《管子》原本考〉质疑》,《文史》第三十二辑,中华书局 1990 年版。

郦承铨:《记大连图书馆所收海源阁藏宋本四种》,《海源阁研究资料》,山东友谊书社 1990 年版。

林申清:《郭沫若遗札及其〈管子集校〉》,《图书馆杂志》1999 年第 3 期。

朱宗宙:《清初扬州著名藏书家——季振宜》,《扬州大学学报

(人文社会科学版)》2000年第4期。

王雨:《海源阁珍本流东记》,载《王子霖古籍版本学文集》,上海古籍出版社2006年版。

柳向春:《高邮王氏父子与陈奂往来函件略考》,《白云论坛》第4卷,北京图书馆出版社2007年版。

张锦少:《王念孙〈管子〉校本研究》,《台大中文学报》2012年12月总第39期。

后 记

本书是在教育部青年基金项目“《管子》版本研究”结项成果的基础上修订而成的。项目进展期间,得到了山东理工大学社科处、齐文化研究院诸位领导和同事的大力支持,谨致谢忱。

1998年,我考入山东大学读研究生,在任重先生的指导下,开始研习《管子》。2001年,师从郑杰文先生攻读博士,博士论文围绕《管子》研究展开,历代《管子》版本流传为论文之重要内容。2009年,到中国社科院文学研究所师从刘跃进先生做访问学者,期间广泛查阅《管子》善本。饮水思源,书成在即,谨向任重先生、郑杰文先生、刘跃进先生以及所有给予我教诲的师长致以深深的感谢。

研究《管子》版本,需目验存世各版本面貌。中国国家图书馆、中国科学院图书馆、中国社科院文学研究所图书馆、清华大学图书馆、上海图书馆、天津图书馆、山东省图书馆、山东大学图书馆等单位为我提供了很大方便。本书的有些内容,曾在《文献》《古籍整理研究学刊》《图书馆杂志》《图书馆理论与实践》《齐鲁文化研究》《管子学刊》等刊物发表。对于各图书馆及学术杂志的支持与帮助,表示由衷的感谢。

独学而无友,则孤陋而寡闻。《管子》版本的一些问题,曾与诸学友、同事交流,获益良多。

《管子》为我国古代重要典籍,也是齐文化的代表性著作。近些年来,《管子》研究很受关注,出现了许多研究专著,还有大量以《管子》为题的学位论文。本书如能为《管子》研究添砖加瓦,推动《管子》研究的进一步展开,实属幸事。唯本人才疏学浅,书中肯定有疏漏乃至错误之处,尚请诸君不吝赐正。

巩曰国

2016 年 7 月 26 日

图书在版编目(CIP)数据

《管子》版本研究／巩曰国著. —济南：齐鲁书社，2016.11

ISBN 978-7-5333-3651-6

Ⅰ.①管… Ⅱ.①巩… Ⅲ.①《管子》－版本－研究 Ⅳ.①B226.15②G256.22

中国版本图书馆 CIP 数据核字（2016）第 274778 号

《管子》版本研究

巩曰国　著

主管单位　山东出版传媒股份有限公司
出版发行　齊魯書社
社　　址　济南市英雄山路 189 号
邮　　编　250002
网　　址　www.qlss.com.cn
电子邮箱　qilupress@126.com
营销中心　(0531)82098521　82098519
印　　刷　山东德州新华印务有限责任公司
开　　本　880mm × 1230mm　1/32
印　　张　10.375
插　　页　12
字　　数　249 千
版　　次　2016 年 11 月第 1 版
印　　次　2016 年 11 月第 1 次印刷
印　　数　1－820
标准书号　ISBN 978-7-5333-3651-6
定　　价　**42.00** 元